DIREITO CIVIL – 4
DIREITO DE FAMÍLIA

Sílvio Luís Ferreira da Rocha

DIREITO CIVIL – 4
DIREITO DE FAMÍLIA

MALHEIROS
EDITORES

DIREITO CIVIL – 4
DIREITO DE FAMÍLIA
© Sílvio Luís Ferreira da Rocha

ISBN: 978-85-392-0068-9

Direitos reservados desta edição por
MALHEIROS EDITORES LTDA.
Rua Paes de Araújo, 29, conjunto 171
CEP 04531-940 – São Paulo – SP
Tel.: (11) 3078-7205 – Fax: (11) 3168-5495
URL: www.malheiroseditores.com.br
e-mail: malheiroseditores@terra.com.br

Composição
Acqua Estúdio Gráfico Ltda.

Capa
Criação: Vânia Lúcia Amato
Arte: PC Editorial Ltda.

Impresso no Brasil
Printed in Brazil
02.2011

Ao BRUNO, CARLOS EDUARDO e ELIANE,
cujas presenças dão sentido à minha existência.

Aos estimados CELSO ANTÔNIO BANDEIRA DE MELLO
e WEIDA ZANCANER,
amigos de todas as horas, pelas reiteradas manifestações
de apreço e contínuas lições de cidadania.

Aos caros SÉRGIO FERRAZ e VÂNIA GUERREIROS,
pela pronta solidariedade.

Ao Ministro CARLOS AYRES BRITTO,
exemplo de ética que dignifica a Magistratura Brasileira.

Ao Ministro ARI PARGENDLER,
que engrandece a Magistratura Nacional
com sua inteligência e seriedade.

Às queridas LIA PARGENDLER e SUZANA CAMARGO,
irmãs de coração, cuja convivência é fonte de inesgotável alegria.

Ao prezado Dr. ANDRÉ NABARRETE NETO,
magistrado culto, competente e discreto, com profunda admiração.

Ao estimado RAFAEL VALIM,
jovem e brilhante advogado, apaixonado pela causa dos direitos humanos.

Aos queridos JOSÉ CARLOS e MÁRCIA,
amigos leais, com os quais partilhei muitas alegrias e tristezas.

Ao magistrado e poeta SIDMAR DIAS MARTINS,
pela sensibilidade com que aplica a lei.

SUMÁRIO

CAPÍTULO 1 – **Noções de Direito de Família**
1.1 Introdução 13
1.2 Natureza e características das regras de direito de família
    1.2.1 Natureza 15
    1.2.2 Características 15
1.3 Princípios do direito de família 16
1.4 Fontes do direito de família 17

CAPÍTULO 2 – **Casamento: Disposições Gerais**
2.1 Definição 19
2.2 Natureza jurídica 21
2.3 Caracteres 24
2.4 Princípios do direito matrimonial 26
2.5 Fins do casamento 26

CAPÍTULO 3 – **Pressupostos de Existência e de Validade**
3.1 Pressupostos de existência 28
    3.1.1 Regime da inexistência 31
3.2 Pressupostos de validade 31
    3.2.1 Capacidade dos nubentes 31
    3.2.2 Consentimento válido 34
        3.2.2.1 O erro 35
            3.2.2.1.1 O erro no direito positivo 35
        3.2.2.2 Dolo 37
        3.2.2.3 Coação 38
        3.2.2.4 Simulação 39

3.2.3 *Ausência de impedimentos*
   3.2.3.1 *Impedimentos (arts. 1.521-1.522 do CC)* 40
      3.2.3.1.1 Impedimentos dirimentes públicos (CC, art. 1.521) .. 41
         3.2.3.1.1.1 Efeitos dos impedimentos 46
      3.2.3.1.2 Os impedimentos dirimentes privados 46
         3.2.3.1.2.1 Causas suspensivas ou impedimentos impedientes ou proibitivos 47
   3.2.3.2 *Oposição dos impedimentos* 49
   3.2.3.3 *Prova dos impedimentos* 50
   3.2.3.4 *Processamento da oposição de impedimentos* 51
      3.2.3.4.1 Efeitos da oposição irregular 51
      3.2.3.4.2 Efeitos da oposição maliciosa 52
   3.2.3.5 *Levantamento da oposição* 52

CAPÍTULO 4 – **Do Procedimento do Casamento e da Prova**
4.1 Procedimento matrimonial 53
   4.1.1 Habilitação 53
   4.1.2 Celebração do casamento 56
   4.1.3 Da prova do casamento 60
      4.1.3.1 Da posse do estado de casado 61
4.2 Formas excepcionais de casamento civil 63
4.3 Do casamento religioso 65
   4.3.1 Do casamento religioso com habilitação prévia 66
      4.3.1.1 *Cerimônia religiosa* 66
      4.3.1.2 *Inscrição do casamento religioso no registro civil* 67
   4.3.2 Do casamento religioso mediante habilitação posterior 67
   4.3.3 Efeitos do casamento religioso não inscrito 68

CAPÍTULO 5 – **Dos Efeitos Pessoais do Casamento**
5.1 Introdução 69
5.2 Efeito ideológico 69
5.3 Efeitos pessoais do casamento 71
   5.3.1 Fidelidade 71
   5.3.2 Vida em comum no domicílio conjugal 73

SUMÁRIO

5.3.3 Mútua assistência 75
5.3.4 O sustento, a guarda e a educação dos filhos 76
5.3.5 Respeito e consideração mútuos 77

CAPÍTULO 6 – *Dos Efeitos Patrimoniais do Casamento*
6.1 *Dos efeitos patrimoniais* 78
    6.1.1 *Regime patrimonial primário* 80
        6.1.1.1 *Regras básicas do regime patrimonial primário*
            6.1.1.1.1 Do dever recíproco dos cônjuges de contribuir para o sustento da família 81
            6.1.1.1.2 A proteção da casa de morada da família 82
            6.1.1.1.3 Liberdade para praticar atos necessários ao desempenho da profissão 82
            6.1.1.1.4 Livre direito de agir na defesa do patrimônio familiar 82
            6.1.1.1.5 Administração e disponibilidade dos bens 83
    6.1.2 *Características do regime patrimonial secundário* 86
        6.1.2.1 *Regime legal ou supletivo* 87
        6.1 2.2 *Do pacto antenupcial* 89
6.2 *Classificação dos regimes matrimoniais* 91
    6.2.1 *Do regime da comunhão universal* 91
        6.2.1.1 *Bens comuns* 93
        6.2.1.2 *Bens próprios* 93
        6.2.1.3 *Responsabilidade pelas dívidas na comunhão universal* ... 94
        6.2.1.4 *Dissolução e liquidação da comunhão de bens* 95
    6.2.2 *Do regime da comunhão parcial* 96
        6.2.2.1 *Estrutura patrimonial do regime*
            6.2.2.1.1 Bens comuns 97
            6.2.2.1.2 Bens próprios 97
            6.2.2.1.3 Bens adquiridos por intermédio de diferentes massas matrimoniais 99
            6.2.2.1.4 Prova do caráter próprio ou comum de um bem 99
    6.2.3 *Participação final nos aquestos* 99
    6.2.4 *Do regime da separação* 103
        6.2.4.1 *Responsabilidade pelas dívidas na separação de bens* 104

6.2.4.2 Dissolução e liquidação na separação de bens 105
6.2.5 Doações antenupciais 105

CAPÍTULO 7 – Crise do Matrimônio. Causas de Dissolução
da Sociedade Conjugal e do Matrimônio
7.1 Considerações gerais 107
7.2 Causas de separação e divórcio 108
  7.2.1 Sanção 108
  7.2.2 Remédio 108
7.3 Da separação judicial
  7.3.1 Considerações gerais 109
  7.3.2 Separação por mútuo consentimento 110
    7.3.2.1 O procedimento administrativo mediante escritura
    pública para a separação e o divórcio consensuais 111
  7.3.3 Separação litigiosa
    7.3.3.1 A separação litigiosa fundada no princípio da culpa 115
    7.3.3.2 A separação baseada no princípio da ruptura 119
      7.3.3.2.1 A cláusula de dureza 122
  7.3.4 Efeitos da separação
    7.3.4.1 Efeitos pessoais da separação 123
      7.3.4.1.1 A guarda dos filhos 123
      7.3.4.1.2 Nome do outro cônjuge 125
      7.3.4.1.3 A pensão alimentícia devida ao ex-cônjuge 127
      7.3.4.1.4 Permanência do dever dos pais de sustento dos filhos 128
    7.3.4.2 Efeitos patrimoniais da separação
      7.3.4.2.1 A partilha de bens 128
  7.3.5 Caráter pessoal da ação de separação judicial 129
  7.3.6 O restabelecimento da sociedade conjugal 129
7.4 Divórcio 130
  7.4.1 Espécies
    7.4.1.1 Divórcio direto 130
    7.4.1.2 Conversão da separação judicial em divórcio 132
  7.4.2 Efeitos do divórcio 133
  7.4.3 A nova redação dada ao art. 226, § 6º, da CF 133

SUMÁRIO

CAPÍTULO 8 – **Invalidade Matrimonial**
8.1 Introdução 135
8.2 Matrimônio nulo 136
   8.2.1 Regime 138
   8.2.2 Efeitos 138
   8.2.3 Legitimados para a propositura da ação de nulidade 139
   8.2.4 Prazo de ajuizamento da ação 139
8.3 Anulabilidade do matrimônio (CC, arts. 1.550 a 1.564) 139
   8.3.1 Efeitos 140
   8.3.2 Legitimados para a propositura da ação 140
   8.3.3 Prazo de ajuizamento 141
8.4 Casamento putativo
   8.4.1 Conceito 142
   8.4.2 Pressupostos 142
   8.4.3 Efeitos 144
      8.4.3.1 Efeitos em relação a terceiros 146

CAPÍTULO 9 – **Da União Estável**
9.1 Conceito 147
9.2 Requisitos 148
9.3 Direitos e deveres dos conviventes 152
9.4 Efeitos patrimoniais 152
9.5 Conversão da união estável 155
9.6 Extinção da união estável 155

CAPÍTULO 10 – **Das Relações de Parentesco (Arts. 1.591-1.629)**
10.1 Disposições gerais 157
10.2 Filiação, paternidade e maternidade
   10.2.1 Da filiação 159
      10.2.1.1 Filiação legítima, ilegítima, natural e espúria 160
      10.2.1.2 Presunção de paternidade 160
      10.2.1.3 Da prova da filiação 164
      10.2.1.4 Do reconhecimento de filhos (arts. 1.607-1617) 165
      10.2.1.5 Investigação de paternidade e de maternidade 171

10.2.1.5.1 Investigação de paternidade 172
10.2.1.5.2 Investigação de maternidade 176
10.2.1.6 *Consequências do reconhecimento de filho* 176
10.3 Parentesco por afinidade 176
10.4 Parentesco por adoção 177
10.4.1 Adoção (arts. 1.618-1.629) 177
10.5 Do poder familiar (arts. 1.630 a 1.638) 179

CAPÍTULO 11 – **Alimentos**
11.1 Considerações gerais 183
11.2 Sentido e alcance 184
11.3 Espécies 184
11.4 Modos de satisfazer a prestação alimentar 186
11.5 Fontes da obrigação alimentar 187
11.6 Sujeitos 187
11.7 Pressupostos 191
11.8 Características 192
11.9 Extinção da obrigação alimentar 193
11.10 Ação de alimentos 194

CAPÍTULO 12 – **Direito Assistencial**
12.1 Guarda 197
12.2 Tutela 198
12.2.1 Pressupostos da tutela 198
12.2.2 Do tutor 199
12.2.3 Espécies de tutela 201
12.2.4 Cessação da tutela 202
12.3 Curatela
12.3.1 Definição 202
12.3.2 Distinção entre a curatela e a tutela 203
12.3.3 Procedimento da curatela de incapazes 203
12.3.4 Interdição do pródigo 204

Bibliografia 205

Capítulo 1
NOÇÕES DE DIREITO DE FAMÍLIA

1.1 Introdução. 1.2 Natureza e características das regras de direito de família: 1.2.1 Natureza – 1.2.2 Características. 1.3 Princípios do direito de família. 1.4 Fontes do direito de família.

1.1 Introdução

O termo "família" tem inúmeros sentidos. No sentido *amplíssimo* o termo abarca todas as pessoas unidas pelo vínculo da consanguinidade ou da afinidade e estranhos que lhes prestem serviços domésticos ou vivam às suas expensas; na acepção *lata ou ampla* o termo abrange os cônjuges, companheiros, seus filhos, parentes em linha reta, colaterais e afins – como a concebem os arts. 1.591 e ss. do CC; na significação *restrita* "família" designa o conjunto de pessoas unidas pelo matrimônio, a filiação, isto é, os cônjuges e a prole, a comunidade formada pelos pais, que vivem em união estável, ou por qualquer dos pais e descendentes, independentemente de existir o vínculo conjugal.¹

---

1. Maria Helena Diniz, *Curso de Direito Civil Brasileiro – Direito de Família*, 24ª ed., vol. 5, São Paulo, Saraiva, 2009, p. 10. Também segundo Wilfried Schlüter (*Código Civil Alemão. Direito de Família*, Porto Alegre, Sérgio Antônio Fabris Editor, 2002, p. 55): "Família pode ser entendida como grande família, ou seja, como a comunidade de todos os parentes consanguíneos. Ela é tomada como princípio pela lei, nos §§ 1.601 ff 1.589 BGB sobre a obrigação de pensão entre parentes, e nos §§ 1.924 ff BGB sobre a sucessão legal. Mas família pode ser entendida como pequena família no sentido de uma comunidade doméstica de pais e filhos. As mais importantes disposições jurídicas sobre direito de família no Direito vigente dizem respeito à pequena família, por exemplo: as disposições sobre o direito do casamento (§§ 1.297-1.588 BGB) e sobre a relação jurídica entre pais e filhos (§§ 1.616 ff BGB). Também a proteção constitucional do art. 6 do GG diz respeito à família unida nos estreitos círculos da comunidade doméstica".

A família, enquanto instituição social, designa o conjunto de pessoas unidas entre si por vínculos afetivos constituídos pela coabitação, pela procriação, pela adoção, pelo parentesco consanguíneo ou civil, pelo matrimônio. Todos esses fatos constituem a família e se encontram regrados pelo Direito. O casamento cria a sociedade entre cônjuges e o vínculo de afinidade que irá unir cada um dos cônjuges aos parentes do outro (parentesco por afinidade). A união estável – isto é, a convivência estável e duradoura entre homem e mulher que se comportam como casados[2] – dá origem a uma relação familiar protegida pelo Direito, na medida em que direitos e deveres são reconhecidos a cada um dos conviventes. A procriação natural cria o parentesco consanguíneo, e a adoção o parentesco civil.[3]

O direito de família é o ramo do direito civil que cuida das relações entre pessoas integrantes de uma família,[4] em situações normais ou em situações anormais, como ocorre com os institutos da tutela e da curatela. Constitui o conjunto de normas que regulam a celebração do casamento, sua validade e efeitos, as relações pessoais e as relações econômicas da sociedade conjugal, a dissolução desta, a união estável, as relações entre pais e filhos, o vínculo de parentesco e os institutos complementares da tutela e da curatela.[5]

A disciplina do direito de família pode ser dividida em quatro grandes títulos: *direito matrimonial*, *direito da convivência*, *direito parental* e *direito protetivo*.

O *direito matrimonial* estuda a existência, a validade, a eficácia e a extinção do casamento, a disciplina das relações pessoais entre os cônjuges, com seus direitos e deveres recíprocos, as relações econômicas, entre elas o regime de bens entre os cônjuges, e a dissolução da sociedade conjugal e do vínculo matrimonial.[6]

2. Massimo Dogliottti, *Digesto delle Discipline Privatistiche*, vol. 8, Sezione Civile, verbete "Famigilia di fatto", Turim, UTET, p. 189.
3. Sílvio Luís Ferreira da Rocha, *Introdução ao Direito de Família*, São Paulo, Ed. RT, 2004, p. 17.
4. Etimologicamente, *família* indica o conjunto de pessoas que habitavam a casa. A função da família seria a de reprodução e educação da espécie humana.
5. Maria Helena Diniz, *Curso de Direito Civil Brasileiro – Direito de Família*, cit., 24ª ed., vol. 5, p. 3.
6. Idem, p. 5.

O *direito da convivência* estuda as relações familiares fora do matrimônio, que também podem ser pessoais, patrimoniais e assistenciais, cujo principal instituto é a união estável.

O *direito parental* estuda as relações de parentesco entre as pessoas, e, por consequência, normas que disciplinam a filiação, a adoção, o poder familiar e a obrigação de prestar alimentos.[7]

O *direito protetivo* estuda institutos como a guarda, a tutela e a curatela, que objetivam proteger os menores, os órfãos e os incapazes.

1.2 Natureza e características das regras de direito de família

1.2.1 Natureza

O direito de família é ramo do direito privado composto por normas consideradas de ordem pública, regras jurídicas cogentes, que não podem ser modificadas por vontade das partes. As instituições de família como o matrimônio, a união estável, a filiação e o parentesco são delimitadas por normas de observância obrigatória, de modo que no direito de família a regra é o princípio estatuário. Em virtude disso, as normas do direito de família são cogentes ou de ordem pública, insuscetíveis de serem derrogadas pela vontade dos sujeitos.[8]

Embora limitado, existe no direito de família campo para o exercício da autonomia privada. Há liberdade relativa de casar; liberdade de separar-se judicialmente; liberdade, só excepcionalmente retirada, de escolha de regime matrimonial de bens e de pacto antenupcial; liberdade relativa de adotar.[9]

1.2.2 Características

O direito de família é composto de normas que disciplinam as relações entre as pessoas e as que disciplinam as relações patrimoniais,

---

7. Idem, p. 6.
8. Maria Helena Diniz, *Curso de Direito Civil Brasileiro – Direito de Família*, cit., 24ª ed., vol. 5, p. 30; Sílvio de Salvo Venosa, *Direito Civil: Direito de Família*, 6ª ed., São Paulo, Atlas, 2006, p. 11.
9. F. C. Pontes de Miranda, *Tratado de Direito Privado*, t. 7, atualizado por Vilson Rodrigues Alves, São Paulo, Bookseller, 2002, p. 224.

conforme se verifica na Parte Especial, "Livro IV – Do Direito de Família", do Código Civil, que em títulos distintos tratou do direito pessoal (Título I) e do direito patrimonial (Título II).

As normas de direito de família no seu conjunto dão origem ao *estado de família*, isto é, a posição e a qualidade da pessoa na família; e dele decorrem as definições de *maior capaz, menor incapaz, solteiro, casado, viúvo, separado judicialmente, filho, pai, mãe*. O estado de família é um dos atributos da personalidade das pessoas naturais, conferido pelo vínculo conjugal e o de parentesco que as une.[10]

O estado de família é intransmissível, na medida em que esse estado não se transmite por atos jurídicos entre vivos ou por causa da morte; é personalíssimo, porque depende da situação da pessoa em relação à outra; é irrenunciável, porquanto ninguém pode se demitir por vontade própria de seu estado; é imprescritível, na medida em que a qualidade decorrente do estado não pode ser adquirida pelo uso prolongado; é universal, na medida em que abarca todas as relações jurídico-familiares; é indivisível, na medida em que não se admite sua divisibilidade – v.g., que uma pessoa seja considerada casada para determinadas relações e solteira para outras; é bilateral atributivo ou correlativo, porque se integra por vínculos entre pessoas que se relacionam; é oponível pelo titular perante todas as outras pessoas.[11]

Do *estado de família* decorrem as *ações de estado*, isto é, as medidas judiciais que veiculam pretensões relacionadas à obtenção do reconhecimento, constituição ou desconstituição de situação relacionada com o estado de família, como ações de investigação de paternidade e negatória de paternidade, ações de separação ou divórcio, que diferem das *ações que objetivam o exercício do estado de família,* como as ações de alimentos, de guarda, de regulamentação de visitas de filhos, de mera retificação do registro civil.[12]

1.3 Princípios do direito de família

O direito de família é informado por alguns princípios. Dentre eles: (a) o *princípio da afeição* ou *do afeto* como a razão, a essência, do ma-

---
10. Sílvio de Salvo Venosa, *Direito Civil: Direito de Família*, cit., 6ª ed., p. 20.
11. Idem, ibidem.
12. Sílvio de Salvo Venosa, *Direito Civil: Direito de Família*, cit., 6ª ed., p. 22.

trimônio e da união estável, segundo o qual o fundamento básico do casamento, da vida conjugal e do companheirismo é a afeição entre os cônjuges ou conviventes, que deve perdurar por toda a vida em comum; (b) o *princípio da igualdade jurídica dos cônjuges e dos companheiros*, de assento constitucional, previsto no art. 226, § 5º, da CF, pelo qual as decisões na família devem ser tomadas em conjunto pelos conviventes ou esposos; (c) o *princípio da igualdade jurídica de todos os filhos*, previsto no art. 227, § 6º, da CF e no CC, arts. 1.596 e 1.629, que proíbe qualquer distinção entre filhos legítimos, naturais e adotivos, permite o reconhecimento de filhos havidos fora do casamento, veda designações discriminatórias; (d) o *princípio do pluralismo familiar*, na medida em que a Constituição não reconhece tão somente o casamento como fato constitutivo da família, mas também a união estável e a família monoparental; (e) o *princípio da liberdade*, segundo o qual (i) a constituição da família deve resultar de uma manifestação livre, (ii) o casal tem a liberdade de realizar seu planejamento familiar, (iii) os nubentes devem optar pelo regime matrimonial mais conveniente; (f) o *princípio do superior interesse da criança e do adolescente,* que funciona como critério solucionador de questões conflitivas oriundas de separação ou divórcio dos genitores pertinentes à guarda.[13]

1.4 Fontes do direito de família

A Constituição, o Código Civil e leis esparsas são as principais fontes do direito de família.

A Constituição Federal trata a matéria relacionada ao direito de família com largueza, a ponto de confirmar a existência de um direito constitucional de família. A Constituição acompanhou o processo evolutivo e deixou de lado o modelo patriarcal de família, dominado pela figura do pai, que detinha grande poder decisório sobre a vida da mulher e dos filhos, e acolheu o modelo nuclear de família, baseado numa sociedade de iguais poderes e deveres entre os cônjuges e de maior respeito e consideração às aspirações dos filhos. A Constituição Federal retirou do casamento o papel de causa principal e exclusiva da consti-

---

13. Maria Helena Diniz, *Curso de Direito Civil Brasileiro – Direito de Família*, cit., 24ª ed., vol. 5, p. 24.

tuição da família, que, no texto constitucional, pode ter por base a união livre de pessoas de sexo oposto, o casamento; a procriação natural ou artificial e a adoção.

O Código Civil de 2002 teve o mérito de introduzir em seu corpo as alterações realizadas pela Constituição Federal no direito de família. Extinguiu a figura do marido como chefe do casal, a quem cabia a direção da família e fixar o domicílio do casal. Disseminou a igualdade entre os cônjuges em todo o livro que trata do direito de família e determinou ser a sociedade conjugal exercida em colaboração pelo marido e pela mulher, sempre no interesse do casal e dos filhos (CC, art. 1.567). Ao casal cabe a escolha do domicílio (CC, art. 1.569). O pátrio poder, função exercida com destaque pelo homem, foi substituído pelo poder familiar, com exercício atribuído aos pais (CC, art. 1.631).[14]

---

14. Sílvio Luís Ferreira da Rocha, *Introdução ao Direito de Família*, cit., p. 21.

Capítulo 2
CASAMENTO: DISPOSIÇÕES GERAIS

2.1 Definição. 2.2 Natureza jurídica. 2.3 Caracteres. 2.4 Princípios do direito matrimonial. 2.5 Fins do casamento.

2.1 Definição

No *Corpus Iuris Civilis* há duas definições de casamento. Uma se encontra no *Digesto* – as núpcias são a união do homem e da mulher, o consórcio de toda a vida, a comunicação do direito divino e humano – e a outra nas *Institutas* – núpcias ou matrimônio é a união do homem e da mulher, a qual encerra comunhão indivisível de vida.[1]

Apesar dessas definições, o casamento romano era complexo e admitia diversas formas, como a *confarreatio*, matrimônio religioso da classe patrícia, que se caracterizava pela oferta aos deuses de um pão de trigo ou uma torta de cevada, divididos entre os esposos como símbolo da vida comum que se iniciava – e origem, entre nós, do bolo de noiva; a *coemptio*, reservada à plebe, espécie de casamento civil celebrado pela venda fictícia do poder do pai sobre a filha para o marido; o *usus*, espécie de usucapião, em que o marido adquiria a mulher pela posse caracterizada pela vida em comum durante um ano; e, finalmente, após longa evolução, a *justae nuptiae*, ou o matrimônio livre, que pressupunha capacidade, consentimento dos cônjuges e ausência de impedimentos.[2]

1. José Carlos Moreira Alves, *Direito Romano*, 6ª ed., vol. II, Rio de Janeiro, Forense, p. 282.
2. Maria Helena Diniz, *Curso de Direito Civil Brasileiro – Direito de Família*, 24ª ed., vol. 5, São Paulo, Saraiva, 2009, p. 50; Sílvio de Salvo Venosa, *Direito Civil: Direito de Família*, 6ª ed., São Paulo, Atlas, 2006, pp. 25-26.

O casamento foi bastante influenciado por ideias morais e religiosas, entre elas a da perpetuidade do vínculo e da confusão de duas existências. Tomás de Aquino distinguia no casamento elementos natural, civil e religioso. Como *elemento natural* a união sexual, com a finalidade de perpetuação da espécie; como *elemento civil*, o acordo de vontade entre as partes; e como *elemento religioso* o sacramento, a representação da união de Cristo com a Humanidade – e, portanto, indissolúvel.

A Igreja Católica no Concílio de Trento definiu o casamento como "a união conjugal do homem e da mulher, que se contrata entre pessoas capazes segundo as leis, e que as obriga a viver inseparavelmente, isto é, em perfeita união uma com a outra".[3]

Lafayette Rodrigues Pereira definiu o casamento como "o ato solene pelo qual duas pessoas de sexo diferente se unem para sempre, sob a promessa recíproca de fidelidade no amor e da mais estreita comunhão da vida".[4]

Clóvis Beviláqua, por sua vez, definiu-o "como contrato bilateral e solene pelo qual um homem e uma mulher se unem indissoluvelmente, legalizando por ele suas relações sexuais, estabelecendo a mais estreita comunhão de vida e de interesses e comprometendo-se a criar e educar a prole que de ambos nascer".

Na mesma linha a lição de Pontes de Miranda, para quem "o casamento é um contrato solene pelo qual duas pessoas de sexo diferente e capazes, conforme a lei, se unem com o intuito de conviver toda a existência, legalizando por ele, a título de indissolubilidade do vínculo, as suas relações sexuais, estabelecendo para seus bens, à sua escolha ou por imposição legal, um dos regimes regulados pelo Código e comprometendo-se a criar e educar a prole que de ambos nascer".[5]

As influências morais e religiosas perderam importância atualmente. O direito de casar seria um direito fundamental da personalidade; e;

---

3. F. C. Pontes de Miranda, *Tratado de Direito Privado*, t. 7, atualizado por Vilson Rodrigues Alves, São Paulo, Bookseller, 2002, p. 233.
4. Lafayette Rodrigues Pereira, *Direitos de Família*, 4ª ed., Rio de Janeiro, Freitas Bastos, 1945, p. 34.
5. *Apud* Antônio Chaves, *Tratado de Direito Civil – Direito de Família*, vol. 5, t. 1, São Paulo, Ed. RT. 1991, p. 56.

realizado; criaria relação personalíssima e permanente que traduz ampla e duradoura comunhão de nome, estado, domicílio, vida sexual.[6] Na falta de uma descrição detalhada do casamento e de seus fins, é importante que o Estado fique neutro quanto ao aspecto religioso e ideológico, vedado, destarte, ao legislador predeterminar aos nubentes, em detalhes, que sentido eles darão à sua vida em comunhão e como eles terão que organizá-la. De modo que a ordem jurídica não pode declarar obrigatório para o casamento – como relação singular, natural do ser humano – seu enquadramento em determinada confissão religiosa ou certa ideologia, seja ela liberal-individualista ou socialista. Associações religiosas e ideológicas têm liberdade para anunciar seus entendimentos a respeito do casamento e declará-lo obrigatório para seus membros, mas o Estado não pode e não deve fazer isto.[7]

Casar é um dos direitos fundamentais do ser humano reconhecido no art. 16 da Declaração Universal dos Direitos Humanos:

"Art. 16. 1. Os homens e as mulheres, a partir da idade núbil, têm direito, sem restrição alguma por motivos de raça, nacionalidade ou religião, a casar-se e constituir família. E desfrutarão de iguais direitos em relação ao casamento, durante o casamento e por ocasião de sua dissolução.

"2. O casamento só poderá ser concluído com o livre e pleno consentimento dos futuros cônjuges."

Casamento, portanto, é o negócio jurídico não patrimonial pelo qual homem e mulher estabelecem uma comunhão indivisível de vida, que inclui a coabitação, a mútua assistência e a fidelidade recíproca.

2.2 Natureza jurídica

O casamento, para nós, é um ato de autonomia privada. Trata-se, na definição de José Lamartine Corrêa de Oliveira e Francisco José Ferreira Muniz, de "um negócio jurídico de direito de família por meio do qual um homem e uma mulher se vinculam através de uma relação

---

6. José Lamartine Corrêa de Oliveira e Francisco José Ferreira Muniz, *Curso de Direito de Família*, 3ª ed., Curitiba, Juruá, 2000, p. 125.
7. Wilfried Schlüter, *Código Civil Alemão. Direito de Família*, Porto Alegre, Sérgio Antônio Fabris Editor, 2002, p. 69.

jurídica típica, que é a relação matrimonial. Esta é uma relação personalíssima e permanente, que traduz ampla e duradoura comunhão de vida: nome, estado, domicílio, vida sexual".[8]

Também para Sílvio de Salvo Venosa o casamento amolda-se à noção de negócio jurídico bilateral; tem as características de um acordo de vontades que busca efeitos jurídicos.[9]

A autonomia privada em matéria matrimonial estaria presente na liberdade de casar, de não casar,[10] de escolher o cônjuge e, por intermédio do pacto antenupcial, de escolher o regime de bens a vigorar durante o casamento.

Embora ato de autonomia privada, negócio jurídico bilateral, não deve ser atribuída ao casamento a definição de "contrato", na medida em que esta palavra é empregada para definir negócio jurídico bilateral de caráter patrimonial.

A natureza de ato de autonomia privada foi reafirmada pelo CC, que no artigo 1.514 define o casamento como um ato de vontade.

A natureza jurídica do casamento é explicada por algumas correntes doutrinárias. Eduardo Espínola enumerou quatro correntes de opinião: a *doutrina contratual*, a *doutrina institucional*, a *doutrina do ato ou contrato complexo* e a *doutrina do contrato especial*.[11]

A *doutrina contratual* vê o casamento como um contrato, por pressupor declarações convergentes de vontade dos nubentes. Esta concep-

8. José Lamartine Corrêa de Oliveira e Francisco José Ferreira Muniz, *Curso de Direito de Família*, cit., 3ª ed., p. 125; Sílvio Luís Ferreira da Rocha, *Introdução ao Direito de Família*, São Paulo, Ed. RT, 2004, p. 26.
9. Sílvio de Salvo Venosa, *Direito Civil: Direito de Família*, cit., 6ª ed., p. 28.
10. Para José Lamartine Corrêa de Oliveira e Francisco José Ferreira Muniz (*Curso de Direito de Família*, cit., 3ª ed., p. 128) "carece de fundamento a distinção entre a condição de não casar, que seria ilícita, e a de deixar de celebrar casamento com determinada pessoa, que seria lícita, a pretexto de que resta ao interessado, nesta última hipótese, a possibilidade de casar com qualquer outra pessoa".
"Como se observou, tal concepção faz pouco do fundamento *intuitu personae* do casamento, ao pretender distinguir entre atentado de caráter relativo e de caráter absoluto à liberdade de casar-se, no seu aspecto de livre escolha do cônjuge. Esta distinção é improcedente porque nas duas hipóteses temos uma violação manifesta da liberdade nupcial que, em princípio, não é de se aceitar. É a orientação da melhor doutrina".
11. *Apud* Antônio Chaves, *Tratado de Direito Civil – Direito de Família*, cit., vol. 5, t. 1, p. 64; Sílvio Luís Ferreira da Rocha, *Introdução ao Direito de Família*, cit., p. 26.

ção deriva do direito canônico, que o valoriza como ato de vontade dos nubentes, tanto que deixa em segundo plano a intervenção do celebrante na formação do vínculo. Para essa corrente a exigência legal de forma especial, a participação do Estado no ato constitutivo e a regulamentação dos efeitos e consequências do casamento não constituem obstáculos à classificação do casamento como um contrato.[12] Filiam-se a essa corrente Orlando Gomes, Caio Mário da Silva Pereira e Clóvis Beviláqua.

A *doutrina institucional* distingue entre o ato criador da união conjugal e o estado matrimonial dela derivado. A partir dessa distinção, reconhece maior importância ao estado matrimonial – isto é, o conjunto de direitos e deveres que devem ser observados pelos cônjuges – sobre o ato que o faz nascer. Na medida em que o estado matrimonial se define num estatuto imperativo preorganizado ao qual aderem os que se casam, a natureza do matrimônio é institucional. O ato de vontade manifestado pelos nubentes é de aceitação inevitável de um estatuto com regras preestabelecidas e imodificáveis.[13]

Para a *doutrina do ato ou contrato complexo* o matrimônio é negócio jurídico complexo formado pelo concurso da vontade dos particulares e da vontade do Estado, razão pela qual o consentimento recíproco dos cônjuges não é suficiente para dissolver o vínculo.[14]

Por fim, a *doutrina do contrato especial* considera o matrimônio um contrato especial, subordinado nos requisitos e no conteúdo a um

12. Caio Mário da Silva Pereira, *Instituições de Direito Civil – Direito de Família*, 14ª ed., vol. V, Rio de Janeiro, Forense, 2004, p. 35; Maria Helena Diniz, *Curso de Direito Civil Brasileiro – Direito de Família*, cit., 24ª ed., vol. 5, p. 40.
13. Henri de Page, *apud* Antônio Chaves (*Tratado de Direito Civil – Direito de Família*, cit., vol. 5, t. 1, p. 64), ensina: "É incontestável que, do ponto de vista da duração e da importância dos direitos e deveres a que ele dá origem, o estado matrimonial tem primazia sobre o ato que o faz nascer. Ora, por uma espécie de obsessão da ideia individualista, atribuiu-se, durante mais de um século, maior importância ao ato criador, vendo-se no casamento principalmente um contrato. É certo que o casamento exige o consentimento dos esposos, que este consentimento deve ser livre, e que ele comporta compromissos recíprocos; elementos que justificam incontestavelmente a ideia de contrato. Mas não ver no casamento senão um contrato é ideia absolutamente falsa. É negligenciar, em proveito do ato que o cria, o estado ao qual ele dá origem, e cuja importância, se se quer ter uma noção exata das coisas, tem primazia sobre o ato criador".
14. Sílvio Luís Ferreira da Rocha, *Introdução ao Direito de Família*, cit., p. 26.

conjunto de disposições atinentes ao interesse público e social que delimitam a vontade dos contraentes. O matrimônio seria um contrato de direito de família, no qual o objeto não seria a regulamentação de relações patrimoniais, mas pessoais, na medida em que o contrato obrigaria os cônjuges à efetiva vida em comum.[15]

2.3 Caracteres

O casamento, negócio jurídico constitutivo da relação matrimonial, é ato pessoal dos nubentes, civil e solene.[16]

O ato pessoal do casamento significa que os nubentes têm liberdade de escolha, liberdade de casar, de não casar e de escolher o cônjuge. Não cabe no casamento a figura da supressão da vontade por meio da representação legal, embora se admita a representação convencional, observadas as diretrizes do art. 1.542 do CC – entre elas a procuração por instrumento público, com poderes especiais, válida pelo prazo máximo de 90 dias.

É um ato civil submetido à regulamentação legal do Estado, embora durante muitos séculos a Igreja tenha disciplinado o casamento, por concebê-lo como instituto religioso.

No Brasil o casamento civil obrigatório foi instituído no art. 72, § 4º, da Constituição de 24.2.1891: "A República só reconhece o casamento civil, cuja celebração será gratuita". Assim, com a proclamação da República, o casamento, até então disciplinado pelas normas do Concílio de Trento e das Constituições do Arcebispado da Bahia, ao menos para católicos e entre católicos e não católicos passou a ser disciplinado exclusivamente pelo Estado. O Código Civil de 1916, em observância ao art. 72, § 4º, da Constituição, consolidou e regulou a matéria relativa ao casamento exclusivamente civil. Como o povo não aceitou tranquilamente essa posição, houve, na verdade, uma duplicidade de matrimônios (civil e religioso), razão pela qual a Constituição

---

15. Sílvio Luís Ferreira da Rocha, *Introdução ao Direito de Família*, cit., p. 26; Maria Helena Diniz, *Curso de Direito Civil Brasileiro – Direito de Família*, cit., 24ª ed., vol. 5, p. 41.
16. Orlando Gomes, *Direito de Família*, 7ª ed., Rio de Janeiro, Forense, 1988, p. 61.

de 1934, no art. 146, e as subsequentes atribuíram efeitos civis ao matrimônio religioso, observado os preceitos legais.[17] A matéria, antes do advento do Código Civil de 2002, era disciplinada nos arts. 71 a 75 da Lei 6.015, de 31.12.1973, que permitiam o casamento no religioso, com efeitos civis, após a habilitação dos nubentes, mediante registro (arts. 71 a 73), ou o casamento no religioso para habilitação posterior.[18] Tais regras foram mantidas pelo Código Civil de 2002, que permite a equiparação do casamento religioso ao casamento civil, desde que registrado no livro próprio (CC, art. 1.515).

É um ato solene que, para ser válido, deve revestir a forma prescrita na lei; inicia-se com os editais, desenvolve-se na cerimônia e termina com a inscrição.

Para alguns a dissolubilidade seria característica do matrimônio. Ocorre, no entanto, que a dissolubilidade do casamento não é caracte-

17. Sílvio Luís Ferreira da Rocha, *Introdução ao Direito de Família*, cit., p. 27; Maria Helena Diniz, *Curso de Direito Civil Brasileiro – Direito de Família*, cit., 24ª ed., vol. 5, p. 51. De acordo com Sílvio de Salvo Venosa (*Direito Civil: Direito de Família*, cit., 6ª ed., p. 32):
"Nosso Direito anterior, na época do Império, apenas conhecia o casamento católico, por ser essa religião a oficial do Estado. Com a presença crescente da imigração e de pessoas que professavam religiões diversas, instituiu-se, ao lado do casamento eclesiástico, o de natureza civil, permitindo a união de casais de seitas dissidentes, por lei de 1861. A partir de então, passou-se a permitir, além do casamento religioso católico oficial do Estado, o casamento misto, entre católicos e não católicos, realizado também sob disciplina canônica, e o casamento de pessoas de outras religiões, em obediência às respectivas seitas".
"Apenas no período republicano é introduzido o casamento civil obrigatório, pelo Decreto 181, de 24.1.1891, como consequência da separação da Igreja do Estado, situação consolidada pela promulgação do Código Civil. Houve dificuldade de assimilação do sistema pelo clero e pela população de maioria católica na época. Com isso, generalizou-se no País o costume do duplo casamento, civil e religioso, que persiste até hoje."
18. Sílvio Luís Ferreira da Rocha, *Introdução ao Direito de Família*, cit., p. 27. Para Caio Mário da Silva Pereira (*Instituições de Direito Civil – Direito de Família*, cit., 14ª ed., vol. V, p. 42) é válido tão somente o matrimônio oficiado por ministro de confissão religiosa reconhecida (católico, protestante, mulçumano, israelita), não se admitindo cultos que decorram de seitas religiosas reconhecidas como tais. Creio, no entanto, que a CF, no art. 5º, assegura o livre exercício de cultos religiosos, de modo que a única exigência, além da publicidade, é o preenchimento dos requisitos descritos no § 1º do art. 73 da Lei 6.015/1973 (data e lugar da celebração, o culto religioso, o nome do celebrante, sua qualidade, a qualificação das testemunhas que presenciaram o ato). Nenhuma restrição pode ser feita ao culto religioso.

rística universal do matrimônio, e muito menos de nosso ordenamento jurídico. No Brasil, a partir de alterações constitucionais realizadas em 1977, foi admitida a dissolução do matrimônio pelo divórcio. O Código Civil de 2002 admite expressamente a dissolubilidade do vínculo no art. 1.571, IV, ao prever o término da sociedade conjugal pelo divórcio.[19]

2.4 Princípios do direito matrimonial

O casamento obedece aos princípios da *liberdade*, *monogamia*[20] e da *igualdade*.

Pelo *princípio da liberdade*, o matrimônio deve resultar de uma manifestação de vontade dos nubentes livre de vícios. Para isso, pressupõe capacidade dos nubentes para manifestá-la, estabelecida a idade de 16 anos para a capacidade núbil dos homens e das mulheres (CC, art. 1.517). É característico do casamento o princípio do consenso, porquanto o casamento somente pode ser fundamentado na base de uma decisão livre dos cônjuges.[21]

O *princípio da monogamia*, fundado em razões eminentemente morais, proíbe a existência simultânea de dois ou mais matrimônios contraídos pela mesma pessoa. A pessoa casada está proibida de contrair novo casamento (CC, art. 1.521, VI).[22]

Pelo *princípio da igualdade*, previsto no art. 226, § 5º, da CF e no art. 1.511 do CC, os direitos e deveres referentes à sociedade conjugal são exercidos igualmente pelo homem e pela mulher.

2.5 Fins do casamento

Ao casamento são atribuídos os fins de: (a) legitimar as relações sexuais entre os cônjuges; (b) proteger a prole; e (c) assegurar a mútua assistência. Estes fins decorrem dos fins do matrimônio no direito canô-

19. Sílvio Luís Ferreira da Rocha, *Introdução ao Direito de Família*, cit., p. 29.
20. Orlando Gomes, *Direito de Família*, cit., 7ª ed., p. 61; Sílvio Luís Ferreira da Rocha, *Introdução ao Direito de Família*, cit., p. 31.
21. Wilfried Schlüter, *Código Civil Alemão. Direito de Família*, cit., p. 69.
22. Sílvio Luís Ferreira da Rocha, *Introdução ao Direito de Família*, cit., p. 30.

CASAMENTO: DISPOSIÇÕES GERAIS 27

nico, que, ao distinguir entre fins primários e secundários, considera como fins primários a procriação e a proteção da prole e como fins secundários o remédio à concupiscência e a ajuda mútua.[23] Antes da promulgação da Constituição Federal o casamento objetivava constituir a família legítima. A Constituição Federal proibiu toda e qualquer designação discriminatória, e a constituição da família ocorre, hoje, não somente pelo casamento, mas também pela união estável entre homem e mulher e pela comunidade formada por qualquer dos pais e seus descendentes (CF, art. 226, § 4º).[24]

O fim do casamento não pode ser resumido à constituição da família; ele visa a realizar a felicidade humana entre duas pessoas. O casamento é o meio jurídico de criar as mais estreitas relações que duas pessoas do sexo oposto possam ter. De acordo com o art. 1.511 do CC, "o casamento estabelece comunhão plena de vida".[25]

---

23. Orlando Gomes, *Direito de Família*, cit., 7ª ed., p. 64; Sílvio Luís Ferreira da Rocha, *Introdução ao Direito de Família*, cit., p. 31.
24. Sílvio Luís Ferreira da Rocha, *Introdução ao Direito de Família*, cit., p. 31.
25. Idem, ibidem.

Capítulo 3
PRESSUPOSTOS
DE EXISTÊNCIA E DE VALIDADE

3.1 Pressupostos de existência: 3.1.1 Regime da inexistência. 3.2 Pressupostos de validade: 3.2.1 Capacidade dos nubentes – 3.2.2 Consentimento válido: 3.2.2.1 O erro: 3.2.2.1.1 O erro no direito positivo – 3.2.2.2 Dolo – 3.2.2.3 Coação – 3.2.2.4 Simulação – 3.2.3 Ausência de impedimentos: 3.2.3.1 Impedimentos (arts. 1.521-1.522 do CC): 3.2.3.1.1 Impedimentos dirimentes públicos (CC, art. 1.521): 3.2.3.1.1.1 Efeitos dos impedimentos – 3.2.3.1.2 Os impedimentos dirimentes privados: 3.2.3.1.2.1 Causas suspensivas ou impedimentos impedientes ou proibitivos – 3.2.3.2 Oposição dos impedimentos –3.2.3.3 Prova dos impedimentos – 3.2.3.4 Processamento da oposição de impedimentos: 3.2.3.4.1 Efeitos da oposição irregular – 3.2.3.4.2 Efeitos da oposição maliciosa – 3.2.3.5 Levantamento da oposição.

3.1 Pressupostos de existência

O Código Civil não disciplina em seu corpo os pressupostos de existência do casamento, que, não observados, levariam ao reconhecimento da inexistência do matrimônio. Não obstante, a doutrina brasileira – como a de Clóvis Beviláqua, Orlando Gomes, Pontes de Miranda e José Lamartine Corrêa de Oliveira e Francisco José Ferreira Muniz – tem feito referência à categoria da inexistência do matrimônio.[1]

A noção de inexistência do matrimônio foi concebida por um jurista alemão, Zachariae von Lingenthal, que, ao estudar o Direito Francês, diferenciou os elementos necessários à existência do casamento, que

---

1. Sílvio Luís Ferreira da Rocha, *Introdução ao Direito de Família*, São Paulo, Ed. RT, 2004, p. 32.

envolveriam questão de fato, dos elementos necessários à validade do casamento, que constituiriam questão jurídica. A distinção foi aceita pela denominada Escola Francesa da Exegese, porque resolvia a dificuldade prática decorrente do princípio que proibia a decretação de nulidade sem prévio texto expresso: *pas de nullité sans texte en matière de mariage*.[2] Segundo Maria Helena Diniz, "a teoria do casamento inexistente formou-se em torno do Código de Napoleão, através dos comentários feitos pelo alemão Zachariae em 1808, traduzidos, em 1839, por Aubry e Rau, tomando corpo na obra de Saleilles. Convém lembrar, como fizeram Planiol e Ripert, que o conceito de casamento inexistente apareceu na França, em razão do princípio de que não pode haver nulidade de casamento sem expressa disposição legal, rejeitando assim as nulidades virtuais em matéria matrimonial, considerando-se apenas as nulidades textuais. Com isso a nulidade do ato nupcial só pode ser pronunciada sobre um texto normativo".[3]

A doutrina, a partir da lição de Zachariae, enumera três pressupostos de existência do casamento: (a) a celebração perante a autoridade legalmente investida de poderes para tal; (b) o consentimento manifestado na forma da lei pelos nubentes; e (c) a diferença de sexo entre os nubentes.[4]

A *diversidade de sexos* é o primeiro pressuposto. A comunhão plena de vida, finalidade do matrimônio, pressuporia a diversidade de sexos. Esse pressuposto poderia ser identificado a partir da análise do di-

---

2. José Lamartine Corrêa de Oliveira e Francisco José Ferreira Muniz, *Curso de Direito de Família*, 3ª ed., Curitiba, Juruá, 2000, p. 210. Para Sílvio de Salvo Venosa (*Direito Civil: Direito de Família*, 6ª ed., São Paulo, Atlas, 2006, p. 98), "a maior crítica feita à teoria da inexistência é quanto à sua inutilidade perante a categoria de atos nulos. É tradicional a posição de Colin e Capitant, para quem não há diferença entre a nulidade absoluta e a inexistência: 'dizer que um ato é nulo – *nullum est* – ou que não existe é sob todos os pontos a mesma coisa. No que concerne particularmente ao casamento, é evidente para nós que a teoria da inexistência se explica unicamente pelo desejo dos intérpretes de aplicar a regra com a máxima: não há nulidade sem texto". V. também Sílvio Luís Ferreira da Rocha, *Introdução ao Direito de Família*, cit., p. 33.
3. Maria Helena Diniz, *Curso de Direito Civil Brasileiro – Direito de Família*, 24ª ed., vol. 5, São Paulo, Saraiva, 2009, p. 54; Sílvio Luís Ferreira da Rocha, *Introdução ao Direito de Família*, cit., p. 34.
4. Maria Helena Diniz, *Curso de Direito Civil Brasileiro – Direito de Família*, cit., 24ª ed., vol. 5, p. 54.

reito positivo. O casamento foi concebido a partir do modelo união homem/mulher. Os dispositivos do Código Civil de 2002 reforçam esse entendimento, pois os arts. 1.514 e 1.517 se referem a homem e a mulher.[5]

As uniões homoafetivas teriam relevância jurídica no campo puramente obrigacional – sociedades de fato –, para alguns, e no campo do direito de família, para outros. Mas não poderiam resultar em casamento, porquanto os esforços de permitir casamentos entre pessoas do mesmo sexo não estariam em conformidade com o direito constitucional vigente.

A *celebração perante a autoridade* é o segundo pressuposto. Exige-se como pressuposto de existência do matrimônio que ele seja celebrado perante autoridade investida pelo Estado para a prática do ato, que no Estado de São Paulo é o juiz de casamento (Decreto-lei 13.375/1947), até que seja disciplinado por lei o art. 98, II, da CF. É possível também que o celebrante seja sacerdote ou ministro de culto, na medida em que a lei assegura efeitos civis ao casamento religioso.[6]

A celebração do casamento por pessoa a tanto não legalmente autorizada acarreta a inexistência do casamento, como no exemplo dado por Pontes de Miranda do casamento celebrado perante juiz de Vara Criminal.[7]

5. Sílvio Luís Ferreira da Rocha, *Introdução ao Direito de Família*, cit., p. 34; Maria Helena Diniz, *Curso de Direito Civil Brasileiro – Direito de Família*, cit., 24ª ed., vol. 5, p. 54.
6. Maria Helena Diniz, *Curso de Direito Civil Brasileiro – Direito de Família*, cit., 24ª ed., vol. 5, p. 54; Sílvio Luís Ferreira da Rocha, *Introdução ao Direito de Família*, cit., p. 35.
7. O casamento em iminente risco de vida (*in extremis* ou *articulo mortis*), também chamado de *nuncupativo*, dispensa, inclusive, a presença da autoridade celebrante. Na hipótese de um dos nubentes estar em iminente risco de vida, gravemente enfermo, a lei dispensa, inclusive, a presença da autoridade a quem incumbe presidir o ato, desde que realizado na presença de seis testemunhas que não tenham parentesco em linha reta com os nubentes ou na linha colateral em segundo grau. Os nubentes figurarão como celebrantes e realizarão oralmente o casamento, declarando de viva voz que livre e espontaneamente querem receber-se por marido e mulher perante seis testemunhas. A eficácia e a validade do casamento estão subordinadas a homologação judicial após oitava das testemunhas e constatada a inexistência de impedimentos, que será transcrita no livro de registro dos casamentos (CC, art.1.541) ou se o enfermo se recuperar e ratificar o casamento em presença do juiz de casamento. Se o enfermo convalescer antes da sentença homologatória e não o ratificar, nenhum valor

A *declaração de vontade por ambos os nubentes* é o terceiro pressuposto de existência do casamento. O casamento, para existir, depende da manifestação de vontade dos nubentes. E, assim, haverá inexistência toda vez que tenha faltado a declaração da vontade de casar por um ou ambos os nubentes. Incluem-se nessa situação os casos de coação absoluta.[8]

3.1.1 Regime da inexistência

A inexistência não significa inexistência no campo material, mas sim no campo jurídico. O matrimônio existe no campo fático, mas não no âmbito jurídico. Há inexistência jurídica quando o fato não corresponde ao negócio jurídico desejado, nem a nenhum outro.

A inexistência tem regime jurídico diverso do regime da nulidade. A inexistência subtrai qualquer efeito ao casamento, mesmo o putativo (acaba, por exemplo, a presunção de paternidade); pode ser alegada a qualquer tempo por qualquer interessado, sem que haja necessidade da propositura de ação ordinária de nulidade; e os supostos cônjuges do casamento inexistente podem convolar a novas núpcias sem necessidade de anular as precedentes.[9]

3.2 Pressupostos de validade

A *capacidade dos nubentes*, o *consentimento válido*, a *ausência de impedimentos* e a *observância do complexo procedimento matrimonial* – que compreende três fases: a *habilitação*, a *celebração* e o *registro* – são os pressupostos de validade do matrimônio.

3.2.1 Capacidade dos nubentes

Os nubentes (do Latim, *nubente* significa que é noivo ou noiva ou designa a pessoa que se vai casar) precisam ter capacidade (aptidão)

---

terá o casamento. Se o enfermo convalescer depois da sentença homologatória e sua transcrição no registro o matrimônio é eficaz.
8. Sílvio Luís Ferreira da Rocha, *Introdução ao Direito de Família*, cit., p. 35; Maria Helena Diniz, *Curso de Direito Civil Brasileiro – Direito de Família*, cit., 24ª ed., vol. 5, p. 55.
9. Sílvio Luís Ferreira da Rocha, *Introdução ao Direito de Família*, cit., p. 36; Maria Helena Diniz, *Curso de Direito Civil Brasileiro – Direito de Família*, cit., 24ª ed., vol. 5, pp. 56-57.

para contrair casamento. A idade mínima dos nubentes é 16 anos, tanto para o homem como para a mulher (CC, art. 1.517, primeira parte). Completada a idade mínima de 16 anos, pressupõe o Código Civil o atendimento pelos nubentes das condições fisiológicas e psicológicas que lhes permitem casar.[10]

A doutrina distingue, dentre as condições fisiológicas e psicológicas, a puberdade, a potência e a sanidade física. A *puberdade* assinala a aptidão biológica para procriar, enquanto a *potência* assinala a capacidade biológica para efetivar o ato sexual, a cópula heterossexual ou a conjunção carnal, admitida a anulação do casamento nos casos de *impotentia coeundi*, e, por sua vez, a *sanidade física* assinala a inexistência de doença contagiosa ou transmissível.[11]

Abaixo dessa idade mínima a lei não permite o casamento, exceto na hipótese prevista no art. 1.520 do CC – evitar imposição ou cumprimento de pena criminal[12] ou em caso de gravidez – hipóteses em que o magistrado pode suprir a idade do menor.

A incapacidade nupcial situa-se no plano da incapacidade de direito ou de gozo, de modo que nem a representação pode saná-la, pois em matéria matrimonial a vontade de contrair casamento é pessoal, não tendo cabimento a utilização da categoria da representação legal.[13]

Acima da idade mínima estabelecida na lei – 16 anos – mas abaixo de 18 anos os nubentes estão sujeitos ao poder familiar e dependem da autorização dos pais para contrair casamento (CC, art. 1.525, II).

10. José Lamartine Corrêa de Oliveira e Francisco José Ferreira Muniz, *Curso de Direito de Família*, cit., 3ª ed., p. 192. De acordo com Antônio Chaves (*Tratado de Direito Civil – Direito de Família*, vol. 5, t. 1, São Paulo, Ed. RT, 1991, p. 96), "a regra – resume de Page – fundamenta-se em duas ordens de razões. Cumpre ter aptidão fisiológica para o casamento e, além disso, é conveniente que o indivíduo tenha atingido um certo grau de maturidade intelectual, de modo que possa trazer para um ato tão importante um consentimento livre e refletido".
11. Maria Helena Diniz, *Curso de Direito Civil Brasileiro – Direito de Família*, cit., 24ª ed., vol. 5, p. 58.
12. Os crimes contra a dignidade sexual são: estupro, violação sexual mediante fraude, assédio sexual, estupro de vulnerável, corrupção de menores, satisfação de lascívia mediante presença de criança ou adolescente, favorecimento da prostituição ou outra forma de exploração sexual de vulnerável, rapto.
13. José Lamartine Corrêa de Oliveira e Francisco José Ferreira Muniz, *Curso de Direito de Família*, cit., 3ª ed., p. 191.

O consentimento para que os filhos contraiam casamento é típica manifestação do poder familiar (CC, art. 1.517, c/c o art. 1.631). O consentimento deve ser dado por ambos os pais, pois ambos exercem com igualdade o poder familiar sobre os filhos – regra que vale para os filhos nascidos na constância do casamento e para os filhos nascidos fora do casamento porém reconhecidos, mas que não vale para as situações em que um dos genitores perdeu ou teve suspenso o exercício do poder familiar ou foi vencido em ação de investigação de paternidade, após contestá-la (CC, art. 1.616).[14]

No caso de divergência entre os pais, o cônjuge discordante deverá provocar o magistrado para que resolva o conflito.

Também no caso de recusa dos pais em conceder autorização cabe ao nubente requerer ao magistrado que a conceda no lugar dos pais (CC, art. 1.519). O pedido deve, no entanto, demonstrar que a recusa foi injusta – o que leva à conclusão de que, se a recusa foi justa, o juiz estará impedido de suprir o consentimento dos pais e autorizar o casamento do requerente. De acordo com Wilfried Schlüter, o juízo de família, em caso de contestação dos pais, somente deve conceder a dispensa da capacidade matrimonial se a celebração do casamento, após ponderação de todos os motivos contra e a favor, corresponder ao bem-estar do menor.[15]

Washington de Barros Monteiro enumerou como justo motivo para a recusa em autorizar o casamento as seguintes hipóteses: (a) costumes

14. José Lamartine Corrêa de Oliveira e Francisco José Ferreira Muniz, *Curso de Direito de Família*, cit., 3ª ed., p. 197: "Portanto, em linha de princípio, o poder de assentir no casamento dos filhos cabe a ambos os genitores, quer no caso do filho legítimo (art. 185), quer no caso do filho ilegítimo em relação ao qual exista reconhecimento de paternidade e maternidade. Exceção a essa regra geral é a do pai vencido em ação de investigação de paternidade. É que, tendo buscado através da luta judicial evitar que se lhe declarasse a paternidade, desaparece a presunção de amor paterno que está na raiz do direito à guarda. Ora, essa presunção de amor está também na raiz do poder de assentir no casamento do filho. (...). E, por isso, no caso do pai que negou sua qualidade de pai, contestando a ação de investigação, não faria o menor sentido atribuir-lhe o poder de assentir. Também aqui a simetria é quebrada, já que não se poderá negar que o pai, em tais circunstâncias, tem todos os deveres paternos, inclusive o de alimentos". V. também Sílvio Luís Ferreira da Rocha, *Introdução ao Direito de Família*, cit., p. 39.
15. Wilfried Schlüter, *Código Civil Alemão. Direito de Família*, Porto Alegre, Sérgio Antônio Fabris Editor, 2002, p. 75.

desregrados ou mau proceder por parte do pretendente; (b) não ter o nubente aptidão para o trabalho; (c) existência de impedimento legal; (d) grave risco de saúde para o incapaz; (e) rapto e condução da menor, em seguida, para casa de tolerância.[16]

Para José Lamartine Corrêa de Oliveira e Francisco José Ferreira Muniz "a jurisprudência brasileira supre frequentemente o assentimento denegado pelos genitores se já existe gravidez ou vida em comum. Os julgados que assim decidem preocupam-se evidentemente em regularizar uma convivência ou em evitar a ilegitimidade do filho nascido ou concebido. Nos casos concretos, pode tal jurisprudência repousar em equívoco. É que a existência de gravidez ou de concubinato não representa, por si só, circunstância demonstrativa da injustiça da recusa do assentimento. A própria natureza do casamento exige que os nubentes tenham maturidade que os torne aptos a assumir plena comunhão de vida. Por falta dessa maturidade, a experiência demonstra que os casamentos celebrados demasiado cedo terminam frequentemente pelo divórcio".[17]

A nosso ver, não devem ser considerados pelo magistrado apenas aspectos relacionados à maturidade biológica e psicológica dos nubentes, mas, sobretudo, se eles têm o mínimo de substrato financeiro indispensável à união conjugal e a garantir educação adequada ao nascituro, pois um divórcio posterior tem para a criança efeitos mais desfavoráveis que a não realização do casamento dos pais.[18]

3.2.2 Consentimento válido

O casamento, enquanto típico ato de autonomia privada, para ser válido, exige consentimento livre, isento de vícios. Os vícios do consentimento que podem macular o casamento são o *erro* e a *coação* (CC, arts. 1.557 e 1.558).

---

16. Washington de Barros Monteiro, *Curso de Direito Civil – Direito de Família*, vol. 2, São Paulo, Saraiva, p. 26.
17. José Lamartine Corrêa de Oliveira e Francisco José Ferreira Muniz, *Curso de Direito de Família*, cit., 3ª ed., p. 199.
18. Wilfried Schlüter, *Código Civil Alemão. Direito de Família*, cit., p. 77.

3.2.2.1 O erro

A teoria do erro em direito matrimonial é mais restrita que a teoria do erro no direito obrigacional.

O erro como vício do consentimento reduz-se a uma das espécies do erro essencial, o *error in persona*, que é o que recai sobre as qualidades substanciais da pessoa, isto é, aquelas que servem para caracterizar um indivíduo – como os atributos físicos, civis e sociais[19] –, e torna insuportável a vida em comum. O erro essencial é aquele que, se conhecido pelo nubente, o impediria de casar. Mas não basta que esse erro afete, tão somente, o nubente, a chamada *essencialidade tipicamente subjetiva*. É necessário que o erro afete a maioria das pessoas, que seja *objetivamente essencial*, isto é, que, revelado, levaria a maioria das pessoas a não se casar. A finalidade de exigir a chamada *essencialidade objetiva* é impedir os excessos decorrentes de uma pessoa extremamente sensível que apresenta repulsa exagerada a pequenos vícios encontráveis no cônjuge.[20]

O vício descoberto deve tornar insuportável a vida em comum e, com isso, frustrar um dos fins mais importantes do matrimônio. Devem coexistir tanto o requisito da essencialidade quanto o requisito da insuportabilidade da vida em comum, porquanto o vício essencial que não torne a vida em comum insuportável não acarreta a invalidade do matrimônio.[21]

Cabe ao juiz, segundo Sílvio de Salvo Venosa, no arguto exame da prova e das circunstâncias que envolvem o casamento, definir sobre o erro de identidade, honra e boa fama, de molde a que o conhecimento ulterior pelo cônjuge enganado torne a vida em comum insuportável. Nesse exame probatório será importante averiguar a situação social, cultural e econômica dos cônjuges.[22]

3.2.2.1.1 O erro no direito positivo

O erro como vício apto a invalidar o matrimônio, por impedir um consentimento livre, foi disciplinado no CC no art. 1.557. O Código Civil

---

19. Orlando Gomes, *Direito de família*, p. 86.
20. Sílvio Luís Ferreira da Rocha, *Introdução ao Direito de Família*, cit., p. 41.
21. Idem, p. 42.
22. Sílvio de Salvo Venosa, *Direito Civil: Direito de Família*, cit., 6ª ed., p. 120.

reconheceu como causa de invalidade tão somente o erro que recaia sobre a pessoa do outro, adotado, ainda, o critério da essencialidade.

O *error in persona* recai sobre qualidades da pessoa, entre elas a identidade, honra, boa fama e saúde.

Os vícios que recaem sobre a identidade podem abranger a identidade física ou civil.

O erro sobre a identidade física é hipótese rara de acontecer, e se daria na situação de alguém, "A", que, pretendendo casar com "B", casa-se com "C". Nesse caso o erro seria obstativo, pois o declarado – casar com "C" – não corresponde ao desejado – casar com "B".

O erro sobre a identidade civil é mais frequente. É a hipótese de alguém casar com um divorciado, suposto solteiro, ou casar com um transexual que teve seu estado alterado antes de contrair casamento.

Como vícios que maculam a honra e a boa fama a jurisprudência enumera a condição de homossexual do marido; ser o marido ladrão contumaz; o comportamento sexual promíscuo da mulher e ignorado pelo marido.

Temos o exemplo do art. 1.557, II, do CC: a ignorância de crime anterior ao casamento que, por sua natureza, torne insuportável a vida conjugal: o Código Civil eliminou a qualidade de inafiançável do crime e retirou a obrigatoriedade da ocorrência de condenação definitiva. Contentou-se com a ignorância do crime e a gravidade do mesmo. Crimes graves são todos os crimes cometidos com violência, grave ameaça (roubo, homicídio, estupro) ou aqueles que, embora não violentos, são altamente reprovados pela sociedade, como os crimes de tráfico de entorpecentes e corrupção.

O Código Civil considera erro essencial sobre a pessoa do outro cônjuge a ignorância de defeito físico irremediável ou de moléstia grave e transmissível por herança ou contágio, capaz de pôr em risco a saúde do outro cônjuge ou de sua descendência (art. 1.557, III), ou a ignorância, anterior ao casamento, de doença mental grave que, por sua natureza, torne insuportável a vida em comum ao cônjuge enganado (art. 1.557, IV).

Consideram-se "defeito físico irremediável" as anormalidades orgânicas e psíquicas que prejudiquem ou impeçam o desenvolvimento da relação conjugal. A jurisprudência considera como defeito físico irremediável: a *impotência coeundi*, isto é, a incapacidade para o ato sexual, orgânica, psíquica, absoluta ou relativa apenas à pessoa do cônjuge (a *impotência generandi* – isto é, a esterilidade do outro cônjuge – não é vista como fundamento para anular o casamento); a atresia vaginal, que impossibilita a prática do ato sexual.[23]

Por "moléstia grave e transmissível, pelo contágio ou herança, capaz de pôr em risco a saúde do outro cônjuge ou de sua descendência" a jurisprudência tem considerado como casos de anulação do casamento a dependência química, a existência de doenças sexualmente transmissíveis – como a sífilis, a AIDS.[24]

Para alguns o Código Civil exigiria que a moléstia grave, além de transmissível e capaz de pôr em risco a saúde do outro cônjuge ou de sua descendência, fosse incurável.[25] Mas o Código Civil não exige que a doença seja incurável.

Ao lado do defeito físico irremediável ou de moléstia grave e transmissível, o Código Civil previu a doença mental grave, isto é, aqueles transtornos psiquiátricos ou mentais reconhecidos pela Organização Mundial de Saúde/OMS. A doença mental há de ser grave e deve tornar insuportável a vida em comum.

3.2.2.2 Dolo

O dolo não viciaria o casamento. Existe até um ditado, atribuído a Loysel,[26] que afirma que "no matrimônio engana quem pode" (*on dit communément qu'en mariage il trompe qui peut*). Esse entendimento é justificado também com uma posição teórica que entende que inexistiria entre os nubentes o dever pré-matrimonial de informação.

---

23. Sílvio Luís Ferreira da Rocha, *Introdução ao Direito de Família*, cit., p. 45; Maria Helena Diniz, *Curso de Direito Civil Brasileiro – Direito de Família*, cit., 24ª ed., vol. 5, p. 272; Sílvio de Salvo Venosa, *Direito Civil: Direito de Família*, cit., 6ª edição, p. 124. Segundo o citado autor, na Idade Média os tribunais religiosos impunham provas de potência perante o próprio tribunal, na presença de juízes, e bastava uma simples denúncia da mulher, sem qualquer formalidade, para que se iniciasse um processo com esse feitio.
24. Sílvio Luís Ferreira da Rocha, *Introdução ao Direito de Família*, cit., p. 45.
25. Orlando Gomes, *Direito de Família*, 7ª ed., Rio de Janeiro, Forense, 1988, p. 88.
26. Idem, p. 84.

Em matéria de casamento o dolo manifestar-se-ia por um comportamento omissivo. A dissimulação na fase pré-matrimonial de fatos e circunstâncias relevantes leva a vítima do dolo a incorrer em erro e representa violação do dever de informação e sinceridade entre os noivos.[27] A ocultação de circunstâncias essenciais somente deve ser comparada ao dolo quando o cônjuge exige expressamente informação sobre certos pontos ou excepcionalmente, em razão das circunstâncias do caso isolado, existe uma obrigação especial de revelação, que deve ser aceita em situações que são de importância decisiva para a união conjugal e para a vida familiar – como, por exemplo, doenças incuráveis, predisposições sexuais anormais, incapacidade de vida em comum.[28]

Muitas vezes essas situações geradas pelo dolo são resolvidas de modo satisfatório pela aplicação da teoria do erro, como o caso do noivo que esconde da noiva a existência de grave doença transmissível por contágio. Outras vezes não, como na hipótese da noiva que, estando grávida de terceiro, permite que se forme no noivo a convicção errônea de ser ele o pai da criança.[29] Nesse caso o obstáculo à aplicação plena da teoria do erro residiria no fato de que o homem tinha pleno conhecimento da gravidez da mulher.[30]

Desta forma, *de lege ferenda*, melhor seria a introdução do dolo como hipótese autônoma de invalidade matrimonial.

3.2.2.3 Coação

A coação impede o casamento. Não podem casar as pessoas coagidas – diz expressamente o art. 1.558 do CC. Se o casamento ocorre, o cônjuge coagido está autorizado a propor a ação de anulação, pouco importando se a coação partiu do outro cônjuge ou de um terceiro.[31]

---

27. José Lamartine Corrêa de Oliveira e Francisco José Ferreira Muniz, *Curso de Direito de Família*, cit., 3ª ed., p. 251. Para os citados autores "existe o dever de informação sobre todas aquelas circunstâncias que dizem respeito à essência do matrimônio, ou então quando tenha havido indução em erro sobre circunstâncias a que o nubente enganado atribua relevância, sendo isso conhecido ou suscetível de percepção pelo outro nubente".
28. Wilfried Schlüter, *Código Civil Alemão. Direito de Família*, cit., p. 93.
29. José Lamartine Corrêa de Oliveira e Francisco José Ferreira Muniz, *Curso de Direito de Família*, cit., 3ª ed., p. 252.
30. Sílvio Luís Ferreira da Rocha, *Introdução ao Direito de Família*, cit., p. 46.
31. Orlando Gomes, *Direito de Família*, cit., 7ª ed., p. 84.

Para que ocorra a coação: (a) o estado de temor sob cujo influxo o agente consentiu no matrimônio deve ter sido causado pela coação praticada por alguém. O medo terá de ser causado por agente externo identificável (*ab extrinseco*), sendo irrelevante o medo interno (*ab intrínseco*), como o produzido pela própria fantasia do sujeito. O estado de temor é requisito exigido pelo CC, que, no art. 1.558, menciona a expressão "mediante fundado temor"; (b) a coação deve influir decisivamente na vontade do nubente, determinando-o a contrair matrimônio. O CC também requer esse requisito ao exigir, no art. 1.558, que o consentimento do nubente haja sido captado mediante fundado temor, o que indica que a decisão de casar não foi tomada livremente; (c) deve ter havido da parte do coator a intenção de extorquir a declaração de vontade do coacto, isto é, de obrigá-lo a se casar; (d) a ameaça há de ser injusta ou ilícita. A ameaça pode provir do próprio meio utilizado, que produzirá um mal sobre a pessoa do coacto – como matá-lo, agredi-lo –, ou pode provir da ausência de correlação lógica e justificada entre o meio utilizado, que pode até ser lícito, e o fim visado, que é o matrimônio – como a ameaça de requerer a falência do pai da moça com quem o coator pretende se casar; a ameaça de deserdação.[32]

O regime da coação no matrimônio é diverso do regime da coação nos negócios jurídicos. O legislador no matrimônio não distingue entre parte e terceiro do negócio jurídico para o fim de determinar a validade do negócio quando a coação feita por terceiro for desconhecida pela parte que dela se aproveite (art. 155 do CC). Desse modo, o casamento é anulável quer a coação tenha sido exercida por um dos nubentes ou por terceiro.

3.2.2.4 Simulação

A simulação não é prevista como causa de anulação do casamento. Ocorre em tese a simulação quando os nubentes, ou apenas um deles, contraem casamento não com o objetivo de estabelecer uma comunhão de vida própria do estado matrimonial, mas com o interesse de alcançar objetivos estranhos à finalidade típica do matrimônio – como a aquisi-

---

32. José Lamartine Corrêa de Oliveira e Francisco José Ferreira Muniz, *Curso de Direito de Família*, cit., 3ª ed., p. 206.

ção de nacionalidade, evitar a expulsão do País, adquirir a condição de dependente para obtenção de vantagens previdenciárias.[33]

Em nosso ordenamento jurídico o casamento simulado é casamento válido. O sistema típico, predeterminado, de causas de nulidade do casamento impede o reconhecimento da simulação como causa de invalidade do casamento.[34]

José Lamartine Corrêa de Oliveira e Francisco José Ferreira Muniz discordam desse posicionamento. Para eles, a partir de uma concepção personalista do casamento – o casamento é um ato livre em que a vontade real dos nubentes deve ser a de criar *in concreto* a comunhão de vida –, parece impossível sustentar a tese de validade do casamento simulado. Reconhecem, no entanto, que apenas uma reforma global do direito de família permitirá o reconhecimento da simulação como causa de invalidade do matrimônio.[35]

3.2.3 Ausência de impedimentos

3.2.3.1 Impedimentos (arts. 1.521-1.522 do CC)

A teoria dos impedimentos deriva do direito canônico, que sempre foi minucioso em descrever as situações em que o casamento não podia se realizar. Mas foi absorvida pela legislação civil, que descreveu taxativamente as situações em que as pessoas estão impedidas de casar.[36]

Os impedimentos são circunstâncias que definitivamente ou temporariamente impedem a realização do casamento entre dois nubentes. Consistem na falta de requisitos para o casamento. São condições, de fato ou de direito, físicas ou jurídicas, especificadas em lei que, de forma permanente ou temporária, proíbem o casamento ou determinado casamento.[37]

---

33. Sílvio Luís Ferreira da Rocha, *Introdução ao Direito de Família*, cit., p. 48.
34. Idem, ibidem.
35. José Lamartine Corrêa de Oliveira e Francisco José Ferreira Muniz, *Curso de Direito de Família*, cit., 3ª ed., p. 260; Sílvio Luís Ferreira da Rocha, *Introdução ao Direito de Família*, cit., p. 48.
36. Sílvio de Salvo Venosa, *Direito Civil: Direito de Família*, cit., 6ª ed., p. 69.
37. Maria Helena Diniz, *Curso de Direito Civil Brasileiro – Direito de Família*, cit., 24ª ed., vol. 5, p. 68.

Os impedimentos matrimoniais não configuram incapacidade absoluta ou geral de contrair casamento, pois, como regra, geram apenas incapacidade circunstancial de contrair casamento com determinada pessoa – como no caso do irmão que não pode casar com a irmã mas pode casar com outra mulher. O impedido de casar não é incapaz de contrair casamento.[38]

Os impedimentos dirimentes públicos ou absolutos previstos nos incisos I a VII do art. 1.521 do CC, se violados, nulificam o matrimônio. De acordo com Maria Helena Diniz, "nosso CC, no art. 1.521, trata dos impedimentos dirimentes públicos ou absolutos (ns. I a VII), que, por razões éticas, baseadas no interesse público, envolvem causas atinentes à instituição da família e à estabilidade social, podendo ser levantadas por qualquer interessado e pelo Ministério Público, na qualidade de representantes da sociedade, acarretando a nulidade do matrimônio realizado com a inobservância da proibição (CC, arts. 1.548, I, e 1.549)".

3.2.3.1.1 Impedimentos dirimentes públicos (CC, art. 1.521)

Os impedimentos dirimentes públicos podem ser classificados em três categorias: os que resultam do parentesco (*impedimentum consanguinitatis, affinitatis* e *cognationis legalis*); os que resultam da existência de vínculo (*impedimentum ligamis seu vinculis*) e os que resultam de crime (*impedimentum criminis*).

Os impedimentos resultantes de parentesco (CC, art. 1.521, I a V) subdividem-se em impedimentos por consanguinidade, afinidade e adoção.

O **impedimento por consanguinidade** funda-se em razões morais e biológicas, pois impede o casamento entre ascendentes e descendentes – não importa o grau –, irmãos, sejam eles germanos (mesmo pai e mãe), consanguíneos (mesmo pai e mães diversas), uterinos (mesma mãe e pais diversos) e colaterais até o terceiro grau (tio e sobrinha; tia e sobrinho).

Os impedimentos do parentesco por consanguinidade submetem-se às seguintes regras:

---

38. Idem, ibidem.

(a) O grau de parentesco é irrelevante na linha reta; na linha colateral o impedimento atinge até o terceiro grau. Desta forma, na linha reta estão impedidas de casar as pessoas que estejam umas com as outras em relação de ascendência ou descendência, pouco importando o grau. Na linha colateral o impedimento atinge o casamento entre irmãos (colaterais de segundo grau) e entre tio e sobrinha, tia e sobrinho (colaterais de terceiro grau). O Código Civil não revogou o artigo do Decreto-lei 3.200, de 19.4.1941, que permite o casamento entre colaterais de terceiro grau desde que dois médicos atestem não existir qualquer inconveniente do ponto de vista da saúde de qualquer deles e da prole na realização do casamento. Assim, a dispensa prevista no Decreto-lei 3.200/1941, posterior ao Código Civil de 1916, não foi revogada pelo Código Civil de 2002, muito embora este não a tenha admitido em seu texto.[39] Segundo Maria Helena Diniz, "o impedimento entre colaterais de terceiro grau, isto é, entre tios e sobrinhas, não é mais invencível, ante os termos dos arts. 1º a 3º do Decreto-lei 3.200, de 19.4.1941, norma especial, que dispõe sobre a organização e proteção da família, e, por isso, recepcionada pelo novo Código Civil, apesar de anterior a ele".[40]

(b) É irrelevante a natureza do parentesco. O impedimento existe no parentesco reconhecido ou não. O impedimento não se restringe ao parentesco comprovado pelos meios ordinários, como o reconhecimento da paternidade ou o matrimônio. A questão principal reside no modo de provar o parentesco não reconhecido. José Lamartine Corrêa de Oliveira e Francisco José Ferreira Muniz defendem ponto de vista no sentido de que esta prova poderá ser produzida por ocasião do incidente de oposição de impedimentos, na oportunidade prevista no art. 189, parágrafo único, do CC de 1916 – atual art. 1.522 do CC de 2002 – e no art. 67, § 5º, da Lei 6.515/1977. Essa prova de parentesco produz efeitos restritos à demonstração do impedimento, não se podendo extrair outras consequências.[41]

---

39. Sílvio Luís Ferreira da Rocha, *Introdução ao Direito de Família*, cit., p. 49.
40. Maria Helena Diniz, *Curso de Direito Civil Brasileiro – Direito de Família*, cit., 24ª ed., vol. 5, p. 72.
41. José Lamartine Corrêa de Oliveira e Francisco José Ferreira Muniz, *Curso de Direito de Família*, cit., 3ª ed., pp. 171-172. Para os referidos autores: "Tem-se portanto a possibilidade de estabelecimento de um vínculo de filiação apenas para efeitos de impedimentos matrimoniais, permanecendo tal vínculo como irrelevante juridicamente para outros efeitos". V. também Sílvio Luís Ferreira da Rocha, *Introdução ao Direito de Família*, cit., p. 50.

(c) O impedimento de afinidade,[42] previsto no art. 1.521, II, do CC, decorre do parentesco que se estabelece pelo casamento entre o cônjuge e parentes do outro. Assim, o pai de um dos cônjuges torna-se parente por afinidade do outro, o que gera o vínculo parental por afinidade entre sogros e genros e noras. O irmão do cônjuge torna-se parente por afinidade do outro, o que gera o vínculo parental por afinidade entre cunhados.

O impedimento de afinidade configura-se tão somente em relação ao parentesco por afinidade em linha reta, isto é, o que se estabelece entre os pais e porventura filhos de um dos cônjuges em relação ao outro (CC, art. 1.521, II).[43] Desta forma, estão impedidos de casar entre si sogro e nora, sogra e genro, padrasto e enteada, madrasta e enteado.[44]

Esse parentesco por afinidade na linha reta torna-se vitalício e não se extingue com a dissolução do casamento que o originou, seja qual for a razão (CC, art. 1.595). O mesmo não ocorre com o parentesco por afinidade na linha colateral, que se extingue com a dissolução do casamento, de modo que ex-cunhados podem se casar.[45]

O impedimento de afinidade não se limitaria aos casos em que houve casamento. Para o fim de impedimento matrimonial a afinidade estabelecer-se-ia entre uma pessoa e os parentes de outra com a qual viva maritalmente.[46] É a regra estabelecida pelo art. 1.595 do CC, que,

---

42. De acordo com Antônio Chaves (*Tratado de Direito Civil – Direito de Família*, cit., vol. 5, t. 1, p. 103): "Afinidade, do Latim, *afinitas*, contiguidade, vizinhança, é o vínculo estabelecido, em virtude do casamento, entre um dos cônjuges e os parentes do outro".
43. De acordo com Orlando Gomes (*Direito de Família*, cit., 7ª ed., p. 97), "o impedimento alcança qualquer grau na linha reta. Assim, a viúva não pode casar-se com o filho de seu enteado".
44. Enteado [do Lat. *antenatu*, 'nascido antes' (do segundo casamento)]. O filho de matrimônio anterior com relação ao cônjuge atual de seu pai ou de sua mãe.
45. Sílvio Luís Ferreira da Rocha, *Introdução ao Direito de Família*, cit., p. 51; Maria Helena Diniz, *Curso de Direito Civil Brasileiro – Direito de Família*, cit., 24ª ed., vol. 5, p. 75.
46. De acordo com Orlando Gomes (*Direito de Família*, cit., 7ª ed., p. 96): "O impedimento de afinidade não se limita ao parentesco legítimo. Conquanto se defina a afinidade como o vínculo familiar entre o cônjuge e os parentes do outro, a relação existe para o fim de impedimento matrimonial entre uma pessoa e os parentes de outra com a qual viva maritalmente. A lei inclui entre os impedimentos matrimoniais a *affinitas illegitima*. Essa espécie de afinidade supõe a relação de consanguinidade independente do matrimônio. Por isso mesmo, torna-se extremamente difícil a deter-

ao estabelecer o parentesco por afinidade, referiu-se ao matrimônio e à união estável.

(d) Quanto ao impedimento de adoção, a adoção cria para o adotado a mesma condição de filho natural, de modo que a ele são aplicados os mesmos impedimentos decorrentes do parentesco consanguíneo e por afinidade. A regra procura preservar o sentido ético e moral da família, independentemente da natureza do vínculo. E, como a adoção procura imitar a Natureza, as restrições relativas à adoção são idênticas às da família biológica, de modo que, se existe a adoção, existe o impedimento.[47] A incidência do impedimento, no entanto, é mais extensa para o adotado, na medida em que o impedimento decorrente do parentesco por consanguinidade estende-se aos pais e parentes naturais, conforme determina o art. 41 da Lei 8.079, de 13.7.1990. Essa regra permanece em vigor, pelo critério da especialidade, não obstante não tenha sido repetida pelo Código Civil de 2002, que, timidamente, limitou-se a realizar pequenas modificações de redação nos dois incisos que tratavam da matéria no art. 183 (incisos III e V) do CC de 1916.[48]

(e) O impedimento de vínculo é o que decorre do fato de a pessoa ser casada; enquanto o casamento não for dissolvido pela morte do outro cônjuge, pela anulação ou pelo divórcio, ela não pode contrair novo matrimônio. A expressão "impedimento de vínculo" designa a proibição do casamento de pessoa vinculada a matrimônio válido precedente[49] (CC, art. 1.521, VI).

O fundamento do impedimento de vínculo é o princípio da monogamia, que predomina em nossa civilização ocidental cristã. A sanção na ordem criminal é o crime de bigamia. A sanção na ordem civil é a nulidade do casamento. O segundo casamento reputa-se nulo, pouco importando a boa-fé dos cônjuges. A anulação do primeiro casamento

---

minação da existência desse impedimento, restrito embora à linha reta. Rigorosamente a proibição deveria existir entre o cônjuge e os filhos ilegítimos do outro. Estaria proibido, assim, o casamento da viúva com o filho natural ou adulterino de seu marido. Contudo, o Código aceita a afinidade ilegítima no mais amplo sentido da expressão. Permitido não é o casamento de um homem com a filha ou a mãe de sua concubina ou com a própria de seu pai ou de seu filho. Necessária, porém, a existência de concubinato, não bastando simples relações sexuais".

47. Sílvio de Salvo Venosa, *Direito Civil: Direito de Família*, cit., 6ª ed., p. 73.
48. Sílvio Luís Ferreira da Rocha, *Introdução ao Direito de Família*, cit., p. 52.
49. Orlando Gomes, *Direito de Família*, cit., 7ª ed., p. 97.

depois de celebrado o segundo matrimônio não convalidaria o segundo casamento. Ele continua sendo nulo. O mesmo não ocorre na hipótese de nulidade do primeiro casamento. A nulidade opera efeitos retroativos.[50]

Outrora o marido ou mulher de cônjuge ausente – isto é, que desapareceu do seu domicílio sem deixar notícias do seu paradeiro – não estava autorizado a contrair novo matrimônio, na medida em que tal ausência não representa a certeza da morte. A presunção de óbito que produzia efeitos sucessórios era inoperante em relação ao casamento. No entanto, o CC de 2002, no § 1º do art. 1.571, determinou a dissolução do casamento em caso de presunção de óbito do ausente, de modo que, agora, o marido ou mulher do cônjuge ausente pode contrair novas núpcias.[51] Embora o cônjuge do ausente esteja autorizado a convolar a novas núpcias, o Código não estabeleceu com precisão o momento em que isso será possível e quais os efeitos desse matrimônio caso o ausente reapareça. Para Carlos Eduardo Nicoletti Camillo o novo casamento poderá ser efetuado tão logo transitada em julgado a sentença que declarar a ausência, irrelevantes a existência e o regular andamento da sucessão provisória e definitiva, e o regresso do ausente não terá o condão de invalidar o novo casamento ou acarretar sua dissolução.[52]

(f) O impedimento de crime (CC, art. 1.521, VII) é o que decorre da prática de crime, reconhecido por sentença condenatória transitada em julgado, praticado por um dos cônjuges ou pelo pretendente contra o seu consorte. O Código Civil de 2002 suprimiu o impedimento do cônjuge adúltero com seu co-réu, previsto no Código Civil de 1916, de modo que permanece apenas o crime de homicídio, tentado ou consumado, contra o consorte, como impedimento. O impedimento de crime não abrange o homicídio culposo, apenas o doloso, pois só há o impedimento se o crime houver sido praticado com o ânimo de matar.[53]

---

50. Sílvio Luís Ferreira da Rocha, *Introdução ao Direito de Família*, cit., p. 53.
51. Maria Helena Diniz, *Curso de Direito Civil Brasileiro – Direito de Família*, cit., 24ª ed., vol. 5, p. 78.
52. Carlos Eduardo Nicoletti Camillo, in Carlos Eduardo Nicoletti Camillo e Glauber Moreno Talavera (coords.), *Comentários ao Código Civil, Artigo por Artigo*, São Paulo, d. RT, p. 1.139.
53. Sílvio Luís Ferreira da Rocha, *Introdução ao Direito de Família*, cit., p. 54; Maria Helena Diniz, *Curso de Direito Civil Brasileiro – Direito de Família*, cit., 24ª ed., vol. 5, p. 79; Sílvio de Salvo Venosa, *Direito Civil: Direito de Família*, cit., 6ª ed., p. 75.

O Código, para caracterizar o impedimento, não exige a participação do cônjuge no crime praticado contra o outro.

3.2.3.1.1.1 Efeitos dos impedimentos

O desrespeito aos impedimentos descritos no art. 1.521 do CC acarreta a nulidade do casamento, conforme prevê o art. 1.548, II.

3.2.3.1.2 Os impedimentos dirimentes privados

Na vigência do Código Civil de 1916 havia os denominados *impedimentos dirimentes privados*, num total de quatro, enumerados nos incisos IX a XII do art. 183, que tinham em mira a concepção do casamento como negócio jurídico, que exige agente capaz e vontade livre.[54]

---

54. Cf. Sílvio Luís Ferreira da Rocha, *Introdução ao Direito de Família*, cit., p.
55. De acordo com o inciso IX do art. 183 do CC de 1916, estavam impedidas de casar as pessoas que por qualquer motivo fossem coagidas ou estivessem incapacitadas de consentir ou manifestar, de modo inequívoco, o consentimento. Entre as pessoas impedidas de casar tínhamos as que manifestaram o consentimento viciado por erro, dolo ou coação. Entre as pessoas que não podiam manifestar o consentimento tínhamos o louco, os surdos-mudos sem educação. Nesse caso não se tratava de impedimento, mas incapacidade que impedia a pessoa de consentir em casar-se, de modo que levaria à inexistência do casamento.

Segundo o inciso X do art. 183 do CC de 1916 estavam impedidos de casar o raptor com a raptada, enquanto esta não se achasse fora do seu poder e em lugar seguro. Tratava-se, em última análise, de situação em que o consentimento da mulher fora viciado por uma presumida coação decorrente do rapto. Com efeito, o rapto gerava uma presunção de coação, de modo que enquanto não se achasse a raptada em local seguro o consentimento era considerado viciado. Para Antônio Chaves o casamento do raptor com a raptada, para não ser invalidado, deveria ser revalidado por meio de nova celebração, em que a esposa prestasse o consentimento livre de qualquer coação.

No inciso XI do art. 183 do CC de 1916 tínhamos o impedimento daqueles que estivessem sujeitos ao pátrio poder, tutela ou curatela enquanto não obtivessem, ou lhes fosse suprido, o consentimento dos pais, tutor ou curador.

Os loucos e os surdos-mudos que não pudessem se exprimir não podiam casar; faltava-lhes a possibilidade de dar consentimento, não cabendo no casamento a figura da representação. Portanto, os curatelados que necessitassem obter do curador autorização para casar eram os farmacodependentes, antigamente designados de toxicômanos, os pródigos e o surdo-mudo de capacidade limitada (art. 451 do CC de 1916).

No inciso XII do art. 183 do CC de 1916 tínhamos o impedimento de contrair matrimônio das mulheres menores de 16 anos e dos homens menores de 18, porque não atingiram a maturidade – física e psicológica – exigida para contrair matrimônio, a denominada *capacidade matrimonial*.

O Código Civil de 2002 os suprimiu, mas, no entanto, continuam a ser causa de anulação do casamento, a exemplo do que dispõe o art. 1.550, I, II, III e IV, do CC de 2002. Essas situações não impedem a realização do matrimônio após a expedição do certificado de habilitação, mas antes dele o oficial do registro civil poderá apontá-las e recusar-se a expedi-lo.

3.2.3.1.2.1 Causas suspensivas ou impedimentos impedientes ou proibitivos

Os chamados *impedimentos impedientes ou proibitivos*, disciplinados no art. 183, XIV a XVI, do CC de 1916, que proibiam a celebração do casamento mas, se este se realizasse, não acarretavam nem a nulidade nem a anulabilidade do casamento, foram disciplinados no Código Civil de 2002, que deu a eles tratamento diverso, pois os chamou de *causas suspensivas do matrimônio* e lhes reduziu o número às hipóteses descritas no art. 1.523, I a IV. O Código Civil de 2002 deixou de lado a proibição de o juiz, o escrivão e respectivos parentes contraírem matrimônio com órfãos ou viúvas da circunscrição territorial onde exerçam as respectivas funções, por se tratar de reminiscência do direito romano, dificilmente justificável em nossos dias.[55]

As pessoas legitimadas no art. 1.524 do CC podem arguir essas causas suspensivas.

O art. 1.523, I, do CC proíbe o casamento do viúvo ou da viúva com filhos do cônjuge falecido que não inventariou os bens do casal e os partilhou entre os herdeiros com o propósito de proteger os filhos e evitar a confusão de patrimônios com o novo cônjuge.

O art. 1.523, II, do CC proíbe o casamento da viúva ou da mulher cujo casamento se desfez, por ser nulo ou ter sido anulado, até 10 meses depois do começo da viuvez ou da dissolução da sociedade conjugal. A finalidade desta norma é de evitar confusões que podem se estabelecer a respeito da paternidade do filho que nascer no interregno de 10 meses entre o primeiro casamento, dissolvido, e o segundo casamento. Não se trata de confusão real da paternidade, que pode ser ilidida com

O desrespeito a esses impedimentos acarretava a anulabilidade do casamento (art. 209 do CC de 1916).
55. Cf. Sílvio Luís Ferreira da Rocha, *Introdução ao Direito de Família*, cit., p. 59.

os testes de DNA, e sim de confusão presumida da paternidade por força das presunções legais de paternidade.[56]

O art. 1.523, III, do CC proíbe o casamento do divorciado enquanto a partilha dos bens do casal não houver sido homologada ou decidida; e, com isso, busca proteger os filhos e evitar a confusão de patrimônios com o novo cônjuge.

O art. 1.524, IV, do CC proíbe o casamento entre tutor ou curador e respectivos parentes em linha reta ou colaterais até o terceiro grau, consanguíneos ou afins, enquanto não cessar a tutela ou a curatela e não estiverem saldadas as respectivas contas. A finalidade desse impedimento é evitar que o matrimônio oculte a administração ruinosa dos bens do tutelado ou curatelado e os administradores se furtem à obrigação de prestar contas da gestão, bem como neutralizar a autoridade que os tutores ou curadores possam exercer sobre a pessoa do tutelado ou curatelado.

As consequências jurídicas para quem desrespeita uma das causas suspensivas são diversas daquelas estabelecidas no Código Civil de 1916. O desrespeito não permite a propositura de ação de anulação do matrimônio. Permanece, no entanto, a imposição do regime de separação de bens (CC, art. 1.641, I). Além disso, o descumprimento de uma dessas causas suspensivas pode fundamentar oposição ao pedido de casar, que, se aceita, impede a expedição do certificado de habilitação. Disso resulta a proibição de celebrar o casamento.

O nubente pode livrar-se dessa proibição se provar que seu casamento não prejudicará aquelas pessoas destinatárias da proteção, como o herdeiro, o ex-cônjuge, a pessoa tutelada ou curatelada (CC, art. 1.523, parágrafo único). Na hipótese do inciso II, o nubente, se quiser casar, deverá provar o nascimento do filho ou a inexistência de gravidez na fluência do prazo.[57]

---

56. De acordo com Antônio Chaves (*Tratado de Direito Civil – Direito de Família*, cit., vol. 5, t. 1, p. 124): "Foi uma lei de Numa que impôs o luto à viúva, proibindo-a de contrair novo casamento dentro do período de um ano (...) constituído de 10 meses. Originado de considerações puramente religiosas, observa Vedani, este instituto do ano de luto foi em seguida confirmado por reflexos de ordem moral e jurídica, isto é, para evitar *turbatio sanguinis* e a *generationis incertitudo*".
57. Cf. Sílvio Luís Ferreira da Rocha, *Introdução ao Direito de Família*, cit., p. 60.

3.2.3.2 Oposição dos impedimentos

"Oposição" deriva do Latim *oppono*, "pôr diante", "opor", "apresentar". E em matéria de casamento significa promover obstáculos ou contrariedade à sua celebração.[58]

A oposição será o ato de qualquer das pessoas autorizadas que leve ao conhecimento do oficial do registro civil a existência de algum dos impedimentos ou causas de suspensão previstos nos arts. 1.521 e 1.523 do CC.

A oposição dos impedimentos foi disciplinada nos arts. 1.522, 1.529 e 1.530 do CC. Os impedimentos (descritos no art. 1.521 do CC) podem ser reconhecidos pelo oficial do registro civil (art. 1.528 do CC) ou pela autoridade que presidir a celebração do casamento ou deduzidos por qualquer pessoa maior e capaz (art. 1.522 do CC).

O oficial do registro apenas declara os impedimentos que se lhe comuniquem ou de que tome conhecimento. O oficial do registro civil tem o dever funcional de não realizar matrimônio que saiba violar impedimento ou causa de suspensão do matrimônio.

A autoridade que celebrar o casamento pode por ciência própria conhecer o impedimento ou causa de suspensão ignorados por outros, ou que outros não quiseram opor. Pode acontecer também que, depois de encerradas as formalidades preliminares do casamento, apareça alguém que lhe dê ciência da existência do impedimento ou da causa de suspensão. Há dúvidas quanto ao modo de proceder da autoridade celebrante: deve ela examinar a procedência ou a improcedência do impedimento, ou pura e simplesmente suspender a celebração ante a oposição do impedimento? Para Maria Helena Diniz a autoridade que preside o ato, ante a oposição de impedimento, deve suspender a cerimônia de imediato, sem examinar a procedência ou improcedência do impedimento.[59]

A nosso ver, a autoridade deve observar se a oposição preencheu as exigências legais quanto a forma, competência e motivo em que se funda. E isso porque o Código Civil teria admitido tão somente a oposição, e não a denúncia. A oposição é manifestação formal contra a celebração

---

58. Antônio Chaves, *Tratado de Direito Civil – Direito de Família*, cit., vol. 5, t. 1, p. 129.
59. Maria Helena Diniz, *Curso de Direito Civil Brasileiro – Direito de Família*, cit., 24ª ed., vol. 5, p. 85.

de um casamento, reservada a certas pessoas, e, por isto, cercada de especiais garantias. Já a denúncia é a mera notícia da existência de impedimentos, que, levada ao Ministério Público, ao oficial de registro ou à autoridade celebrante, não tem o efeito imediato de suspender o trâmite do casamento, ficando ao juízo discricionário dessas pessoas realizar, ou não, o casamento.[60]

A oposição dos impedimentos descritos no art. 1.521 do CC pode ser feita por qualquer pessoa maior que, sob sua assinatura, apresente declaração escrita, instruída com as provas do fato que alegar (CC, arts. 1.522 e 1.529).

A oposição das causas suspensivas é restrita aos parentes em linha reta, consanguíneos ou afins, e colaterais em segundo grau, consanguíneos ou afins (irmãos e cunhados) (CC, art. 1524). Neles estão incluídos os pais naturais e excluídos os pais decaídos ou privados do poder familiar. Esse direito de oposição é exercido sucessivamente, e não cumulativamente, pelos parentes; e na classe dos ascendentes o grau mais próximo exclui o mais remoto. Ao ex-cônjuge (marido) é reconhecido o direito de opor impedimentos quando se trate de evitar a *turbatio sanguinis*.[61]

A oposição de impedimentos pode ocorrer no prazo de 15 dias após a publicação do edital dos proclamas de casamento (CC, art. 1.529) ou até o momento da celebração das núpcias, caso em que a autoridade que preside o ato, após observar se a oposição preencheu as exigências legais quanto a forma, competência e motivo em que se funda, suspende-o de imediato, sem examinar a procedência ou improcedência do impedimento.[62]

A oposição de causas de suspensão pode ocorrer no prazo de 15 dias após a publicação do edital dos proclamas de casamento.

3.2.3.3 Prova dos impedimentos

A lei, como regra, não impõe forma especial à prova dos impedimentos. E, desse modo, eles podem ser provados por todos os meios

---

60. Cf. Sílvio Luís Ferreira da Rocha, *Introdução ao Direito de Família*, cit., p. 63.
61. Idem, p. 62.
62. Idem, ibidem.

admitidos no art. 212 do CC – entre eles: confissão; documentos públicos ou particulares; testemunhas; exames e perícias.

3.2.3.4 Processamento da oposição de impedimentos

Pelo sistema previsto no Código Civil, a oposição de impedimentos pode dar-se durante o transcurso do prazo de 15 dias de afixação dos proclamas de casamento, e, portanto, no processo prévio de habilitação (CC, art. 1.529) ou durante o transcurso da celebração do casamento – o que justifica a possibilidade de opor impedimentos até o momento da celebração do casamento (CC, art. 1.522).[63]

A oposição, como ato formal, deve ser feita por escrito por quem tenha legitimidade para tanto e ser acompanhada de provas que demonstrem o alegado. O oficial dará ciência da oposição do impedimento aos nubentes e lhes concederá prazo razoável para fazer prova contrária dos fatos alegados; após, remeterá os autos ao juiz corregedor do registro civil, que, produzidas às provas, ouvidos os interessados e o órgão do Ministério Público, decidirá no sentido de acolher ou rejeitar o impedimento, como determina o art. 67, § 5º, da Lei 6.015, de 31.12.1973 – que, pelo critério da especialidade, continua em vigor. Esta decisão é proferida em procedimento de jurisdição voluntária e não se reveste da imutabilidade da coisa julgada, pois, negada a autorização para casar, pode ser discutida em processo de natureza contenciosa e, autorizada a realização do casamento, pode ser proposta a ação de nulidade.[64]

3.2.3.4.1 Efeitos da oposição irregular

A oposição é ato formal, de modo que se recomenda a rejeição da oposição que não preencha os requisitos exigidos por lei, como a que não estiver subscrita ou não apresentar provas.[65]

---

63. Cf. Sílvio Luís Ferreira da Rocha, *Introdução ao Direito de Família*, cit., p. 63.
64. Sílvio Luís Ferreira da Rocha, *Introdução ao Direito de Família*, cit., p. 64; Sílvio de Salvo Venosa, *Direito Civil: Direito de Família*, cit., 6ª ed., p. 84: "Essa decisão é de índole correcional, com procedimento sumário, não fazendo coisa julgada. Se os nubentes não se conformarem com a decisão contrária, a matéria pode ser versada em processo judicial. Por outro lado, autorizado e consumado o casamento, os fatos dos impedimentos e suas provas respectivas poderão lastrear ação de nulidade ou anulação".
65. Cf. Sílvio Luís Ferreira da Rocha, *Introdução ao Direito de Família*, cit., p. 64.

A rejeição de oposição irregular não impede sua reapresentação, desde que observados os requisitos exigidos; salvo se se tratar de oposição formulada por quem não tem legitimidade.[66]

3.2.3.4.2 Efeitos da oposição maliciosa

A oposição pode ser apresentada sem o menor fundamento, de propósito. Neste caso, a parte final do parágrafo único do art. 1.530 do CC permite aos nubentes que promovam ações civis e criminais contra o oponente de má-fé. Consumada a lesão ou a ameaça de lesão, os nubentes terão o direito de promover as ações competentes com vistas à reparação dos danos, que na esfera cível podem ser de ordem moral e material – pelo quê se poderá ajuizar a competente ação indenizatória –, enquanto na esfera penal, considerada a plausibilidade da ofensa à honra, à imagem, à dignidade do nubente, é cabível a ação penal por crime de injúria, difamação ou calúnia, quando for o caso.[67]

O Código Civil distingue entre *oposição improcedente* e *oposição maliciosa*. A primeira decorre de erro de direito ou de fato e acarreta a condenação do opoente nas custas do processo. A segunda decorre de má-fé; o opoente de antemão sabia da falsidade do impedimento que estava arguindo – o que o obriga a indenizar os danos sofridos pelos nubentes e o sujeita às ações criminais por calúnia, difamação ou injúria.[68]

3.2.3.5 Levantamento da oposição

A oposição pode ser levantada pelo opoente, que a retira; nesse caso diz-se *voluntária*; ou pelo magistrado, que a julga, a partir da iniciativa dos nubentes em contestar o impedimento.

---

66. Idem, ibidem.
67. Carlos Eduardo Nicoletti Camilo, in Carlos Eduardo Nicoletti Camillo e Glauber Moreno Talavera (coords.), *Comentários ao Código Civil, Artigo por Artigo*, cit., p. 1.110.
68. Cf. Sílvio Luís Ferreira da Rocha, *Introdução ao Direito de Família*, cit., p. 64.

Capítulo 4
DO PROCEDIMENTO
DO CASAMENTO E DA PROVA

4.1 Procedimento matrimonial: 4.1.1 Habilitação – 4.1.2 Celebração do casamento – 4.1.3 Da prova do casamento: 4.1.3.1 Da posse do estado de casado. 4.2 Formas excepcionais de casamento civil. 4.3 Do casamento religioso: 4.3.1 Do casamento religioso com habilitação prévia: 4.3.1.1 Cerimônia religiosa – 4.3.1.2 Inscrição do casamento religioso no registro civil – 4.3.2 Do casamento religioso mediante habilitação posterior – 4.3.3 Efeitos do casamento religioso não inscrito.

4.1 Procedimento matrimonial

O complexo procedimento matrimonial compreende as fases de habilitação, de celebração e de registro.

4.1.1 Habilitação

A habilitação, prevista nos arts. 1.525 a 1.532 do CC, é procedimento preliminar essencial à celebração do casamento, que possibilita aos nubentes demonstrar a capacidade nupcial e a ausência de impedimentos, requisitos exigidos em lei para contrair o matrimônio, com vistas a obter certidão que os considere aptos a contrair matrimônio.[1]

A habilitação matrimonial, o registro de casamento e a primeira certidão serão isentos de custas, emolumentos e selos se a parte declarar que não pode arcar com os respectivos valores. A gratuidade, no caso,

---

1. Sílvio Luís Ferreira da Rocha, *Introdução ao Direito de Família*, São Paulo, Ed. RT, 2004, p. 65.

constitui forma indireta de incentivar a constituição de família pelo matrimônio.[2]

Divide-se a habilitação em: (a) apresentação de documentos; (b) proclamas; (c) habilitação.

A habilitação tramita perante o oficial do registro civil do distrito de residência de um dos nubentes (art. 67 da Lei 6.015, de 31.12.1973, e CC, art. 1.525), que, pessoalmente ou por seu procurador, deverão apresentar os documentos previstos nos incisos I a V do art. 1.525 do CC – entre eles: *certidão de nascimento ou documento equivalente*, que serve para identificar os nubentes, demonstrar o local e a data de nascimento, a filiação, o parentesco e a idade núbil; *autorização das pessoas sob cuja dependência legal estiverem, ou ato judicial que a supra*, caso maiores de 16 e menores de 18; *declaração de duas testemunhas maiores*, parentes ou não, que atestem conhecer os nubentes e afirmem não existir impedimentos que os inibam de casar, que procura atestar a idoneidade dos nubentes e a inexistência de impedimentos matrimoniais; *declaração de estado civil, do domicílio e de residência atual dos nubentes e pais*, apresentada pelos nubentes conjunta ou separadamente, com o propósito de revelar o estado civil e se residem, ou não, em diferentes circunscrições do registro civil, pois nesta última situação o oficial público ordenará que os editais de casamento sejam publicados em ambas (CC, art. 1.572); *certidão de óbito do cônjuge falecido, da sentença de nulidade ou de anulação do casamento anterior, transitada em julgado, ou de registro da sentença ou da escritura pública de divórcio*, com o propósito de evitar o matrimônio de pessoas casadas; *certificado de exame pré-nupcial*, se se tratar de casamento de colaterais de terceiro grau, com o propósito de afastar qualquer prejuízo à eventual prole.[3]

Após a entrega dos documentos são elaborados os proclamas do casamento, mediante edital, que torna pública a intenção dos nubentes de casar, mediante a afixação durante 15 dias nas circunscrições do registro civil do domicílio de ambos os nubentes e publicação na imprensa (CC, art. 1.527).

---

2. Carlos Eduardo Nicoletti Camillo, in Carlos Eduardo Nicoletti Camillo e Glauber Moreno Talavera (coords.), *Comentários ao Código Civil, Artigo por Artigo*, p. 1.095.

3. Maria Helena Diniz, *Curso de Direito Civil Brasileiro – Direito de Família*, 24ª ed., vol. 5, São Paulo, Saraiva, 2009, pp. 91-97.

A publicidade dos proclamas de casamento objetiva permitir às pessoas diretamente interessadas opor ou denunciar a existência de impedimentos ao oficial do registro. Segundo Maria Helena Diniz, "trata-se de uma convocação para que qualquer do povo aponte o fato idôneo, de que tiver ciência, a impedir o projetado matrimônio. Tanto os impedimentos matrimoniais como as causas suspensivas deverão ser opostos em declaração escrita e assinada pelo opoente, acompanhada de prova ou com a indicação do local onde se possa comprovar a alegação feita".[4]

Em casos de urgência, a critério da autoridade judiciária, pode ocorrer a dispensa da publicação do edital (CC, art. 1.527), como nos casos de moléstia grave ou iminente risco de vida ou para preservar o nome e a honra da família, que dão ensejo às formas excepcionais de casamento. Segundo o procedimento de dispensa de proclamas, disciplinado no art. 69 da Lei 6.015, de 31.12.1973, os nubentes dirigem petição ao juiz, deduzem os motivos de urgência, provando-os desde logo ou os indicando.[5]

Os editais serão registrados no cartório do oficial que os houver publicado, que dará certidão deles a quem a pedir. A finalidade do registro é conservar os editais perpetuamente, para provar que as formalidades preliminares do casamento foram cumpridas.[6]

Decorrido o prazo de 15 dias e não havendo impedimento oposto ou denunciado ao casamento dos nubentes, o oficial do cartório certificará que estão habilitados a casar dentro de 90 dias imediatos (CC, art. 1.532). Antônio Chaves admite a possibilidade de o certificado ser revogado se no seu prazo de validade o oficial tomar conhecimento de impedimento.[7]

Caso os nubentes não convolem a núpcias nesse prazo, terão de renovar o processo de habilitação, com a publicação de novos proclamas e certidão, porquanto pode surgir fato novo que altere a capacidade nupcial ou o impedimento matrimonial.[8]

4. Idem, p. 97.
5. Sílvio Luís Ferreira da Rocha, *Introdução ao Direito de Família*, cit., p. 66.
6. Antônio Chaves, *Tratado de Direito Civil – Direito de Família*, vol. 5, t. 1, São Paulo, Ed. RT, 1991, p. 164.
7. Idem, p. 165.
8. Maria Helena Diniz, *Curso de Direito Civil Brasileiro – Direito de Família*, cit., 24ª ed., vol. 5, p. 98.

4.1.2 Celebração do casamento

A celebração do casamento foi disciplinada nos arts. 1.533 a 1.542 do CC. Os nubentes habilitados para o casamento pedem a designação de dia e hora para realização do casamento pela autoridade celebrante (CC, art. 1.533), que no Estado de São Paulo é o juiz de casamento (Decreto-lei 13.375/1947), até que seja disciplinado o art. 98, II, da CF.

A cerimônia de casamento é pública e livre o acesso de qualquer pessoa ao recinto da celebração (CC, arts. 1.534 e 1.535), a fim de permitir, ainda, a oposição de impedimentos. O local será a casa das audiências, situada, como regra, junto ao cartório de registro civil, onde a cerimônia ocorrerá com toda publicidade, com portas abertas, na presença de testemunhas – pelo menos duas –, parentes ou não dos nubentes.[9] A publicidade do casamento é regra de ordem pública, cogente, que deve ser respeitada, sob pena de o casamento sofrer impugnações ou ser considerado clandestino.[10]

Excepcionalmente, a pedido dos contraentes, desde que autorizado pelo juiz de paz, o casamento poderá ser celebrado em casa particular, com as portas abertas, para que todas as pessoas que desejem assistir ao ato nela possam livremente ingressar[11] (CC, art. 1.534, § 1º).

O casamento deve ser celebrado durante o dia, de sol a sol, e excepcionalmente à noite, como prevê o art. 1.539 do CC. Afirma Antônio Chaves, a respeito de regra similar existente no art. 198 do CC de 1916:

"O dia natural é de sol a sol – esclarece Virgílio de Sá Pereira –, limita-se pelo nascente e pelo poente; tem, portanto, 12 horas. O dia civil acompanha a rotação da Terra sobre o seu eixo; tem, portanto, 24 horas.

"Quando se trata de atos judiciais, o dia a que o legislador se refere é natural. O casamento celebrar-se-á às claras, com a luz do sol.

---

9. Sílvio de Salvo Venosa, *Direito Civil: Direito de Família*, 6ª ed., São Paulo, Atlas, 2006, p. 89.
10. Maria Helena Diniz, *Curso de Direito Civil Brasileiro – Direito de Família*, cit., 24ª ed., vol. 5, p. 103.
11. É claro que não será consentida a entrada a mendigos, gatunos e maltrapilhos, como os que se postam às portas das igrejas em dias de casamento solene.
A observação é de Cunha Gonçalves, que exemplifica com os casamentos de presos, realizados em geral dentro do edifício do cárcere, sem que as respectivas portas sejam franqueadas ao público (*apud* Antônio Chaves, *Tratado de Direito Civil – Direito de Família*, cit., vol. 5, t. 1, p. 170).

DO PROCEDIMENTO DO CASAMENTO E DA PROVA 57

"Somente no caso de urgência, em ocorrendo moléstia grave de um dos nubentes, é que o art. 198 autoriza que, excepcionalmente, o casamento seja celebrado à noite."

É essencial para a celebração a presença real e simultânea dos nubentes, inadmitido o comparecimento consecutivo em momentos diversos, por telefone ou outro meio, embora se aceite possa o casamento realizar-se com a presença de um procurador com poderes especiais.[12] Destarte, embora imprescindível a presença real e simultânea dos nubentes para que ocorra o casamento, permite o Código civil que, se um deles, ou ambos, não puder estar presente à cerimônia, se celebre o matrimônio por procuração cuja eficácia não ultrapasse 90 dias, desde que o nubente outorgue poderes especiais a alguém, com capacidade civil, para comparecer em seu lugar e receber, em seu nome, o outro contraente, indicando o nome deste, individuando-o de modo preciso – uma vez que ninguém pode conferir poderes para o procurador casá-lo com quem quiser.[13]

O juiz de casamento deverá colher o livre consentimento dos nubentes no sentido de que eles pretendem contrair casamento. A lei não exige fórmulas sacramentadas para o consentimento dos nubentes, apenas que ele seja dado de forma clara, inequívoca e espontânea.

O juiz suspenderá a cerimônia quando verificar a recusa em consentir; colher do nubente a declaração de que o consentimento não é espontâneo; constatar o arrependimento de um dos nubentes (CC, art. 1.538).

O nubente que discordar do casamento não poderá retratar-se no mesmo dia (CC, art. 1.538, parágrafo único), e nova data será marcada,[14]

---

12. Maria Helena Diniz, *Curso de Direito Civil Brasileiro – Direito de Família*, cit., 24ª ed., vol. 5, p. 104; Sílvio de Salvo Venosa, *Direito Civil: Direito de Família*, cit., 6ª ed., p. 90.
13. Maria Helena Diniz, *Curso de Direito Civil Brasileiro – Direito de Família*, cit., 24ª ed., vol. 5, p. 107.
14. De acordo com Antônio Chaves (*Tratado de Direito Civil – Direito de Família*, cit., vol. 5, t. 1):
"A afirmação dos nubentes de que persistem no propósito de casar por livre e espontânea vontade é essencial para que se forme o vínculo matrimonial. Até o momento da celebração poderá arrepender-se qualquer dos contraentes. Irretratável é apenas o consentimento que dê no ato (...).
"A afirmação deve ser prestada regularmente por meio de palavras. Não poderá o celebrante satisfazer-se com o silêncio de alguma das partes, porquanto, por mais

como medida para preservar a integridade do consentimento do nubente discordante.

A cerimônia será suspensa, também, quando houver a retratação da autorização dada pelos pais, tutores e curadores para que o nubente sujeito ao poder familiar, tutela ou curatela se case (CC, art. 1.518).

Também ocorrerá a suspensão da cerimônia se houver oposição séria de impedimento.

Colhido o consentimento de ambos os nubentes, o juiz deverá declarar realizado o casamento nos termos utilizados pelo CC no art. 1.535: "De acordo com a vontade que ambos acabais de afirmar perante mim, de vos receberdes por marido e mulher, eu, em nome da lei, vos declaro casados".

Na vigência do Código Civil de 1916 a doutrina divergia a respeito da importância do papel do juiz de casamento na cerimônia. Maria Helena Diniz defendia a ideia de que era essencial à celebração da cerimônia a coparticipação da autoridade, e o matrimônio passava a existir após a pronúncia da fórmula pelo juiz. Sua morte antes de exarar citada fórmula vinculativa implicava a não realização do matrimônio.[15] Nesse sentido a lição de Orlando Gomes, para quem:

"Pode-se considerar a declaração do juiz como o elemento decisivo na constituição do vínculo matrimonial. Não se limita ele a recolher a vontade das partes. Intervém ativamente ao pronunciar a fórmula que completa a celebração do casamento. Tanto assim que, se por qualquer motivo deixa de emitir a declaração de que os contraentes estão casados, o casamento não estará celebrado, o vínculo matrimonial não se terá constituído apesar de terem os nubentes afirmado o propósito de se receberem por marido e mulher. Se o juiz, após ter recebido as declarações sucessivas dos contraentes, falecer repentinamente, antes de pronunciar a fórmula sacramental, o casamento não se realizou".

significativo que possa eventualmente ser, não traduzirá a solene afirmação de que fala o art. 197.
 "Em casos excepcionais, o consentimento se manifestará por escrito (surdos-mudos instruídos), ou ainda por sinais equívocos (surdos-mudos analfabetos).
 "As pessoas que ignoram a Língua Portuguesa poderão fazer a afirmação na Língua que falam, utilizando-se de um intérprete."
 15. Maria Helena Diniz, *Curso de Direito Civil Brasileiro – Direito de Família*, cit., 24ª ed., vol. 5, p. 80.

"Antes da sua declaração de que os nubentes estão casados, qualquer deles pode arrepender-se, suspendendo-se a celebração. Ora, se bastasse o consentimento, seria irretratável desde a manifestação, quando, em verdade, só o é a partir do momento em que o juiz emite sua declaração. Esta é, por conseguinte, o elemento essencial da constituição do vínculo matrimonial."[16]

Caio Mário da Silva Pereira, por sua vez, entendia que "a presença do juiz é fundamental, mas sua declaração não é indispensável à validade do casamento. O consenso é que constituiria o matrimônio".[17]

Como se vê, a resposta à questão dependia da função que se atribuísse ao celebrante. Se a função dele fosse considerada simplesmente recognitiva, o casamento seria válido mesmo sem seu pronunciamento; mas se, ao invés, a declaração dele fosse considerada como constitutiva do vínculo, então, era preciso reconhecer que o casamento ainda não existia, embora com a declaração de vontade das partes já tivesse ocorrido seu pressuposto.[18]

O Código Civil de 2002 reconhece função constitutiva ao celebrante ao dispor, no art. 1.514, que "o casamento se realiza no momento em que o homem e a mulher manifestam, perante o juiz, a sua vontade de estabelecer vínculo matrimonial, e o juiz os declara casados".[19] Nesse sentido a lição de Maria Helena Diniz, para quem, "ante o art. 1.514, clara está a função constitutiva do celebrante, pois o casamento só se realizará no instante em que o homem e mulher manifestarem, na sua presença, a vontade de estabelecer o vínculo conjugal, ocasião em que os declarará casados".[20]

16. Orlando Gomes, *Direito de Família*, 7ª ed., Rio de Janeiro, Forense, 1988, p. 110. V. também Sílvio Luís Ferreira da Rocha, *Introdução ao Direito de Família*, cit., p. 69.
17. Caio Mário da Silva Pereira, *Instituições de Direito Civil – Direito de Família*, 14ª ed., vol. V, Rio de Janeiro, Forense, 2004, p. 69.
18. Antônio Chaves, *Tratado de Direito Civil – Direito de Família*, cit., vol. 5, t. 1, p. 167. Alguns exemplos que podem suscitar polêmica: a morte repentina de um dos nubentes antes da declaração do juiz de casamentos; oposição notificada durante a celebração, depois de recolhido o consentimento mas antes que os declare casados.
19. Sílvio Luís Ferreira da Rocha, *Introdução ao Direito de Família*, cit., p. 70.
20. Maria Helena Diniz, *Curso de Direito Civil Brasileiro – Direito de Família*, cit., 24ª ed., vol. 5, p.105.

4.1.3 Da prova do casamento

Encerrada a cerimônia, o celebrante lavra o assento no livro de registro, observados os requisitos do art. 1.536 do CC. A cerimônia de casamento é documentada mediante a transcrição das informações mais importantes, aptas a preservar no tempo a memória do ato. O assento do matrimônio, assinado pelo celebrante, cônjuges e testemunhas, conterá os prenomes, sobrenomes, data, lugar do nascimento, profissão, domicílio, residência atual dos cônjuges, dos pais e das testemunhas; o prenome e sobrenome do cônjuge precedente e a data da dissolução do casamento anterior, quando for o caso; a data da publicação dos proclamas e da celebração do casamento, termo inicial de seus efeitos jurídicos; a relação de documentos apresentados ao oficial do registro; o regime de casamento, com a declaração da data e do cartório onde foi lavrado o pacto antenupcial, quando o regime não for o da comunhão parcial ou obrigatoriamente estabelecido; o nome que passa a ter o cônjuge em virtude do casamento; os nomes e as idades dos filhos havidos de matrimônio anterior; à margem do termo, a impressão digital do nubente que não souber assinar o nome.[21]

Desse assento extrai-se a certidão de casamento, que servirá de prova do casamento (CC, art. 1.543).[22] A certidão do registro do casamento goza de presunção jurídica da veracidade do ato e, como tal, constitui a prova ordinária ou específica do casamento celebrado no Brasil. Essa presunção, no entanto, é relativa – o que significa que a certidão do registro será considerada expressão da verdade até prova em sentido contrário.[23]

O casamento de brasileiro celebrado no Estrangeiro, perante as respectivas autoridades ou cônsules brasileiros, prova-se, ordinariamente, pela certidão do registro, mas o matrimônio "deverá ser registrado em 180 (cento e oitenta) dias, a contar da volta de um ou ambos os cônjuges no Brasil, no cartório do respectivo domicílio, ou, em sua falta, no 1º Ofício da Capital do Estado em que passarem a residir" (CC, art. 1.544).

---

21. Idem, p. 106.
22. Sílvio Luís Ferreira da Rocha, *Introdução ao Direito de Família*, cit., p. 70.
23. Carlos Eduardo Nicoletti Camillo, in Carlos Eduardo Nicoletti Camillo e Glauber Moreno Talavera (coords.), *Comentários ao Código Civil, Artigo por Artigo*, p. 1.119.

Pode ser que o livro de registro venha a ser destruído ou o oficial, por desleixo ou má-fé, não lavre o assento do casamento no livro de registro. Nessa hipótese, admite o parágrafo único do art. 1.543 do CC – a exemplo do que ocorria no parágrafo único do art. 202 do CC de 1916 – que o casamento seja comprovado por qualquer outra espécie de prova. Destarte, a falta de lavratura do assento não macula a validade do casamento nem a celebração, mesmo quando houver dolo ou culpa do oficial – hipótese rara de acontecer, porque o assento é lavrado imediatamente após a cerimônia nupcial e, em regra, o oficial o prepara antes da celebração do casamento, para facilitá-la.[24]

4.1.3.1 Da posse do estado de casado

A expressão "posse do estado de casado" corresponde a "situação de casados", que exige, no entanto, o conhecimento público e notório dela.[25] *Posse do estado de casado* significa a situação de duas pessoas que vivem publicamente como marido e mulher, como tais consideradas na sociedade. Para Cunha Gonçalves, "é a situação de que gozam duas pessoas de sexo diferente, tratando-se entre si como marido e mulher, vivendo publicamente como tais, isto é, coabitando, apresentando-se juntos, nas relações públicas e privadas, como esposos legítimos, tendo casa e economia comuns, e sendo havidos nesta qualidade pelo público (*nomen, tractatus, fama*)".[26]

Exige-se a presença dos seguintes requisitos: (a) que a mulher use o nome do marido (*nomen*); (b) que ambos se dispensem ostensivamente o tratamento de casado (*tractatus*); (c) que gozem do conceito de que desfrutam as pessoas casadas, no ambiente doméstico e familiar (*reputatio*).[27]

Estabelece o art. 1.545 do CC: "O casamento de pessoas que, na posse do estado de casadas, não possam manifestar vontade, ou tenham

---

24. Sílvio Luís Ferreira da Rocha, *Introdução ao Direito de Família*, cit., p. 70; Maria Helena Diniz, *Curso de Direito Civil Brasileiro – Direito de Família*, cit., 24ª ed., vol. 5, p. 106.
25. Antônio Chaves, *Tratado de Direito Civil – Direito de Família*, cit., vol. 5, t. 1, p. 244.
26. *Apud* Antônio Chaves, *Tratado de Direito Civil – Direito de Família*, cit., vol. 5, t. 1, p. 245.
27. Sílvio Luís Ferreira da Rocha, *Introdução ao Direito de Família*, cit., p. 71.

falecido, não se pode contestar em prejuízo da prole comum, salvo mediante certidão do registro civil que prove que já era casada alguma delas, quando contraiu o casamento impugnado".

Trata-se de norma pouco esclarecedora. De acordo com Antônio Chaves, que escreveu na vigência do Código Civil de 1916, em relação ao art. 203, essa norma deve ser completada com a seguinte regra: a posse de estado de casados, alegada por ambos os cônjuges, não dispensa a apresentação da certidão de casamento. A essa regra opõe o art. 203 do CC de 1916 uma exceção, que, então, a torna compreensível: a de que o casamento de pessoas que faleceram na posse do estado de casadas não se pode contestar em prejuízo da prole comum. E a essa exceção a parte final do art. 203 do CC de 1916 abre outra: salvo mediante certidão de registro que prove que alguma delas era casada com outra pessoa.[28]

Trata-se de presunção; a posse do estado de casado vale como prova do casamento em benefício dos filhos comuns depois de falecidos ambos os cônjuges ou se eles, vivos, não puderem manifestar as respectivas vontades, ou, ainda, existindo pleito sobre a existência do casamento, as provas deixarem indeciso o julgador.

Na primeira situação exige-se que os pais estejam mortos ou que não possam manifestar as respectivas vontades, que tenham vivido na posse de estado de casados e que a prole prove que é comum.

Na segunda situação a posse do estado de casado serve de prova do casamento na ausência ou perda do registro. Nesse caso, a dúvida resolve-se em favor do matrimônio. É a regra *in dubio pro matrimonio*.[29]

---

28. Antônio Chaves, *Tratado de Direito Civil – Direito de Família*, cit., vol. 5, t. 1, p. 246.
29. Para Orlando Gomes (*Direito de Família*, cit., 7ª ed., p. 116): "A dúvida a que se refere o Código é manifestamente quanto à celebração do matrimônio: falta ou perda do registro. Há dificuldade em se provar a realização do casamento; a comprovação dos interessados não é suficiente para convencer o juiz de que realmente se casaram; entra em dúvida; deve então decidir a favor do matrimônio se eles estão vivendo na posse do estado de casados. A impugnação a que se reportou o legislador é quanto à existência do ato constitutivo do vínculo conjugal. Prevê-se, nitidamente, a hipótese de alguém contestar o matrimônio de pessoas que vivem na posse desse estado e determina-se que, no caso de dúvida, decida o juiz a favor do casamento. A própria localização do preceito legal atesta não se tratar de dúvida sobre a validade do matrimônio, mas sim se foi celebrado ou não, pois no capítulo se disciplina a prova da celebração do casamento".

A posse do estado de casados constitui, assim, prova do casamento de pessoas nessa situação, cuja eficácia probatória só pode ser afastada no caso de haver certidão do registro civil que a infirme, instituída em favor da filiação matrimonial.

Ao lado dessa finalidade, relata-nos Maria Helena Diniz, com amparo nas lições de Planiol, Ripert e Demolombe, prestar-se o instituto também para sanear eventuais invalidades do matrimônio, de modo a negar aos consortes a ação de nulidade do casamento quando há posse do estado de casados.[30]

4.2 Formas excepcionais de casamento civil

Duas são as formas excepcionais de casamento civil previstas nos arts. 1.539 a 1.541 do CC: o casamento em caso de moléstia grave de um dos nubentes (art. 1.539) e o casamento em caso de estar um dos nubentes em iminente risco de vida (art. 1.540).[31]

Na primeira situação — *moléstia grave* — o processo de habilitação foi concluído porém um dos nubentes, por doença grave, apresenta-se impossibilitado de se locomover até o local onde ocorreria a celebração, e desta forma a autoridade celebrante ou seu substituto legal estão autorizados a celebrar o matrimônio no local onde se encontra o nubente, de dia ou de noite, na presença de duas testemunhas (CC, art. 1.539).[32]

Na segunda situação — *iminente risco de vida* — o nubente está gravemente enfermo, sujeito a morrer a qualquer tempo, motivo pelo qual o Código Civil permite que seu casamento seja realizado com a dispensa do processo de habilitação e até mesmo com a dispensa do celebrante. Temos, então, o chamado "casamento *in extremis*" ou *articulo mortis*, também denominado de *nuncupativo* — que decorre de *nuncupare*, o que significa "pronunciar em alta voz".[33]

Na sua previsão mais extrema, o casamento nuncupativo é celebrado sem a presença da autoridade que deveria presidir o ato, sendo váli-

---

30. Maria Helena Diniz, *Curso de Direito Civil Brasileiro — Direito de Família*, cit., 24ª ed., vol. 5, p. 126.
31. Sílvio Luís Ferreira da Rocha, *Introdução ao Direito de Família*, cit., p. 72; Sílvio de Salvo Venosa, *Direito Civil: Direito de Família*, cit., 6ª ed., p. 96.
32. Sílvio Luís Ferreira da Rocha, *Introdução ao Direito de Família*, cit., p. 73.
33. Idem, ibidem.

do desde que realizado na presença de seis testemunhas que não sejam parentes em linha reta ou colateral em segundo grau dos nubentes[34] e que foram especialmente convocadas pelo enfermo para testemunhar sua manifestação de contrair casamento (CC, art. 1.540). Os nubentes, nesse caso, figuram como celebrantes, e na presença das testemunhas realizam oralmente o casamento e declaram de viva voz que querem receber-se por marido e mulher.[35]

O casamento nuncupativo será válido se houver o comparecimento das testemunhas perante o juiz competente, para que ele tome por termo suas declarações no sentido de que: (a) foram convocadas por parte do enfermo; (b) que este parecia em perigo de vida, mas em seu perfeito juízo; (c) que em sua presença declararam os contraentes livre e espontaneamente receber-se por marido e mulher.[36]

Colhidas essas declarações, o magistrado investigará no sentido de verificar se os contraentes podiam casar-se livremente – isto é, se não estavam impedidos –, e decidirá pela validade do casamento, determinando a transcrição da sentença no livro do registro de casamentos.[37]

Essas formalidades serão dispensadas se o enfermo se recuperar e ratificar o casamento na presença da autoridade competente (CC, art. 1.541, § 5º) – isto é, um dos juízes das Varas de Família e Sucessões – e do oficial do registro. Por outro lado, se o enfermo se recuperar antes de proferida a sentença e não ratificar o casamento, o casamento não terá nenhum valor.[38]

Cuida-se, segundo Maria Helena Diniz, de casamento subordinado a habilitação posterior e a homologação judicial – o que requer uma dose adicional de cautela do órgão jurisdicional na apreciação desse matrimônio, em face do prejuízo que pode causar aos sucessores do

---

34. Há precedentes do STF indicando que apenas o parentesco de consanguinidade com um dos cônjuges gera o impedimento para testemunhar, e não o parentesco por afinidade. Assim, considerou-se válido o testemunho de nora do cônjuge sobrevivente (STF, 2ª Turma, *RTJ* 41/105, 1967, cit. por Antônio Chaves, *Tratado de Direito Civil – Direito de Família*, cit., vol. 5, t. 1, p. 184).
35. Sílvio Luís Ferreira da Rocha, *Introdução ao Direito de Família*, cit., p. 73.
36. Idem, p. 74.
37. Idem, ibidem.
38. Sílvio Luís Ferreira da Rocha, *Introdução ao Direito de Família*, cit., p. 74; Maria Helena Diniz, *Curso de Direito Civil Brasileiro – Direito de Família*, 24ª ed., vol. 5, p. 111.

enfermo, que podem, confirmado o casamento, ser privados dos direitos hereditários.[39]

4.3 Do casamento religioso

O casamento durante muito tempo foi instituto disciplinado unicamente pelo direito canônico. No Brasil-Império o Catolicismo era a religião oficial, e a Igreja estava ligada ao Estado. Cabia à Igreja, e não ao Estado, impor as condições de validade do casamento e o ritual para sua celebração, que, nesse aspecto, seguia o determinado pelo Concílio de Trento de 1563 e pela Constituição do Arcebispo da Bahia.[40]

Uma alteração nessa situação ocorreu com o fenômeno da imigração, que trouxe praticantes de religiões diversas do Catolicismo para o País. Surgiu, então, a Lei 1.144, de 11.9.1861, que reconheceu efeitos civis ao casamento daqueles que seguissem religião diversa do Catolicismo – a religião oficial –, acarretando três formas de casamento: o católico, o misto – entre católico e pessoa de religião dissidente, contraído de acordo com as formalidades do direito canônico – e o acatólico, celebrado entre pessoas pertencentes a seitas diversas do Catolicismo.[41]

A proclamação da República sedimentou a separação total e absoluta entre Estado e Igreja. Disciplinou o art. 72, § 4º, da Constituição de 24.2.1891: "A República só reconhece o casamento civil, cuja celebração será gratuita". Um pouco antes, o Decreto 181, de 24.1.1890, instituíra unicamente o casamento civil, mas permitira a celebração da cerimônia religiosa, antes ou depois da civil.

A não receptividade pelo povo do duplo matrimônio – civil e católico –, agravada pela opção preferencial pelo segundo (o católico), mas ao qual se negava efeitos civis, levou o legislador, finalmente, em 16.1.1937, a atribuir, pela Lei 379, efeitos civis ao matrimônio católico.[42]

A Lei 1.110 consolidou os dispositivos anteriores. De acordo com essa lei, a celebração do casamento pelo ritual religioso produzirá efei-

---

39. Maria Helena Diniz, *Curso de Direito Civil Brasileiro – Direito de Família*, 24ª ed., vol. 5, p. 111.
40. Sílvio Luís Ferreira da Rocha, *Introdução ao Direito de Família*, cit., p. 75.
41. Antônio Chaves, *Tratado de Direito Civil – Direito de Família*, cit., vol. 5, t. 1, p. 202.
42. Sílvio Luís Ferreira da Rocha, *Introdução ao Direito de Família*, cit., p. 75.

tos jurídicos equivalentes aos do casamento civil, desde que respeitadas as prescrições de equivalência, que são as providências preliminares, as de celebração, as de prova do casamento e as relativas à inscrição do casamento. O art. 1.515 do CC também estabelece a necessidade de observância das prescrições de equivalência.

Duas são as formas de casamento religioso: o casamento religioso com habilitação prévia e o casamento religioso mediante habilitação posterior.

4.3.1 Do casamento religioso com habilitação prévia

No casamento religioso com habilitação prévia os nubentes realizam a habilitação normal prevista também para o casamento civil. Encerrada a habilitação, os nubentes recebem a certidão de que estão habilitados na forma da lei civil, e com isso podem casar perante ministro religioso.[43]

4.3.1.1 Cerimônia religiosa

A cerimônia terá lugar na igreja ou templo ou outro local admitido pelo celebrante, e deverá observar alguns requisitos, como manter as portas abertas e contar com a assistência de testemunhas.

Não há indicação de restrições ao credo religioso, nem poderia ser diferente. A cerimônia religiosa, no entanto, não pode contrariar nem a ordem pública, nem os bons costumes. A qualidade, a competência do ministro, a idoneidade do rito de celebração pode, também, ser impugnadas. De acordo com Bruno de Almeida Magalhães (*apud* Antônio Chaves), "será contrário à ordem pública o rito de uma confissão que celebrar o casamento: (a) fora das horas destinadas pela lei para a prática dos atos jurídicos; (b) em lugar inacessível a qualquer pessoa; (c) não estando os contraentes livres para expressarem sua vontade ou se achando sob coação; (d) no mesmo dia da retratação de um dos contraentes; (e) com testemunhas legalmente incapazes ou em número inferior ao admitido pela lei".[44]

---

43. Idem, p. 76.
44. Antônio Chaves, *Tratado de Direito Civil – Direito de Família*, cit., vol. 5, t. 1, p. 210. V. também Sílvio Luís Ferreira da Rocha, *Introdução ao Direito de Família*, cit., p. 77.

4.3.1.2 Inscrição do casamento religioso no registro civil

Da inscrição do casamento no registro civil depende a atribuição de efeitos jurídicos ao matrimônio, pois sem a inscrição há tão somente o casamento religioso. O art. 1.516, § 1º, do CC obriga o celebrante a comunicar ao oficial a celebração do casamento dentro de 90 dias a contar da sua realização. Tal prazo, contado da celebração, é decadencial e, se esgotado, torna sem efeito os atos praticados, de modo que o casal terá de promover nova habilitação e cumprir todas as formalidades legais novamente.[45]

O art. 1.516, § 1º, do CC atribui a qualquer interessado – dentre eles os nubentes, os pais, os filhos dos nubentes – a legitimidade para requerer a inscrição. O mesmo não ocorre com o Ministério Público, pois "nenhuma norma estatal, de fato, obriga os cônjuges a tornar relevante do ponto de vista civil o vínculo por eles contraído, da mesma forma que nenhuma norma pode atribuir algum direito a terceiros (ou mesmo a órgãos estatais, como o Ministério Público) de realizar autonomamente, isto é, independentemente e muito menos em contraste à vontade dos cônjuges, o ato civil ao qual fica subordinada a eficácia civil do casamento religioso, isto é, a transcrição".[46]

4.3.2 Do casamento religioso mediante habilitação posterior

Permite o art. 1.516, § 2º, do CC, na linha da Lei 1.110, que os nubentes realizem primeiro o casamento religioso para, em seguida, pedir a inscrição desse casamento no registro civil. A sequência de atos é: (a) celebração do casamento religioso; (b) habilitação; e (c) inscrição de casamento religioso no registro público. O pedido de inscrição deverá ser instruído com todos os documentos solicitados pelo art. 1.525 do CC.

Apenas os nubentes estão autorizados a requerer conjuntamente a inscrição do casamento religioso no registro civil. A inscrição requerida por apenas um dos cônjuges, ainda que o outro tenha falecido, ou por terceiro não poderá ser deferida. O entendimento é no sentido de que a

---

45. Carlos Roberto Gonçalves, *Direito Civil Brasileiro – Direito de Família*, 7ª ed., vol. 6, São Paulo, Saraiva, 2010, p. 136.
46. Antônio Chaves, *Tratado de Direito Civil – Direito de Família*, cit., vol. 5, t. 1, p. 211.

inscrição do casamento nos registros públicos só pode ser solicitada pelo casal, e não por um dos cônjuges ou pelos filhos comuns. Além disso, o processo de habilitação dependeria, evidentemente, do requerimento dos dois contraentes.[47]

O prazo de 90 dias previsto no § 1º do art. 1.516 do CC para o requerimento da inscrição no registro civil do casamento religioso com habilitação anterior não se aplica ao casamento com habilitação posterior.

4.3.3 Efeitos do casamento religioso não inscrito

O casamento religioso não inscrito, seja qual for a modalidade de habilitação – prévia ou posterior –, não produz os mesmos efeitos jurídicos do casamento civil permitido pela lei. As uniões religiosas sem o registro civil podem configurar uniões estáveis.[48]

---

47. Sílvio Luís Ferreira da Rocha, *Introdução ao Direito de Família*, cit., p. 77.
48. Idem, p. 78.

Capítulo 5
DOS EFEITOS PESSOAIS DO CASAMENTO

5.1 Introdução. 5.2 Efeito ideológico. 5.3 Efeitos pessoais do casamento: 5.3.1 Fidelidade – 5.3.2 Vida em comum no domicílio conjugal – 5.3.3 Mútua assistência – 5.3.4 O sustento, a guarda e a educação dos filhos – 5.3.5 Respeito e consideração mútuos.

5.1 Introdução

O casamento cria uma relação jurídica entre homem e mulher e modifica o estado de solteiro, divorciado ou de viúvo para o estado de casado, que, por sua vez, produz, principalmente, efeitos pessoais e patrimoniais entre eles.

5.2 Efeito ideológico

Durante anos o casamento, amparado em princípios morais e religiosos da época, produziu a consequência ideológica de criar a denominada *família legítima*, em contraposição à chamada *família natural*, e a ideia de que a família oriunda de pessoas casadas seria mais bem-estruturada que a família oriunda de pessoas não casadas.

Tal distinção refletia nos filhos, pois até o advento da Constituição Federal de 1988 os filhos nascidos na constância do casamento eram qualificados de *legítimos* e os filhos nascidos fora do matrimônio mas cujos pais contraíssem casamento posteriormente eram designados de *legitimados* – como se alguma nódoa fosse removida deles pelo subsequente casamento dos pais; e os filhos nascidos fora do casamento e cujos pais não podiam casar eram chamados *espúrios*, porque não podiam ser reconhecidos como filhos; sendo que a expressão "espuriedade" significava a impossibilidade de reconhecimento, e nessa situação se enquadravam os filhos adulterinos e incestuosos (art. 358 do CC de 1916).[1]

Destarte, verifica-se que, com essa classificação, o que decorria do casamento era legítimo e bom; e o que ocorria fora do matrimônio era ilegítimo e mau. O legislador impedia qualquer perturbação à paz interna do casamento, com a proibição do reconhecimento dos filhos espúrios e com a proibição da propositura de ações de investigação de paternidade contra pais casados.[2]

Esse rigor foi paulatinamente abrandado, até ser eliminada a odiosa discriminação. Com efeito, a Lei 883 admitiu o reconhecimento do filho adulterino quando dissolvida a sociedade conjugal ou na vigência desta por meio de testamento cerrado, e atribuiu ao filho reconhecido igualdade de condições na herança, mas manteve a proibição para os filhos incestuosos.[3]

A Constituição Federal de 1988 aboliu, por ser pejorativa, a qualificação de "legítima" ou "ilegítima" da filiação e socorreu-se da expressão "entidade familiar" para contrastar a família natural com aquela concebida pelo matrimônio, bem como proibiu qualquer designação discriminatória dos filhos em decorrência do casamento dos pais.

A Lei 7.841, de 17.10.1989, revogou o art. 358 do CC de 1916 e a Lei 8.560, de 29.12.1992, permitiu o reconhecimento de filhos e a investigação de paternidade qualquer que fosse o estado civil do pai. Tanto que no Estado de São Paulo o Tribunal de Justiça, por meio do Provimento 494, de 28.5.1993, mandou desconsiderar, para efeitos de registro de filhos, o estado civil ou o eventual parentesco dos genitores (art. 1º).

O Código Civil incorporou todas essas ideias. O matrimônio não é mais a única causa constitutiva da família, nem mais fator de discriminação dos filhos.

1. Sílvio Luís Ferreira da Rocha, *Introdução ao Direito de Família*, São Paulo, Ed. RT, 2004, p. 94.
2. Idem, p. 95.
3. Idem, ibidem.

5.3 Efeitos pessoais do casamento

O casamento cria uma comunhão de vida (CC, art. 1.511) e impõe deveres recíprocos aos cônjuges, que decorrem da plena comunhão de vida que se instaura entre os cônjuges pelo casamento, descritos no art. 1.566 do CC.

Embora o rol de deveres descritos no art. 1.566 do CC não encerre a totalidade das possíveis obrigações decorrentes da vida conjugal – como, por exemplo, o respeito à esfera privada e à convicção religiosa e ideológica do outro, a assistência também aos filhos do outro cônjuge recebidos no lar –, é certo que a exemplificação das obrigações oriundas da comunhão de vida foi de grande importância enquanto o desrespeito a elas podia fundamentar o pedido de separação judicial, a outorga de pensão alimentícia e a decisão acerca da guarda dos filhos. No entanto, o abandono do princípio da culpa e a objetivação da dissolução do vínculo matrimonial pelo divórcio direto imotivado retiraram ou tornaram diminuta a importância do detalhamento dos deveres decorrentes da vida conjugal.

5.3.1 Fidelidade

O art. 1.566, I, do CC trata do dever pessoal e recíproco de fidelidade, expressão da exigência monogâmica do relacionamento entre os cônjuges, que lhes proíbe terem relações sexuais com pessoa diversa do outro cônjuge e exige dedicação ao outro, física e espiritualmente, de maneira exclusiva e sincera. O dever de fidelidade consiste em abster-se cada consorte de praticar relações sexuais com terceiro, pois o matrimônio restringe a liberdade sexual dos consortes.[4]

O cônjuge infiel comete adultério, que literalmente significa "ir para outro leito". Entende-se por adultério qualquer ato sexual inequívoco.[5] Não obstante, o Código Civil, na linha do que estabelecia a Lei do Divórcio, eliminou o sistema de enumeração das causas da separação judicial fundada na culpa, e em seu lugar adotou uma cláusula geral – "ato que importe em grave violação dos deveres do casamento e torne

---

4. Maria Helena Diniz, *Curso de Direito Civil Brasileiro – Direito de Família*, 24ª ed., vol. 5, São Paulo, Saraiva, 2009, p. 131.
5. Até março/2005 o adultério também constituía crime, mas o art. 240 do CP foi revogado pela Lei 11.106, de 28.3.2005.

insuportável a vida em comum" –, de forma que, se o ato praticado pelo cônjuge não for inequivocamente adultério, configurará injúria grave, apta também a fundamentar o pedido de separação judicial.[6]

De acordo com a lição de José Lamartine Corrêa de Oliveira e Francisco José Ferreira Muniz, "tendo perdido relevância a distinção entre adultério e injúria grave, constituem infração do dever de fidelidade tanto o adultério (no sentido estrito de relações sexuais com terceiro) como toda uma gama de comportamentos que, por seu caráter licencioso ou leviano, significam também quebra da fé conjugal. É o caso do mero namoro, da ligação sentimental com terceiro, das relações de natureza homossexual mantidas por um dos cônjuges, da heteroinseminação a que se submeta a mulher, e mesmo de qualquer conduta que, equivocadamente, suscite a 'má aparência' de uma relação com acentuação sexual".[7]

No mesmo sentido Carlos Roberto Gonçalves, para quem "os atos meramente preparatórios da relação sexual, o namoro e os encontros em locais comprometedores não constituem adultério, mas podem caracterizar injúria grave (quase adultério), que também é causa de separação. Quando a conduta pessoal reflete uma variedade de situações desrespeitosas e ofensivas à honra do consorte, uma forma de agir inconveniente para pessoas casadas, inclusive a denominada 'infidelidade virtual', cometida via Internet, pode caracterizar-se a ofensa ao inciso V do aludido art. 1.566, que exige 'respeito e consideração mútuos'".[8]

A fidelidade, enquanto dever matrimonial a ser observado por ambos os cônjuges, não está condicionada à situação fática dos cônjuges, pois nenhuma situação em que se encontre o cônjuge (doença, afastamento temporário do domicílio do casal por questões de trabalho) autoriza a quebra do dever de fidelidade.[9]

O dever de fidelidade não autoriza a intromissão do cônjuge na intimidade, privacidade ou liberdade do outro cônjuge, que poderá manter círculo próprio de amizades, corresponder-se ou expressar livre-

---

6. Sílvio Luís Ferreira da Rocha, *Introdução ao Direito de Família*, cit., p. 96.
7. José Lamartine Corrêa de Oliveira e Francisco José Ferreira Muniz, *Curso de Direito de Família*, 3ª ed., Curitiba, Juruá, 2000, p. 293.
8. Carlos Roberto Gonçalves, *Direito Civil Brasileiro – Direito de Família*, 7ª ed., vol. 6, São Paulo, Saraiva, 2010, p. 190.
9. Sílvio Luís Ferreira da Rocha, *Introdução ao Direito de Família*, cit., p. 97.

mente sua crença ou opinião. De acordo com José Lamartine Corrêa de Oliveira e Francisco José Ferreira Muniz, "o casamento não assegura a nenhum dos cônjuges a interferência no âmbito da liberdade de fé religiosa ou de opções políticas do outro, ou no âmbito da liberdade de escolha de seu próprio círculo de amizades ou de preservação do sigilo de correspondência".[10]

5.3.2 Vida em comum no domicílio conjugal

A coabitação é o segundo dever recíproco, previsto no art. 1.566, II, do CC, e significa ora a convivência sexual entre marido e mulher, cuja recusa configura violação a esse dever e autoriza o cônjuge inocente a pedir a dissolução da sociedade conjugal, ora a vida em comum no domicílio conjugal, que deverá ser fixado de comum acordo pelos cônjuges.

A coabitação sexual é a outra face do dever de fidelidade, pois se, por um lado, o matrimônio exige exclusividade nas relações sexuais entre os cônjuges, por outro, torna essas relações sexuais entre os cônjuges um dever, denominado *débito conjugal*, entendido como direito-dever do marido e de sua mulher de realizarem entre si o ato sexual,[11] que, no entanto, não pode ser exigido à força, por configurar crime contra a liberdade sexual.

A recusa injustificada à satisfação do débito conjugal constitui injúria grave e implica ofensa à honra, à respeitabilidade e à dignidade do outro consorte e pode fundamentar o pedido de separação judicial.[12] O dever de coabitação sexual, no entanto, não envolve o atendimento e a satisfação de aberrações sexuais, pois deve ser exercitado com absoluto respeito à liberdade sexual de cada um dos cônjuges.[13]

O ordenamento jurídico permite o casamento de pessoas gravemente enfermas, idosas, que, portanto, não estão em condições físicas de realizar o débito conjugal.[14]

---

10. José Lamartine Corrêa de Oliveira e Francisco José Ferreira Muniz, *Curso de Direito de Família*, cit., 3ª ed., p. 292.
11. Maria Helena Diniz, *Curso de Direito Civil Brasileiro – Direito de Família*, cit., 24ª ed., vol. 5, p. 134.
12. Idem, p. 135.
13. Carlos Roberto Gonçalves, *Direito Civil Brasileiro – Direito de Família*, cit., 7ª ed., vol. 6, p. 192.
14. Maria Helena Diniz, *Curso de Direito Civil Brasileiro – Direito de Família*, cit., 24ª ed., vol. 5, p. 134.

O dever de vida em comum sob o mesmo domicílio pode sofrer variações em decorrência das circunstâncias. Assim, é possível que circunstâncias fáticas – doença e trabalho – justifiquem a residência em locais separados sem que ocorra, necessariamente, violação ao dever de coabitação. É a regra do art. 1.569 do CC, segunda parte, que autoriza o afastamento de um dos cônjuges para atender a encargos públicos, ao exercício de sua profissão ou a interesses particulares relevantes.[15]

Infringe o dever de coabitação o cônjuge que se afasta deliberadamente e sem motivos do lar conjugal. O afastamento do lar sem justo motivo ou sem prévia autorização judicial representa a quebra do dever de coabitação e autoriza a propositura da ação de separação judicial pelo cônjuge inocente (CC, art. 1.572).[16]

Por outro lado, o afastamento motivado pelo mau proceder do outro cônjuge, ainda que não autorizado judicialmente, não configura violação ao referido dever, por estar acobertado por uma justa causa.

A autorização judicial para deixar o lar pode ser obtida mediante procedimento denominado *separação de corpos*, disciplinado no art. 888, VI, do CPC.

A separação de corpos poria fim ao dever conjugal de coabitação no aspecto sexual. Os cônjuges seriam dispensados do dever de se relacionar sexualmente, pouco importando se continuariam, ou não, coabitando no mesmo lar. Cessa provisoriamente a convivência conjugal. Para o deferimento dessa medida bastaria a prova do casamento, não cabendo a análise, ainda que superficial, da procedência dos argumentos arrolados pelo autor da ação de nulidade, anulação ou separação.[17]

A separação de corpos pode resultar também na permissão para deixar o domicílio conjugal ou no afastamento temporário do outro cônjuge, réu na ação matrimonial. Essa última medida – o afastamento do lar –, por ser providência restritiva, deve ser analisada com maior rigor, perquiridas a plausibilidade das razões enumeradas pelo autor para a dissolução da sociedade conjugal e a inconveniência da manutenção dos cônjuges na mesma residência.[18]

---

15. Sílvio Luís Ferreira da Rocha, *Introdução ao Direito de Família*, cit., p. 98.
16. Idem, ibidem.
17. Sílvio Luís Ferreira da Rocha, *Introdução ao Direito de Família*, cit., p. 99.
18. Idem, ibidem.

O afastamento imotivado de um dos cônjuges do lar suspende temporariamente a obrigação do outro de lhe prestar assistência. O afastamento imotivado não mais acarreta o fim da prestação de assistência porque, pela nova sistemática, fiel ao princípio da solidariedade, o cônjuge inocente pela separação pode ser obrigado a prestar alimentos ao cônjuge declarado culpado pela separação caso este venha a deles necessitar, e não tiver parentes em condições de prestá-los, nem aptidão para o trabalho, fixando o juiz o valor indispensável à sobrevivência (CC, art. 1.704, parágrafo único).[19]

5.3.3 Mútua assistência

A mútua assistência, prevista no art. 1.566, III, do CC, é o terceiro dever decorrente do casamento e se funda num sentimento ético de solidariedade que obriga os cônjuges a prestar um ao outro, na constância do casamento, todo auxílio material e moral necessário. Consiste em socorrer e amparar o outro nas enfermidades e nos infortúnios como em tempos de felicidade e saúde, bem como na obrigação de cada um de contribuir para a manutenção da família. Da mútua assistência decorre o dever dos esposos de se amarem, de se respeitarem, de se auxiliarem mutuamente, de se ampararem na vida, de se unirem em bom entendimento e de lutarem em comum pela felicidade familiar.[20] Todos esses sentimentos formam a identidade fisiopsíquica dos cônjuges, que o direito canônico exprime dizendo-os "uma só carne ou um só corpo" e que o Direito enaltece ao configurar o matrimônio como uma unidade moral e econômica.[21]

O Código Civil de 1916 escolhera o modelo do marido provedor e da mulher dona de casa. O dever de assistência econômica recaía essencialmente sobre o marido, mesmo após reforma levada a termo pela Lei 4.121/1962, que atribuiu à mulher o dever subsidiário de contribuir para as despesas do casal com os rendimentos de seus bens. Com a isonomia no governo da família não há que se diferenciar a contribuição

---

19. Sílvio Luís Ferreira da Rocha, *Introdução ao Direito de Família*, cit., p. 99.
20. José Lamartine Corrêa de Oliveira e Francisco José Ferreira Muniz, *Curso de Direito de Família*, cit., 3ª ed., p. 295.
21. Carlos Roberto Gonçalves, *Direito Civil Brasileiro – Direito de Família*, cit., 7ª ed., vol. 6, p. 194.

dos cônjuges com as despesas do casal, pois, conforme determina a regra do art. 1.565 do CC, ambos estão obrigados a contribuir para o sustento do lar.[22]

5.3.4 O sustento, a guarda e a educação dos filhos

O sustento, a guarda e a educação dos filhos é o penúltimo dever imposto aos cônjuges no art. 1.566, IV, do CC. Tal dever dos pais com os filhos é decorrente do poder familiar que os pais exercem sobre os filhos e está explicitado no art. 1.634 do CC. Cumpre-se com esse dever uma das finalidades do casamento, que é a de permitir a criação e educação dos filhos.[23]

Na perspectiva econômica, o dever obriga os pais a prover os filhos dos meios materiais necessários à sua criação e formação: roupas, comida, habitação. Na perspectiva moral, o dever obriga os pais a dar aos filhos a adequada formação moral e educacional.[24]

O término da sociedade conjugal ou a dissolução do matrimônio pelo divórcio, segundo a regra do art. 1.579 do CC, não alteram os direitos e deveres dos pais em relação aos filhos, que, na proporção de seus recursos, continuam responsáveis. Também o novo casamento dos pais não modifica os direitos e deveres em relação aos filhos do relacionamento anterior, que serão exercidos sem qualquer interferência do novo cônjuge ou companheiro, conforme dispõe o art. 1.636 do CC.[25]

O dever de sustento e educação dos filhos cessa com a maioridade; mas, a depender das circunstâncias, tal dever pode ser prorrogado até que os filhos terminem os estudos universitários.[26]

O descumprimento desses deveres pelos pais acarreta-lhes responsabilidade civil por dano moral, pode constituir crime de abandono material, intelectual ou moral e sujeitá-los às sanções previstas nos arts. 244 a 247 do CP.[27]

---

22. Sílvio Luís Ferreira da Rocha, *Introdução ao Direito de Família*, cit., p. 100.
23. Idem, p. 101.
24. Idem, ibidem.
25. Carlos Roberto Gonçalves, *Direito Civil Brasileiro – Direito de Família*, cit., 7ª ed., vol. 6, p. 195.
26. Idem, ibidem.
27. Maria Helena Diniz, *Curso de Direito Civil Brasileiro – Direito de Família*, cit., 24ª ed., vol. 5, p. 149.

A atuação dos pais no sustento e educação dos filhos não é mais função exclusiva deles. Ao lado dos pais, devem atuar, embora supletivamente, o Estado e a Sociedade.[28]

5.3.5 Respeito e consideração mútuos

O último dever recíproco é o respeito e a consideração mútuos (CC, art. 1.566, V). O respeito e a consideração à dignidade da pessoa são a base para a felicidade do casal. Estão proibidos os maus-tratos, as humilhações, os cerceios à liberdade e à intimidade do cônjuge.[29]

---

28. Sílvio Luís Ferreira da Rocha, *Introdução ao Direito de Família*, cit., p. 101.
29. Idem, ibidem.

Capítulo 6
DOS EFEITOS PATRIMONIAIS DO CASAMENTO

6.1 Dos efeitos patrimoniais: 6.1.1 Regime patrimonial primário: 6.1.1.1 Regras básicas do regime patrimonial primário: 6.1.1.1.1 Do dever recíproco dos cônjuges de contribuir para o sustento da família – 6.1.1.1.2 A proteção da casa de morada da família – 6.1.1.1.3 Liberdade para praticar atos necessários ao desempenho da profissão – 6.1.1.1.4 Livre direito de agir na defesa do patrimônio familiar – 6.1.1.1.5 Administração e disponibilidade dos bens – 6.1.2 Características do regime patrimonial secundário: 6.1.2.1 Regime legal ou supletivo – 6.1 2.2 Do pacto antenupcial. 6.2 Classificação dos regimes matrimoniais: 6.2.1 Do regime da comunhão universal: 6.2.1.1 Bens comuns – 6.2.1.2 Bens próprios – 6.2.1.3 Responsabilidade pelas dívidas na comunhão universal – 6.2.1.4 Dissolução e liquidação da comunhão de bens – 6.2.2 Do regime da comunhão parcial: 6.2.2.1 Estrutura patrimonial do regime: 6.2.2.1.1 Bens comuns – 6.2.2.1.2 Bens próprios – 6.2.2.1.3 Bens adquiridos por intermédio de diferentes massas matrimoniais – 6.2.2.1.4 Prova do caráter próprio ou comum de um bem – 6.2.3 Participação final nos aquestos – 6.2.4 Do regime da separação: 6.2.4.1 Responsabilidade pelas dívidas na separação de bens – 6.2.4.2 Dissolução e liquidação na separação de bens. 6.2.5 Doações antenupciais.

6.1 Dos efeitos patrimoniais

A vida em comum constituída pelo casamento não produz apenas relações pessoais entre os cônjuges, mas também relações patrimoniais, especialmente porque a viabilidade da vida em comum demanda a conjugação de recursos econômicos para o sustento do lar e da prole, que, como tudo na vida, devem ser previamente orientados por um regime patrimonial.

O regime patrimonial do casamento[1] ou o regime de bens é o conjunto de normas que disciplinam o patrimônio do casal na constância do matrimônio e regulam a propriedade dos bens dos cônjuges, a administração, o gozo e a disponibilidade deles e a responsabilidade dos cônjuges por suas dívidas.[2] Consiste nas disposições normativas aplicáveis à sociedade conjugal no que diz respeito aos seus interesses pecuniários, o estatuto patrimonial dos consortes, que começa a vigorar da data do casamento (CC, art. 1.639, § 1º),[3] que sofre a incidência de quatro princípios fundamentais: o da variedade de regime de bens; o da liberdade dos pactos antenupciais; o da mutabilidade justificada do regime adotado no curso do casamento e dependente de autorização judicial, conforme prevê o art. 1.639, § 2º, do CC, e o da imediata vigência do regime de bens na data da celebração do casamento (CC, art. 1.639, § 1º).[4]

Os efeitos patrimoniais do casamento variam de acordo com o regime de bens adotado pelos nubentes. O Código Civil prevê quatro tipos diferentes de regime de bens: o da *comunhão parcial* (CC, arts. 1.658 a 1.666), o da *comunhão universal* (CC, arts. 1.667 a 1.671), o de *participação final nos aquestos* (CC, arts. 1.672 a 1.686) e o de *separação de bens* (CC, arts. 1.687 a 1.688).[5]

Para as necessidades econômicas cotidianas há um estatuto patrimonial, denominado *de base* ou *fundamental*, que se contrapõe aos chamados *regimes matrimonias de bens*, porque as necessidades econômicas cotidianas são disciplinadas de modo uniforme, sem atenção ao regime matrimonial de bens escolhido pelos cônjuges. Desta forma, as relações econômicas entre os cônjuges sofrem a influência de duas espécies de normas: uma espécie invariável, denominada *regime patrimo-*

---

1. Expressão preferida por Sílvio de Salvo Venosa, *Direito Civil: Direito de Família*, 6ª ed., São Paulo, Atlas, 2006, p. 338.
2. José Lamartine Corrêa de Oliveira e Francisco José Ferreira Muniz, *Curso de Direito de Família*, 3ª ed., Curitiba, Juruá, 2000, p. 330. Segundo Sílvio de Salvo Venosa (*Direito Civil: Direito de Família*, cit., 6ª ed., p. 338), "no Direito Romano vigorava o princípio da absorção: o patrimônio da mulher era absorvido pelo marido, que se tornava único proprietário e administrador".
3. Maria Helena Diniz, *Curso de Direito Civil – Direito de Família*, 24ª ed., vol. 5, São Paulo, Saraiva, 2009, p. 155.
4. Idem, pp. 155 e ss.
5. Sílvio Luís Ferreira da Rocha, *Introdução ao Direito de Família*, São Paulo, Ed. RT, 2004, p. 101.

nial primário, e outra espécie variável, chamada *regime patrimonial secundário*, que depende da lei ou da vontade dos noivos.[6]

De acordo com a lição de José Lamartine Corrêa de Oliveira e Francisco José Ferreira Muniz:

"Identificamos, por ocasião do estudo dos efeitos gerais do casamento, um conjunto de normas que disciplinam imperativamente a organização e o funcionamento econômico da vida do lar, e que se aplica de uma maneira idêntica a todos os casais, qualquer que seja o regime matrimonial a que estejam submetidos.

"Essas normas gerais e inderrogáveis formam o que denomina a doutrina francesa e belga de 'regime matrimonial primário', 'estatuto imperativo de base', 'regime primário imperativo' ou 'estatuto patrimonial de base'. São normas de ordem pública que constituem a base geral, elementar, sobre a qual repousam os regimes matrimoniais propriamente ditos, ou 'regimes matrimoniais secundários'."[7]

6.1.1 Regime patrimonial primário

O conjunto de normas de ordem pública que disciplinam o funcionamento econômico do lar e se aplicam uniformemente a todos os casais, qualquer que seja o regime patrimonial a que estejam submetidos, denomina-se *regime patrimonial primário* ou *estatuto imperativo de base*, que prevê: (a) o dever de cada cônjuge de contribuir para os encargos da família; (b) o modo de sua contribuição; (c) o regime das obrigações contraídas por um deles com terceiros para atender às necessidades da família; (d) o direito de cada qual exercer profissão; (e) o reconhecimento do valor do trabalho da mulher no lar; (f) a colaboração profissional entre os cônjuges e o sistema de proteção da moradia da família e dos móveis reservados ao serviço do lar.[8]

O regime patrimonial primário objetiva assegurar a existência do grupo familiar, permitir a associação de interesses que a vida conjugal cria no dia a dia e garantir autonomia e igualdade aos cônjuges.[9]

6. Idem, p. 102.
7. José Lamartine Corrêa de Oliveira e Francisco José Ferreira Muniz, *Curso de Direito de Família*, cit., 3ª ed., p. 331.
8. Sílvio Luís Ferreira da Rocha, *Introdução ao Direito de Família*, cit., p. 103.
9. Idem, ibidem.

O regime patrimonial primário sofreu muitas alterações, porque, com o propósito de assegurar a igualdade entre os cônjuges: (a) encerrou o governo do lar exclusivamente pelo homem; (b) criou a direção da família tanto pelo homem como pela mulher; (c) extinguiu a predeterminação legal de funções entre marido e mulher; e (d) partilhou entre os cônjuges as responsabilidades pelo sustento da família.[10]

O CC estabeleceu, nos arts. 1.642 a 1.652, as regras básicas do regime patrimonial primário.

6.1.1.1 Regras básicas do regime patrimonial primário

6.1.1.1.1 Do dever recíproco dos cônjuges de contribuir para o sustento da família

A igualdade entre homem e mulher na gestão e direção do lar impõe a ambos o dever de contribuir para as despesas da família, proporcional às possibilidades de cada um. Cumpre-se essa obrigação mediante contribuição em dinheiro, trabalho na direção da casa ou com a educação dos filhos. Trata-se de obrigação fungível, que estabelece um real equilíbrio entre os cônjuges. O trabalho no lar e os cuidados com a criação e educação dos filhos constituem modo equivalente à prestação em dinheiro de contribuir para a satisfação das despesas da vida familiar.

Permite-se a atuação independente e livre dos cônjuges para acudir aos encargos da vida familiar, de modo que um e outro podem contrair obrigações destinadas a atender às necessidades da família, conforme determina o art. 1.643 do CC. A dívida contraída por um dos cônjuges obriga o outro, desde que necessária ao sustento da família, conforme prevê o art. 1.644 do CC.

Consagrada a igualdade administrativa familiar dos cônjuges, o Código Civil reconhece a ambos o direito de comprar, ainda que a crédito, as coisas necessárias à economia doméstica condizentes com o abastecimento, a manutenção, a utilização e o conforto do lar.[11]

---

10. Sílvio Luís Ferreira da Rocha, *Introdução ao Direito de Família*, cit., p. 103.
11. Caio Mário da Silva Pereira, *Instituições de Direito Civil – Direito de Família*, 14ª ed., vol. V, Rio de Janeiro, Forense, 2004, p. 201.

6.1.1.1.2 A proteção da casa de morada da família

Nos sistemas estrangeiros a proteção da morada da família é elemento indispensável do estatuto patrimonial, de modo que há restrições ao poder de cada cônjuge de dispor dos direitos pelos quais se assegura a morada da família. Assim, o cônjuge titular do direito não pode, sem o consentimento do outro, alienar, onerar ou locar o imóvel que serve de casa de morada da família, seja qual for o regime de bens do casamento.[12]

No Brasil a proteção da moradia encontra-se em regras que proíbem a quaisquer dos cônjuges alienar imóveis próprios ou comuns ou gravá-los de direitos reais (CC, art.1.647, I), ou em regras que permitem aos cônjuges, voluntariamente, destinar parte do patrimônio à constituição de bem de família ou, ainda, que estabelecem a impenhorabilidade do imóvel residencial.

6.1.1.1.3 Liberdade para praticar atos necessários
ao desempenho da profissão

Como manifestação do regime patrimonial primário temos, ainda, a liberdade de exercer e desempenhar qualquer profissão, sem necessidade de prévia concordância do outro cônjuge, desde que respeitados os bons costumes e a licitude.[13]

6.1.1.1.4 Livre direito de agir na defesa
do patrimônio familiar

O cônjuge tem o direito de agir na defesa do patrimônio familiar. Por isso, ele está autorizado: (a) a reivindicar os bens comuns doados ou transferidos pelo outro cônjuge à concubina (CC, art. 1.642, V); (b) a reivindicar os imóveis que tenham sido gravados ou alienados sem seu consentimento (CC, art. 1.642, III); (c) a demandar a rescisão dos contratos de fiança ou doação ou a invalidação do aval realizados pelo outro cônjuge sem sua autorização (CC, art. 1.642, IV).[14]

---

12. Sílvio Luís Ferreira da Rocha, *Introdução ao Direito de Família*, cit., p. 104.
13. Idem, p. 105.
14. Sílvio Luís Ferreira da Rocha, *Introdução ao Direito de Família*, cit., p. 105.

6.1.1.1.5 Administração e disponibilidade dos bens

O cônjuge, qualquer que seja o regime bens, pode livremente administrar os bens próprios (CC, art. 1.642, II).

No entanto, há uma série de atos em que o cônjuge, seja qual for o regime – exceto o da separação absoluta –, está impedido de atuar sozinho, sem a autorização do outro. São eles:

(a) *Alienar ou gravar de ônus real os bens imóveis*: a administração não implica poderes de disposição. A disposição do patrimônio, alienação ou oneração, a princípio, salvo o regime da separação absoluta, não pode ser feita sem a autorização do outro cônjuge, ainda que se trate de bem próprio, conforme dispõe o art. 1.647, I, do CC, a fim de garantir a segurança patrimonial da família e o pleno desenvolvimento dos futuros filhos.

Pode ser dispensada em pacto antenupcial a autorização do consorte para alienação de bens imóveis particulares no regime de participação final nos aquestos (CC, art. 1.656).

O empresário casado, no entanto, pode, sem necessidade de outorga conjugal, qualquer que seja o regime de bens, alienar os imóveis que integrem o patrimônio da empresa ou gravá-los de ônus real, conforme prevê o art. 978 do CC.[15]

(b) *Pleitear, como autor ou réu, acerca desses bens ou direitos* (CC, art. 1.647, II): esta regra é completada pelo art. 10 do CPC, que exige a participação dos cônjuges nas ações que versem sobre direitos reais imobiliários, porque a sentença eventualmente pode acarretar a perda da propriedade imóvel, razão pela qual ambos devem participar da ação.

(c) *Prestar fiança ou aval* (CC, art. 1.647,III): a fiança ou o aval podem sujeitar os bens do fiador ou avalista a execução judicial para satisfação do crédito afiançado ou avalizado; e, assim, constituem causa mediata de alienação do patrimônio do cônjuge, motivo pelo qual a exigência de autorização de ambos os consortes procura evitar o comprometimento dos bens do casal.

---

15. Carlos Roberto Gonçalves, *Direito Civil Brasileiro – Direito de Família*, 7ª ed., vol. 6, São Paulo, Saraiva, 2010, p. 436.

O cônjuge que não concordou com a fiança ou o aval pode anulá-los com fundamento no art. 1.649 do CC. Acerca da anulação, temos, em relação à fiança, a Súmula 332 do STJ, que determina: "A anulação de fiança prestada sem outorga uxória implica a ineficácia total da garantia". No entanto, em relação ao aval o Código Civil inovou, porquanto o aval é instituto do direito cambiário, restrito aos débitos submetidos aos princípios deste, entre eles a autonomia e a circularidade, tanto que a inovação foi criticada por comprometer o dinamismo das relações comerciais, o que levou alguns juristas, reunidos na *Jornada de Direito Civil*, a propor – a nosso ver, sem razão, ante o que dispõe o art. 1.649 do CC – que "o aval não pode ser anulado por falta de vênia conjugal, de modo que o inciso III do art. 1.647 apenas caracteriza a oponibilidade do título ao cônjuge que não assentiu".[16]

O cônjuge que não se valer da pretensão anulatória nem por isso está proibido de opor embargos de terceiro para excluir sua meação de penhora que recaia sobre os bens do casal, porque apenas as dívidas necessárias à economia doméstica é que obrigam solidariamente os cônjuges, conforme determina o art. 1.643 do CC.[17]

(d) *Fazer doação, não sendo remuneratória, de bens comuns ou dos que possam integrar futura meação, salvo as nupciais feitas aos filhos quando casarem ou estabelecerem economia própria*: a proibição diz respeito aos bens móveis, porque a doação de bens imóveis foi tratada no inciso I, quando cuidou da alienação de bens imóveis – o que inclui a doação. Permite-se somente a doação remuneratória, qualquer que seja seu valor, porque a doação remuneratória se apresenta como retribuição pelo serviço prestado pelo donatário, mas cuja cobrança não podia ser feita.[18]

A finalidade desta proibição é evitar o excesso de liberalidade de um dos cônjuges, que ponha em dificuldade a família, cuja manutenção é dever de ambos os cônjuges. Mas, se a doação beneficiar os filhos que irão contrair núpcias ou se estabelecer por conta própria, o legislador resolveu dispensar o consentimento do outro cônjuge.[19]

16. Idem, p. 440.
17. Idem, p. 438.
18. Idem, p. 441.
19. Idem, ibidem.

A autorização do cônjuge deve ser expressa e integrar instrumento público quando dada para a realização de ato que o reclame, como a alienação de bens imóveis de valor superior a 30 vezes o maior salário mínimo vigente no País. A autorização poderá ser dada por instrumento particular quando o ato não reclamar forma pública, conforme dispõe o art. 220 do CC.[20]

A outorga ou sua recusa repousam no critério de cada cônjuge, que analisará a conveniência do ato e sua repercussão patrimonial. Mas o cônjuge não pode denegá-la injustamente ou por mero capricho, porque a recusa injusta, imotivada, de um dos cônjuges em autorizar a prática do ato ou a impossibilidade de ele anuir poderão ser supridas pelo juiz, conforme determina o art. 1.648 do CC.

Subordinada a validade do ato à outorga do outro cônjuge, uma vez inexistente esta o Código Civil não o fulmina de nulidade, mas o declara anulável e deixa a critério do interessado requerer a anulação. A falta de autorização não suprida pelo juiz, quando necessária, torna anulável o ato praticado até o período de dois anos depois do término da sociedade conjugal. Caio Mário da Silva Pereira critica o termo inicial do prazo decadencial para anular o ato cometido à revelia do outro cônjuge, por permitir a existência de um prazo decadencial indefinido na constância da sociedade conjugal, com grave prejuízo para a estabilidade da circulação jurídica de bens.[21]

A anulação do ato pode ser solicitada pelo cônjuge a quem cabia concedê-la ou por seus herdeiros, conforme estabelecem os arts. 1.649 e 1.650 do CC. Dissolvida a sociedade conjugal em vida do cônjuge prejudicado, se este não ingressar com a ação anulatória no prazo de dois anos caducará o direito, e seus herdeiros não poderão propor a ação; se ele não ingressar com a ação anulatória e, posteriormente, vier a falecer antes do decurso do prazo de dois anos, seus herdeiros poderão propor a ação no prazo de dois anos contados da data da dissolução da sociedade conjugal, e não da morte do cônjuge prejudicado.

20. Carlos Roberto Gonçalves, *Direito Civil Brasileiro – Direito de Família*, cit., 7ª ed., vol. 6, p. 442.
21. Caio Mário da Silva Pereira, *Instituições de Direito Civil – Direito de Família*, cit., 14ª ed., vol. V, p. 201.

6.1.2 Características do regime patrimonial secundário

No regime patrimonial secundário incidem os princípios da variedade de regime de bens e da liberdade das convenções antenupciais.

Pelo princípio da variedade de regime de bens, normatizado no art. 1.639 do CC, o sistema jurídico oferece aos nubentes modalidades diferentes de regimes – o regime da comunhão universal; o da comunhão parcial; o da participação final nos aquestos; e o da separação –, que podem ser escolhidos ou combinados entre si, desde que o façam mediante a estipulação de negócio jurídico bilateral denominado *convenção* ou *pacto antenupcial*.

O princípio da liberdade das convenções antenupciais, previsto no CC no art. 1.639, permite aos noivos, mediante pacto antenupcial, escolherem um dos regimes-modelo previstos na lei e introduzir-lhe alterações ou eleger um novo regime. Portanto, uma das características do regime de bens é a predominância da autonomia da vontade. Assim, salvo as hipóteses do art. 1.641 do CC, os noivos podem escolher qualquer um desses regimes para disciplinar as relações patrimoniais resultantes do casamento. A liberdade de escolha não se limita à aceitação de um dos modelos preestabelecidos. Os noivos podem combinar várias regras pertinentes a regimes diferentes e criar, assim, um modelo novo, desde que não prejudiquem direitos conjugais ou paternos ou não desrespeitem normas de ordem pública. Desta forma, são inadmissíveis estipulações antenupciais que alterem a ordem de vocação hereditária; que modifiquem o modo de administração dos bens do casal e dispensem o marido da prévia autorização da mulher para alienar imóveis particulares.[22]

---

22. Sílvio Luís Ferreira da Rocha, *Introdução ao Direito de Família*, cit., p. 106. De acordo com a lição de Maria Helena Diniz (*Curso de Direito Civil Brasileiro – Direito de Família*, cit., 24ª ed., vol. 5, p. 115), "ter-se-ão por não escritas cláusulas prejudiciais aos direitos conjugais, paternos ou maternos, ou, ainda, contrárias à lei. Igualmente não se admitem cláusulas que ofendam os bons costumes e a ordem pública. Exemplificativamente, nulas serão as cláusulas, e não o pacto, que (a) dispensem os consortes dos deveres de fidelidade, coabitação e mútua assistência; (b) privem a mãe do pátrio poder ou de assumir a direção do casal quando o marido estiver em local ignorado; (c) alterem a ordem de vocação hereditária; (d) ajustem a comunhão de bens, quando o casamento só podia realizar-se pelo regime de separação; (e) estabeleçam que o marido pode vencer imóveis sem outorga uxória".

O princípio da liberdade de convenções sofre, no entanto, restrições nas situações em que o Código Civil impõe um regime de bens aos nubentes, como ocorre nos casamentos celebrados em desrespeito às causas de suspensão da celebração, nos casamentos de pessoa maior de 70 anos de idade (conforme alteração introduzida no inciso II do art. 1.641 do CC pela Lei 12.344, de 9.12.2010) e nos casamentos de todos os que dependam, para casar, de suprimento judicial (CC, art. 1.641).[23]

6.1.2.1 Regime legal ou supletivo

O regime da comunhão parcial é um regime supletivo, conforme determina o art. 1.640 do CC brasileiro, que incide na ausência de pacto antenupcial – o que ocorre com grande frequência, na medida em que os nubentes dificilmente o celebram.[24]

O princípio da igualdade entre os cônjuges deveria conduzir ao regime da separação, porque este regime assegura a autonomia recíproca dos cônjuges, além de ter o mérito da simplicidade. Em seu desfavor pesa o fato de ele desconsiderar em larga escala a comunhão de interesses entre os cônjuges, que reclama a participação de ambos nos benefícios produzidos durante o casamento – eis que pode gerar injustiças em relação ao cônjuge, geralmente à mulher, que, mesmo após dedicar-se ao lar e aos filhos, não participará da prosperidade econômica do marido. Por isso o legislador preferiu o regime da comunhão parcial.[25]

A imutabilidade ou irrevogabilidade do regime de bens deixou de informar o sistema porque o art. 1.639, § 2º, admitiu a alteração do regime de bens por decisão judicial, proferida em pedido motivado de ambos os cônjuges, apurada a procedência das razões invocadas e ressalvados os direitos de terceiros.[26] Assim, o regime de bens, que era

---

23. Sílvio Luís Ferreira da Rocha, *Introdução ao Direito de Família*, cit., p. 106.
24. Sílvio Luís Ferreira da Rocha, *Introdução ao Direito de Família*, cit., p. 107. O regime da comunhão parcial passou a ser o regime legal ou supletivo com o advento da Lei 6.515/1977, que, no art. 50, VII, o pôs no lugar do então regime legal da comunhão universal.
25. Sílvio Luís Ferreira da Rocha, *Introdução ao Direito de Família*, cit., p. 107.
26. No Código Civil de 1916 vigorava o princípio da irrevogabilidade ou imutabilidade. O regime de bens vigente na data do casamento tornava-se irrevogável e imutável (art. 230 do CC de 1916). A imutabilidade compreendia o pacto antenupcial e o regime de bens fixado pela lei, na falta de convenção (art. 258 do CC de 1916).

inalterável, salvo pequenas exceções introduzidas pela jurisprudência – como a que resultou na proclamação da Súmula 377 do STF, que admitia a comunicação do bem adquirido durante o casamento pelo esforço comum mesmo que o regime fosse o da separação de bens, de modo a evitar enriquecimento indevido com a dissolução do casamento –, pode, hoje, ser modificado mediante decisão judicial, a requerimento de ambos os consortes, acatadas as razões por eles apresentadas no pedido, ressalvados os direitos de terceiros, como declarado pelo Enunciado 113 do Conselho de Justiça Federal, aprovado na *Jornada de Direito Civil* de 2002: "É admissível alteração do regime de bens entre os cônjuges, quando então o pedido, devidamente motivado e assinado por ambos os cônjuges, será objeto de autorização judicial, com ressalva dos direitos de terceiros, inclusive dos entes públicos, após perquirição de inexistência de dívida de qualquer natureza, exigida ampla publicidade".[27]

A princípio não se admite a modificação do regime de bens na situação do matrimônio sujeito ao regime obrigatório de separação de bens, em decorrência do que dispõe o art. 1.641 do CC, salvo naquelas situações em que o regime de separação de bens foi imposto pela inobservância das causas suspensivas da celebração do casamento, que, no entanto, foram superadas, como declarou o Enunciado 262 da *III Jornada de Direito Civil* realizada pelo Conselho da Justiça Federal: "A obrigatoriedade da separação de bens, nas hipóteses previstas no art. 1.641, I e III, do CC não impede a alteração do regime, desde que superada a causa que o impôs".[28]

Durava da celebração do casamento à sua dissolução. A irrevogabilidade, de acordo com a doutrina, amparava-se em duas razões: (a) era prevista no interesse dos cônjuges; evitava-se com a imutabilidade que um deles fosse coagido a optar por regime de bens mais favorável ao outro; (b) era prevista no interesse de terceiros, os credores. Essa última razão era combatida com o argumento de que um sistema adequado de publicidade das convenções antenupciais atenderia à exigência de proteção de terceiros.
A regra da imutabilidade não valia quando a escolha do regime significasse manifesta violação da lei, como ocorria quando a lei previa a adoção do regime obrigatório de separação de bens (art. 258, parágrafo único, do CC de 1916). Nessa hipótese prevalecia o regime legal da separação de bens, e não o regime fraudulentamente adotado.
27. Maria Helena Diniz, *Curso de Direito Civil Brasileiro – Direito de Família*, cit., 24ª ed., vol. 5, pp. 165-166.
28. Carlos Roberto Gonçalves, *Direito Civil Brasileiro – Direito de Família*, cit., 7ª ed., vol. 6, p. 426.

A mutabilidade ou revogabilidade do regime de bens aplicar-se-ia também, para alguns, ao regime de bens adotado em casamento anterior à vigência do Código Civil de 2002, sem que o art. 2.039 das "Disposições Finais e Transitórias" do Código Civil possa ser visto como um empecilho à alteração, conforme decidido pela 4ª Turma do STJ no REsp 73.056, relator o Min. Jorge Scartezzini.[29]

6.1 2.2 Do pacto antenupcial

O pacto antenupcial é o negócio jurídico pelo qual os nubentes definem o regime de bens a vigorar na constância do casamento. É um contrato solene e condicional por meio do qual os nubentes dispõem sobre o regime de bens que vigorará entre ambos após o casamento.[30] Destarte, a escolha do regime de bens do casamento diverso do regime supletivo, que é o da comunhão parcial, tem de ser realizada por escrito que revista a forma pública, que é da essência do negócio jurídico e cuja inobservância acarreta sua nulidade (CC, art. 1.653).[31] Conclui-se que o pacto antenupcial é facultativo, porém necessário para os noivos que queiram adotar regime de bens diverso do legal.[32]

O pacto antenupcial é um negócio jurídico ligado ao casamento, pois a celebração do matrimônio é condição legal de eficácia do pacto antenupcial (CC, art. 1.653), que, portanto, o precede e cujos efeitos se produzem a contar da celebração do casamento e sem retroatividade.[33] A vinculação estreita ao ato nupcial é uma das particularidades do pacto antenupcial, a tal ponto que o Código Civil o considera ineficaz se a ele não se seguir; logo, o casamento; é condição suspensiva do pacto, cujos efeitos começam com sua celebração e não se produzem enquanto os nubentes não se casarem.[34]

A lei não fixa prazo entre a constituição do pacto e a celebração do casamento, e por isso pode haver um largo interregno de tempo entre a

---

29. Idem, p. 428.
30. Idem, p. 445.
31. Sílvio Luís Ferreira da Rocha, *Introdução ao Direito de Família*, cit., p. 109.
32. Maria Helena Diniz, *Curso de Direito Civil Brasileiro – Direito de Família*, cit., 24ª ed., vol. 5, p. 160.
33. Sílvio Luís Ferreira da Rocha, *Introdução ao Direito de Família*, cit., p. 109.
34. Maria Helena Diniz, *Curso de Direito Civil Brasileiro – Direito de Família*, cit., 24ª ed., vol. 5, p. 158.

constituição do pacto e o casamento. Caduca o pacto quando o casamento não se realiza, um dos nubentes morre ou casa com outra pessoa, ou o matrimônio é declarado nulo ou anulado – salvo o casamento putativo, hipótese em que o pacto produzirá todos os seus efeitos em relação ao cônjuge que tiver contraído o casamento de boa-fé.[35]

Os noivos são as partes do negócio jurídico. A capacidade exigida deles é a mesma que se exige para o casamento: *habilis ad nuptias, habilis ad pacta nuptialia*. Os menores, que necessitam do consentimento de seus pais para casar, também necessitam da assistência deles para a celebração da convenção antenupcial, conforme regra do art. 1.654 do CC, que condiciona a eficácia do pacto antenupcial feito por menor à aprovação de seu representante legal, exceto nos casos de regime obrigatório de separação de bens.[36]

A convenção nupcial deve ser celebrada pessoalmente pelos nubentes; não admite representação; a intervenção do representante legal dá-se a título de autorização. Contra a opinião de Maria Helena Diniz, com amparo na lição de Caio Mário da Silva Pereira, que o admite. Sustenta a referida autora: "É preciso deixar bem claro que o pacto antenupcial é firmado pelos nubentes, que são os interessados no seu regime de bens e considerados aptos a estipulá-lo, desde que tenham habilitação matrimonial. Como se admite em nosso Direito, o casamento por procuração poderá ser firmado por mandatário, que, obviamente, se sujeitará ao estabelecido pelo mandante, pois, se foi investido de poderes para o casamento sob o regime comunitário, não poderá adotar, mediante pacto, outro diverso".[37]

O pacto antenupcial conterá somente estipulações que tratem das relações patrimoniais dos cônjuges, e não das relações pessoais entre eles. Os nubentes que optarem pelo regime de participação final nos aquestos poderão inserir no pacto antenupcial cláusula que admita a livre disposição de bens imóveis particulares do alienante, conforme prevê o art. 1.656 do CC.[38]

---

35. Sílvio Luís Ferreira da Rocha, *Introdução ao Direito de Família*, cit., p. 109.
36. Idem, ibidem.
37. Maria Helena Diniz, *Curso de Direito Civil Brasileiro – Direito de Família*, 24ª ed., vol. 5, p. 157.
38. Idem, p. 158.

O pacto antenupcial, para produzir efeitos contra terceiros, deve ser registrado, em livro especial, no registro de imóveis do domicílio dos cônjuges (CC, art. 1.657). O pacto não registrado não é oponível a terceiros; perante estes prevalecerá o regime legal ou supletivo da comunhão parcial de bens. Entretanto, será eficaz em relação aos cônjuges.[39]

À convenção antenupcial são aplicáveis os princípios gerais dos negócios jurídicos, em especial as causas de invalidade. O art. 1.655 do CC considera nula a convenção ou cláusula dela que contravenha disposição absoluta de lei. O vício de uma cláusula não contamina, no entanto, todo o pacto, que se mantém naquilo que não contrariar a ordem pública, segundo o princípio *utile per inutile non vitiatur*. O pacto antenupcial, quando anulável, pode ser confirmado, mesmo após o casamento, retroagindo a confirmação à data do casamento.[40]

6.2 Classificação dos regimes matrimoniais

Os regimes matrimoniais são classificados em *regimes comunitários* – como a comunhão universal, a comunhão parcial e a participação final nos aquestos – e em *regimes não comunitários* – como o da separação. Portanto, no ordenamento jurídico brasileiro são quatro são os regimes matrimoniais: *comunhão parcial*; *comunhão universal*; *participação final nos aquestos* e *separação de bens*.[41]

Para os regimes comunitários a sociedade conjugal deve associar os interesses pessoais e patrimoniais dos cônjuges, enquanto para os regimes não comunitários ou separatistas a sociedade conjugal não deve associar os interesses pessoais aos interesses patrimoniais, e cada um dos cônjuges deve conservar a propriedade, a administração e a disposição de seus bens.[42]

6.2.1 Do regime da comunhão universal

O Código Civil de 1916 observou a tradição do Direito Português e escolheu como regime legal supletivo o regime da comunhão univer-

---

39. Sílvio Luís Ferreira da Rocha, *Introdução ao Direito de Família*, cit., p. 110.
40. Carlos Roberto Gonçalves, *Direito Civil Brasileiro – Direito de Família*, cit., 7ª ed., vol. 6, p. 447.
41. Sílvio Luís Ferreira da Rocha, *Introdução ao Direito de Família*, cit., p. 110.
42. Idem, p. 111.

sal, por entender que ele era o mais condizente com a união espiritual entre um homem e uma mulher produzida pelo casamento. Em 1977, no entanto, com a introdução do divórcio, foi alterado o regime legal para o da comunhão parcial. E, com isso, o regime da comunhão universal passou a ser regime convencional, dependente de estipulação em pacto antenupcial.

O que o caracteriza é a existência de bens comuns, isto é, a posse e a propriedade comuns de bens. Consiste na comunicação de todos os bens presentes e futuros dos cônjuges e suas dívidas (CC, art. 1.667), menos as exceções previstas no art. 1.168 do CC.[43] Por isso, pode ser definido como "aquele em que se comunicam todos os bens, atuais e futuros, dos cônjuges, ainda que adquiridos em nome de um só deles, bem como as dívidas posteriores ao casamento, salvo os expressamente excluídos pela lei ou pela vontade dos nubentes, expressa em convenção antenupcial (CC, art. 1.667)".[44]

Com o regime da comunhão universal os bens dos cônjuges formam uma massa, um acervo indivisível, comum e pertencente globalmente a ambos os cônjuges, e corresponde a uma comunhão sem cotas. O patrimônio não se reparte entre os cônjuges, por cotas determinadas. Inexiste divisão de cotas entre os cônjuges.[45] Instaura-se o estado de indivisão; cada cônjuge tem direito à metade ideal do patrimônio comum, nem mesmo poderão formar, se quiserem contratar, sociedade entre si (CC, art. 977).[46]

Na constância da sociedade conjugal a propriedade e a posse dos bens são comuns. Antes da dissolução e partilha não há meação, mas tão somente metade ideal de bens e dívidas comuns (CC, art. 1.667). Há comunicação do ativo e do passivo. O conceito de *meação* vale para expressar antecipadamente a medida de cálculo ou a base em que se operará a partilha dos bens comuns, por ocasião da liquidação do regime. Ocorrida a dissolução da sociedade conjugal, extingue-se a comunhão, com a divisão do ativo e do passivo (CC, art. 1.671). Depois de

---

43. Sílvio Luís Ferreira da Rocha, *Introdução ao Direito de Família*, cit., p. 111.
44. Carlos Roberto Gonçalves, *Direito Civil Brasileiro – Direito de Família*, cit., 7ª ed., vol. 6, p. 462.
45. Sílvio Luís Ferreira da Rocha, *Introdução ao Direito de Família*, cit., p. 111.
46. Maria Helena Diniz, *Curso de Direito Civil Brasileiro – Direito de Família*, cit., 24ª ed., vol. 5, p. 177.

satisfeitas as dívidas, cada cônjuge terá a pretensão de que o saldo em bens lhe seja entregue por metade.[47]

Os princípios que regem a comunhão universal são: (a) em regra, tudo o que entra para o acervo dos bens do casal fica subordinado à lei da comunhão; (b) torna-se comum tudo o que cada consorte adquire, no momento em que se opera a aquisição; (c) os cônjuges são meeiros em todos os bens do casal, mesmo quando um deles nada trouxe ou nada adquiriu na constância do matrimônio.[48]

A comunhão universal de bens admite três massas de bens: os *bens comuns*, os *bens próprios do marido* e os *bens próprios da mulher*.

6.2.1.1 Bens comuns

Os bens comuns são bens comunicáveis.

A comunhão universal compõe-se de todos os bens presentes (os que cada um dos cônjuges leva para o casamento) e os bens futuros (os adquiridos na constância do casamento por qualquer título, oneroso ou gratuito), que não são declarados próprios por lei ou por vontade dos nubentes, exprimida em pacto antenupcial.[49]

A administração dos bens comuns cabe ao casal num sistema de cogestão, e a administração dos bens particulares ao cônjuge proprietário, salvo se o contrário foi estipulado no pacto antenupcial, conforme dispõe o art. 1.670, combinado com o art. 1.665, do CC.

6.2.1.2 Bens próprios

A comunicação da propriedade dos bens entre os cônjuges é o traço essencial da comunhão universal. Entretanto, os denominados *bens próprios* são bens incomunicáveis, isto é, bens excluídos da comunhão, que, portanto, pertencentes a um cônjuge, não se comunicam ao outro, enumerados no art. 1.668 do CC – como pensões, bens doados ou lega-

---

47. Sílvio Luís Ferreira da Rocha, *Introdução ao Direito de Família*, cit., p. 112; Maria Helena Diniz, *Curso de Direito Civil Brasileiro – Direito de Família*, cit., 24ª ed., vol. 5, p. 177.
48. Lafayette, *apud* Maria Helena Diniz, *Curso de Direito Civil Brasileiro – Direito de Família*, cit., 24ª ed., vol. 5, p. 178.
49. Sílvio Luís Ferreira da Rocha, *Introdução ao Direito de Família*, cit., p. 112.

dos com cláusula de incomunicabilidade, bens gravados de fideicomisso, roupas de uso pessoal, joias esponsalícias, livros e instrumentos de profissão e retratos de família, bens da herança e os proventos do trabalho de cada cônjuge ou de ambos.[50]

O art. 1.668 do CC não reproduziu a lista de todos os bens incomunicáveis descrita no art. 263 do CC de 1916, entre eles o inciso VI, que excluía da comunhão "as obrigações provenientes de atos ilícitos" – o que levou autores a sustentar que nos casamentos celebrados após 11.1.2003, data da entrada em vigor do Código Civil de 2002, não existe mais a incomunicabilidade das obrigações provenientes de atos ilícitos, do que resulta a comunicação, independentemente do proveito obtido pelo casal, o que ampliou a proteção ao lesado, que não precisa aguardar a dissolução da sociedade conjugal e a partilha de bens do casal para receber o que lhe é devido.[51] Carlos Roberto Gonçalves discorda dessa opinião. Para ele, diante da omissão do novel legislador, parece razoável aplicar à hipótese a regra do art. 942, primeira parte, do CC, que declara sujeitarem-se à reparação do dano causado *os bens do responsável pela ofensa ou violação do direito de outrem*, que serão os particulares ou os que compõem a sua meação, de modo que os bens do cônjuge inocente não poderão estar sujeitos a uma solidariedade inexistente.[52]

A incomunicabilidade dos bens não se estende aos frutos. Os frutos dos bens incomunicáveis são comunicáveis (CC, art. 1.669), de modo que, embora certos bens sejam incomunicáveis, seus rendimentos se comunicam.

6.2.1.3 *Responsabilidade pelas dívidas na comunhão universal*

Como regra, as obrigações anteriores ao casamento não se comunicam (CC, art. 1.668, III). Entre os deveres e obrigações excluídos da comunhão temos as dívidas anteriores ao casamento. Por estas obrigações respondem, tão somente, os bens particulares do cônjuge devedor,

---

50. Idem, ibidem.
51. Regina Beatriz Tavares da Silva, atualizadora da obra de Washington de Barros Monteiro, cit. por Carlos Roberto Gonçalves, *Direito Civil Brasileiro – Direito de Família*, cit., 7ª ed., vol. 6, p. 467.
52. Carlos Roberto Gonçalves, *Direito Civil Brasileiro – Direito de Família*, cit., 7ª ed., vol. 6, p. 467.

os bens trazidos por ele para a sociedade conjugal, os bens adquiridos na constância do casamento até o limite de sua meação, mas nunca os bens trazidos pelo outro cônjuge para a comunhão.[53]

Como exceção a esta regra temos as dívidas contraídas com os preparativos do casamento e as dívidas aplicadas em proveito comum do casal; e por tais dívidas respondem os bens comuns e, na falta destes, os bens particulares de um e outro cônjuge.[54]

Se o devedor, na constância do casamento, pagar dívida incomunicável à custa de bens comuns, haverá a necessidade de compensação, por ocasião da partilha. No plano das relações internas a quantia paga será imputada à meação do cônjuge devedor.[55]

As dívidas posteriores ao casamento contraídas por qualquer dos cônjuges em benefício da família se comunicam.[56]

As dívidas posteriores ao casamento contraídas por qualquer dos cônjuges em benefício próprio são de exclusiva responsabilidade do cônjuge, que responderá com bens próprios e com sua meação nos bens comuns.[57]

6.2.1.4 Dissolução e liquidação da comunhão de bens

A comunhão de bens termina pela dissolução do casamento e pela separação judicial.

Na liquidação cada cônjuge recebe os bens próprios e metade dos bens comuns, deduzidas as dívidas, que precisam ser classificadas entre dívidas exclusivas e comuns, pois pelas primeiras respondem os bens próprios e a meação, e pelas segundas respondem os bens comuns e os bens próprios de qualquer dos cônjuges.[58]

A partilha é por metade. A parte de cada cônjuge corresponde à metade do valor dos bens comuns. A partilha pode ser convencional (por negócio jurídico) ou ficar subordinada ao procedimento de inventário.[59]

---

53. Sílvio Luís Ferreira da Rocha, *Introdução ao Direito de Família*, cit., p. 113.
54. Idem, ibidem.
55. Sílvio Luís Ferreira da Rocha, *Introdução ao Direito de Família*, cit., p. 113.
56. Idem, ibidem.
57. Sílvio Luís Ferreira da Rocha, *Introdução ao Direito de Família*, cit., p. 113.
58. Idem, p. 114.
59. Sílvio Luís Ferreira da Rocha, *Introdução ao Direito de Família*, cit., p. 114.

Ocorrerá compensação quando, no curso do regime, por uma massa patrimonial (bens comuns ou bens próprios) se fez pagamento de dívidas que, nas relações internas, competem à outra massa.[60]

Declarada a nulidade do casamento, não há comunhão de bens – e, por consequência, não haverá partilha do patrimônio em dois, mas cada consorte levará o que trouxe para a massa. O mesmo raciocínio pode ser aplicado ao casamento anulável, exceto se ele foi considerado putativo, caso em que em relação ao que agiu com boa-fé incidem as regras relativas à separação judicial. O culpado perderá todas as vantagens patrimoniais oriundas do casamento, enquanto o inocente as conservará.[61]

6.2.2 Do regime da comunhão parcial

O regime da comunhão parcial é o regime legal, supletivo, que prevalece na falta de estipulação dos cônjuges, ineficácia ou nulidade de pacto antenupcial (CC, art.1.640).

A ideia principal no regime da comunhão parcial é a de que os bens adquiridos após o casamento, também denominados *aquestos*, formam a comunhão de bens do casal, de modo que cada cônjuge retém em seu próprio patrimônio os bens adquiridos antes do casamento.[62]

A comunhão só compreende os bens *adquiridos a título oneroso* na constância do casamento (CC, art. 1.658). Este regime exclui da comunhão os bens adquiridos pelos consortes por causa anterior ou alheia ao casamento e inclui na comunhão os bens adquiridos depois do casamento. De acordo com Maria Helena Diniz, "esse regime, ao prescrever a comunhão dos aquestos, estabelece uma solidariedade entre os cônjuges, unindo-os materialmente, pois ao menos parcialmente os seus interesses são comuns, permitindo, por outro lado, que cada um conserve como seu aquilo que já lhe pertencia no momento da realização do ato nupcial".[63]

Estão excluídos da comunhão os bens levados por qualquer dos cônjuges para o casamento e os adquiridos na sua vigência a título gratuito.

---

60. Idem, ibidem.
61. Maria Helena Diniz, *Curso de Direito Civil Brasileiro – Direito de Família*, cit., 24ª ed., vol. 5, p. 182.
62. Sílvio de Salvo Venosa, *Direito Civil: Direito de Família*, cit., 6ª ed., p. 349.
63. Maria Helena Diniz, *Curso de Direito Civil Brasileiro – Direito de Família*, cit., 24ª ed., vol. 5, p. 169.

O regime da comunhão parcial admite duas massas de bens: os bens comuns e os bens próprios de cada um dos cônjuges.

6.2.2.1 Estrutura patrimonial do regime

6.2.2.1.1 Bens comuns

São bens comuns no regime da comunhão parcial:

(a) Os adquiridos por título oneroso na constância do casamento, ainda que só em nome de um dos cônjuges (CC, art. 1.660, I). Há presunção legal relativa de que os bens móveis foram adquiridos na constância do casamento (CC, art. 1.662). A presunção pode ser afastada se for provado por qualquer meio juridicamente admitido que os bens móveis foram adquiridos em data anterior ao casamento.

(b) Os adquiridos por fato eventual, com ou sem concurso do trabalho ou despesas anteriores, como nas hipóteses de jogos de azar, aposta, loteria e tesouro (CC, art. 1.660, II).

(c) Os adquiridos por doação, herança ou legado, em favor de ambos os cônjuges (CC, art. 1.660, III).

(d) As benfeitorias realizadas em bens particulares de cada cônjuge (CC, art. 1.660, IV).

(e) Os frutos dos bens comuns ou dos bens particulares percebidos na constância do casamento ou pendentes ao tempo de cessar a comunhão (CC, art. 1.660, V).

6.2.2.1.2 Bens próprios

São considerados bens próprios – e, assim, excluídos da comunhão:

(a) Os que cada cônjuge levou para o casamento (bens presentes) ou adquiriu na constância do matrimônio por doação ou sucessão (bens futuros) (CC, art. 1.659, I).

(b) Os adquiridos com valores exclusivamente pertencentes a um dos cônjuges, em sub-rogação dos bens particulares (CC, art. 1.659, II). É uma ressalva ao princípio de que todo bem adquirido a título oneroso durante o regime é um aquesto. O bem é próprio quando substitui outro próprio.

(c) Os bens cuja aquisição tiver por título uma causa anterior ao casamento, como os bens adquiridos antes do casamento com reserva de domínio (art. 1.661).

(d) Os bens de uso pessoal, os livros e instrumentos de profissão. Tais bens só não entram para a comunhão se indispensáveis ao exercício profissional. Se constituírem, por sua grande quantidade, parcela apreciável do patrimônio, tais bens se comunicam.[64]

(e) Os proventos do trabalho pessoal de cada cônjuge. Duas interpretações são possíveis. A primeira, que por tal disposição os proventos de trabalho de cada cônjuge não se comunicam, mas a incomunicabilidade não incluiria os bens adquiridos com os proventos.[65] A segunda, que por tal disposição se deve entender que não se comunica somente o direito aos aludidos proventos, mas, recebidos, o valor ingressa no patrimônio comum, assim como os bens adquiridos com seu produto. No caso de ocorrer a separação judicial ou o divórcio, o direito de cada cônjuge continuar a receber seu salário é que não seria partilhado.[66]

A primeira interpretação parece acarretar inconvenientes, segundo parte da doutrina, pois, se se interpretar que o numerário recebido não se comunica, mas somente o que for com ele adquirido, haverá um desequilíbrio no âmbito financeiro das relações conjugais, premiado injustamente o cônjuge que preferiu conservar em espécie os proventos do seu trabalho, em detrimento do que optou por converter suas economias em patrimônio comum.[67]

(f) As pensões, meios soldos e outras rendas semelhantes. Temos aqui a mesma situação dos proventos do trabalho pessoal de cada cônjuge. O que não se comunica é o direito ao recebimento desses benefícios pecuniários, mas as parcelas pecuniárias periodicamente recebidas

---

64. Maria Helena Diniz, *Curso de Direito Civil Brasileiro – Direito de Família*, cit., 24ª ed., vol. 5, p. 170.
65. Arnaldo Rizzardo, *Direito de Família*, 4ª ed., Rio de Janeiro, Forense, 2006, p. 636.
66. Maria Helena Diniz, *Curso de Direito Civil Brasileiro – Direito de Família*, 24ª ed., vol. 5, p. 170; Carlos Roberto Gonçalves, *Direito Civil Brasileiro – Direito de Família*, cit., 7ª ed., vol. 6, p. 457.
67. Carlos Roberto Gonçalves, *Direito Civil Brasileiro – Direito de Família*, cit., 7ª ed., vol. 6, p. 458.

na constância do casamento entram para o patrimônio do casal e se comunicam, assim como os bens adquiridos com tais valores.[68]

6.2.2.1.3 Bens adquiridos por intermédio de diferentes massas matrimoniais

O bem pode ser adquirido por um dos cônjuges com valores próprios e valores comuns, de modo que ele é adquirido por diferentes massas matrimoniais. Nessa hipótese há duas soluções possíveis. Na primeira, o novo bem passa a ser misto (próprio e comum por partes) e desse modo integra duas massas de bens, na proporção de cada uma delas para a aquisição. Fala-se em reemprego proporcional ou misto. Na segunda, o novo bem passa a integrar apenas uma massa (próprios ou comuns), que deve, no entanto, compensar a outra. É o sistema de compensações. O Código Civil não admite o sistema de compensações; tão somente o de reemprego.[69]

6.2.2.1.4 Prova do caráter próprio ou comum de um bem

A presunção de comunicabilidade ou de aquestos, prevista no art. 1.662 do CC, limita-se aos bens móveis. Trata-se de presunção *juris tantum*.

Com relação aos bens imóveis a forma específica do ato e a necessidade de transcrevê-lo no registro imobiliário asseguram a prova e o conhecimento por terceiros.

6.2.3 Participação final nos aquestos

O Código Civil de 2002 inovou em relação aos regimes matrimoniais de bens ao prever o regime de participação final nos aquestos, que não estava disciplinado no Código Civil de 1916 mas é previsto em diversos Países da Europa, como Alemanha, França, Espanha e Portugal, e agora pode ser adotado pelos cônjuges por opção formalizada no pacto antenupcial.

---

68. Carlos Roberto Gonçalves, *Direito Civil Brasileiro – Direito de Família*, cit., 7ª ed., vol. 6, p. 459.
69. José Lamartine Corrêa de Oliveira e Francisco José Ferreira Muniz, *Curso de Direito de Família*, cit., 3ª ed., p. 401.

Segundo Wilfried Schlüter, na Alemanha o aquesto é o montante do valor em que o patrimônio final de um cônjuge excede seu patrimônio inicial. Se um cônjuge alcançou aquesto maior, então, aquele com aquesto menor tem contra o outro uma pretensão de pagamento no valor da metade excedente. Há uma prerrogativa de compensação de aquestos em que o montante depende decisivamente do cálculo do patrimônio inicial e final de cada cônjuge. Quanto menor for a avaliação do patrimônio inicial e maior o patrimônio final, então, maior será o ganho que resulta da diferença do patrimônio inicial e final. Ao contrário, quanto maior a avaliação do patrimônio inicial e menor a do patrimônio final, então, menor é o aquesto. Patrimônio inicial é o patrimônio que pertence a um cônjuge no início da vigência do regime de bens, após serem deduzidas as dívidas. Se as dívidas são maiores que o patrimônio ativo, então, elas somente podem ser deduzidas até o valor do patrimônio ativo, de forma que o patrimônio inicial jamais pode ter valor menor que zero; e desta maneira evita-se que surjam pretensões de compensação de aquestos através do suporte de antigas dívidas. O patrimônio final também é verificado subtraindo-se as dívidas do patrimônio ativo existente no final do regime de bens. Para evitar que um cônjuge possa, de maneira desleal, dilapidar a prerrogativa de aquesto do outro, ao patrimônio final é acrescido o valor no qual o patrimônio foi diminuído em razão de o cônjuge, após o início do regime de bens, ter feito alienações gratuitas legalmente não justificadas, ter desperdiçado o patrimônio ou praticado outros atos com intenção de prejuízo. O valor do patrimônio alienado desta forma orienta-se pelo momento da sua diminuição.[70]

Preceitua o Código Civil que no regime de participação final nos aquestos cada cônjuge tem patrimônio próprio (isto é, os bens que cada cônjuge possuía ao casar e os por ele adquiridos, a qualquer título, na constância do casamento, e que serão administrados exclusivamente por cada cônjuge, conforme dispõe o art. 1.673) e lhe cabe, à época da dissolução da sociedade conjugal, direito à metade dos bens adquiridos pelo casal, a título oneroso, na constância do casamento (CC, art. 1.672).

---

70. Wilfried Schlüter, *Código Civil Alemão. Direito de Família*, Porto Alegre, Sérgio Antônio Fabris Editor, 2002, pp. 189-193.

Para Maria Helena Diniz, "neste novo regime de bens há formação de massas de bens particulares incomunicáveis durante o casamento, mas que se tornam comuns no momento da dissolução do matrimônio. Na constância do casamento os cônjuges têm a expectativa de direito à meação, pois cada um só será credor da metade do que o outro adquiriu, a título oneroso, durante o matrimônio (CC, art. 1.672), se houver dissolução da sociedade conjugal. Há, portanto, dois patrimônios, o *inicial*, que é o conjunto dos bens que possuía cada cônjuge à data das núpcias e os que foram por ele adquiridos, a qualquer título, durante a vigência matrimonial (CC, art. 1.673), e o *final*, verificável no momento da dissolução do casamento (CC, art. 1.674)".[71]

Segundo Carlos Roberto Gonçalves: "É, na realidade, um regime de separação de bens, enquanto durar a sociedade conjugal, tendo cada cônjuge a exclusiva administração de seu patrimônio pessoal, integrado pelos que possuía ao casar e pelos que adquirir a qualquer título na constância do casamento, podendo livremente dispor dos móveis e dependendo da autorização do outro para os imóveis (CC, art. 1.673, parágrafo único). Somente após a dissolução da sociedade conjugal serão apurados os bens de cada cônjuge, cabendo a cada um deles – ou a seus herdeiros, em caso de morte, como dispõe o art. 1.685 – a metade dos adquiridos pelo casal, a título oneroso, na constância do casamento".[72]

De acordo com José Lamartine Corrêa de Oliveira e Francisco José Ferreira Muniz, a participação final nos aquestos é um regime híbrido. Ele funciona na fase de nascimento e desenvolvimento do regime como o de separação de bens. Do início ao fim do regime cada um dos cônjuges é proprietário dos bens que levou para o casamento e de todos os adquiridos na sua constância, qualquer que seja o título de aquisição.[73]

Os cônjuges têm autonomia recíproca de gestão. Cada um conserva a administração, o gozo e a livre disposição de seus bens, se forem móveis (CC, art. 1.673, parágrafo único). O pacto antenupcial pode

71. Maria Helena Diniz, *Curso de Direito Civil Brasileiro – Direito de Família*, cit., 24ª ed., vol. 5, p. 183.
72. Carlos Roberto Gonçalves, *Direito Civil Brasileiro – Direito de Família*, cit., 7ª ed., vol. 6, p. 470.
73. José Lamartine Corrêa de Oliveira e Francisco José Ferreira Muniz, *Curso de Direito de Família*, cit., 3ª ed., p. 401. V. também Carlos Roberto Gonçalves, *Direito Civil Brasileiro – Direito de Família*, cit., 7ª ed., vol. 6, p. 470.

prever a livre disposição dos bens imóveis particulares do alienante (CC, art. 1.656). A falta de previsão dessa cláusula no pacto antenupcial impede a alienação dos bens imóveis (CC, art. 1.647, I).[74]

Cada cônjuge tem suas próprias dívidas: inexiste um passivo comum. Todos os bens do cônjuge anteriores ou posteriores ao casamento respondem pelas obrigações contraídas. Na fase de dissolução há uma participação recíproca nos bens adquiridos na constância do casamento. Cada cônjuge participa dos ganhos (metade) do outro. Reserva-se para o fim do regime a partilha dos ganhos que se realizaram durante o casamento, isto é, a partilha dos bens adquiridos a título oneroso por qualquer dos cônjuges, durante o casamento.[75]

A apuração do acervo partilhável será feita levando em conta a data em que cessou a convivência (CC, art. 1.683), e não a data em que foi decretada ou homologada a separação judicial ou o divórcio.[76] A operação é aritmética. Pressupõe a determinação e a avaliação dos bens que formam o patrimônio originário e o patrimônio final. O patrimônio originário é constituído dos bens de cada cônjuge no dia do casamento e os advindos por sucessão ou liberalidade na vigência do matrimônio. O patrimônio final de cada cônjuge compreende os bens dos quais é proprietário no dia da dissolução do regime. A subtração do patrimônio originário do patrimônio final indicará se houve ganhos. Os ganhos de um e de outro cônjuge compensam-se, e o saldo é dividido por dois. O resultado final permite determinar o cônjuge credor e o montante de seu crédito.[77]

O art. 1.684 do CC admite a reposição em dinheiro se não for possível nem conveniente a divisão de todos os bens. Nesse caso, os bens necessários a equalizar a partilha serão avaliados e alienados mediante autorização judicial.

Segundo o art. 1.681 do CC, os bens imóveis são de propriedade do cônjuge em cujo nome constarem no registro, mas nada impede que o outro cônjuge impugne a titularidade; e, nesse caso, segundo dispõe o

---

74. Sílvio Luís Ferreira da Rocha, *Introdução ao Direito de Família*, cit., p. 117.
75. Idem, p. 118.
76. Carlos Roberto Gonçalves, *Direito Civil Brasileiro – Direito de Família*, cit., 7ª ed., vol. 6, p. 470.
77. José Lamartine Corrêa de Oliveira e Francisco José Ferreira Muniz, *Curso de Direito de Família*, cit., 3ª ed., p. 403.

parágrafo único do referido artigo, inverte-se o ônus da prova, de modo que caberá ao cônjuge proprietário provar que adquiriu o imóvel com recursos próprios e exclusivos, sem a participação do outro.[78]

6.2.4 Do regime da separação

O que caracteriza o regime da separação de bens é a completa separação de patrimônio dos cônjuges, pois entre eles não se estabelece nenhuma comunicação. A cada um o seu (CC, art. 1.687). Segundo Maria Helena Diniz, o regime de separação de bens vem a ser aquele em que cada consorte conserva com exclusividade o domínio, posse e administração de seus bens presentes e futuros e a responsabilidade pelos débitos anteriores e posteriores ao matrimônio, de modo que existem dois patrimônios distintos e separados: o do marido e o da mulher.[79]

O regime da separação pode ser legal (hipóteses obrigatórias previstas no art. 1.641 do CC) ou convencional (depende de adoção em pacto antenupcial).

Em certas circunstâncias a lei o impõe com o nítido propósito de proteger o nubente ou o terceiro, como no casamento: (a) das pessoas que o contraírem com a inobservância das causas suspensivas da celebração do casamento; (b) da pessoa maior de 70 anos (conforme alteração introduzida no inciso II do art. 1.641 do CC pela Lei 12.344, de 9.12.2010); (c) de todos os que dependerem, para casar, de suprimento judicial.

Fora dessas hipóteses o regime da separação judicial depende de instituição no pacto antenupcial (CC, art. 1.639).

Diz-se pura a separação de bens quando for absoluta e irrestrita, de modo a abranger todos os bens presentes e futuros e seus frutos e rendimentos. Na separação pura cada cônjuge conserva a propriedade de seus bens. Há dois patrimônios independentes. O bem adquirido em comum origina um condomínio, e não uma comunhão, e autoriza qual-

---

78. Carlos Roberto Gonçalves, *Direito Civil Brasileiro – Direito de Família*, cit., 7ª ed., vol. 6, p. 472.
79. Maria Helena Diniz, *Curso de Direito Civil Brasileiro – Direito de família*, cit., 24ª ed., vol. 5, p. 191.

quer dos cônjuges a pedir a divisão.[80] Cada cônjuge administra livremente seus bens e suporta as obrigações correspondentes. Pelas dívidas respondem apenas os bens do devedor. Segundo Carlos Roberto Gonçalves, quando se convenciona o regime da separação absoluta de bens o casamento não repercute na esfera patrimonial dos cônjuges, pois a incomunicabilidade envolve todos os bens presentes e futuros, frutos e rendimentos, conferida autonomia a cada um na gestão do próprio patrimônio. Cada consorte conserva a propriedade dos bens que trouxer para o casamento, bem como os que forem a ele sub-rogados, e dos que cada um adquirir a qualquer título na constância do matrimônio, observadas as condições do pacto antenupcial.[81]

A separação de bens é limitada quando for circunscrita aos bens presentes, comunicando-se, todavia, os frutos e rendimentos e os bens futuros adquiridos na constância do casamento.[82]

Os bens imóveis, para serem alienados ou onerados, dependem de consentimento do outro cônjuge. É a regra do art. 1.687 do CC.

6.2.4.1 Responsabilidade pelas dívidas na separação de bens

O cônjuge devedor responde por suas obrigações com seus bens, salvo se forem dívidas contraídas com a finalidade de atender aos encargos da vida familiar. Ambos os cônjuges são obrigados a contribuir para as despesas do casal na proporção dos rendimentos de seu trabalho e de seus bens, mas podem, no entanto, estabelecer no pacto antenupcial a quota de participação de cada um ou a dispensa do encargo, bem como as normas sobre a administração dos bens (CC, art. 1.688).[83]

80. Maria Helena Diniz, *Curso de Direito Civil Brasileiro – Direito de Família*, cit., 24ª ed., vol. 5, p. 194; Sílvio Luís Ferreira da Rocha, *Introdução ao Direito de Família*, cit., p. 119.
81. Carlos Roberto Gonçalves, *Direito Civil Brasileiro – Direito de Família*, cit., 7ª ed., vol. 6, p. 474.
82. Maria Helena Diniz, *Curso de Direito Civil Brasileiro – Direito de Família*, cit., 24ª ed., vol. 5, p. 194; Sílvio Luís Ferreira da Rocha, *Introdução ao Direito de Família*, cit., p. 119.
83. Carlos Roberto Gonçalves, *Direito Civil Brasileiro – Direito de Família*, cit., 7ª ed., vol. 6, p. 475.

6.2.4.2 Dissolução e liquidação na separação de bens

Cada um dos cônjuges retoma seus bens, dos quais ele tem o gozo e a administração.

Na vigência do Código Civil de 1916 a separação pura dependia de estipulação no pacto antenupcial, porque do contrário ocorria a separação limitada, com a comunicação dos aquestos, em virtude do que dispunha o art. 259. Com a previsão do regime de participação final nos aquestos parece-nos que a regra se inverteu: a separação limitada de bens depende de previsão expressa no pacto antenupcial; na falta de previsão prevalecerá a separação ilimitada.[84]

A comunicação dos aquestos ocorre também no regime da separação legal de bens, por força do que dispõe a Súmula 377 do STF: "No regime de separação legal de bens, comunicam-se os adquiridos na constância do casamento".

Maria Helena Diniz admite a comunicabilidade dos bens futuros no regime de separação obrigatória, para evitar enriquecimento indevido (CC, arts. 884 e 886), desde que os bens tenham sido adquiridos com o esforço comum do trabalho e da economia de ambos os cônjuges, diante do princípio de que entre os consortes se constitui uma sociedade de fato, por haver comunhão de interesses.[85] Para Arnaldo Rizzardo, "no regime de separação legal a exegese mais correta é a que sustenta a comunicabilidade dos aquestos, quando formados pela atuação comum do marido e da mulher, pois se na sociedade de fato prevalece tal solução, quanto mais no casamento, que é um *plus*, uma união institucionalizada e protegida por todos os ordenamentos jurídicos".[86]

6.2.5 Doações antenupciais

Os noivos podem, no pacto antenupcial, realizar doações recíprocas de bens que não ultrapassem metade de seus bens. Terceiro também pode fazer doações recíprocas ou a um ou outro nubente.

---

84. Sílvio Luís Ferreira da Rocha, *Introdução ao Direito de Família*, cit., p. 119.
85. Maria Helena Diniz, *Curso de Direito Civil Brasileiro – Direito de família*, cit., 24ª ed., vol. 5, p. 196.
86. Arnaldo Rizzardo, *Direito de Família*, cit., 4ª ed., p. 662.

Essas doações serão válidas somente se o casamento se realizar (CC, art. 546). De acordo com a lição de Georgette N. Nazo, citada por Maria Helena Diniz, "a eficácia das doações antenupciais subordina-se à realização de evento futuro ou incerto, ou seja, do casamento, que funciona como condição suspensiva, uma vez que, em não se efetivando, não se tem liberalidade alguma, sendo, portanto, negócios jurídicos condicionais e solenes. Perde a doação todo o valor se um dos nubentes falecer ou se casar com outra pessoa".[87]

Nula será a doação entre cônjuges no regime obrigatório de separação de bens, embora a nulidade não alcance a aquisição de bens com o dinheiro doado, pois, no caso, deve haver apenas a reposição do valor dado.[88]

Se o regime de bens adotado no pacto antenupcial for o da comunhão universal, a doação deve ser feita com cláusula de incomunicabilidade.

---

87. Maria Helena Diniz, *Curso de Direito Civil Brasileiro – Direito de Família*, cit., 24ª ed., vol. 5, p. 203.
88. Idem, p. 204.

Capítulo 7
CRISE DO MATRIMÔNIO. CAUSAS DE DISSOLUÇÃO DA SOCIEDADE CONJUGAL E DO MATRIMÔNIO

7.1 Considerações gerais. 7.2 Causas de separação e divórcio: 7.2.1 Sanção – 7.2.2 Remédio. 7.3 Da separação judicial: 7.3.1 Considerações gerais – 7.3.2 Separação por mútuo consentimento: 7.3.2.1 O procedimento administrativo mediante escritura pública para a separação e o divórcio consensuais – 7.3.3 Separação litigiosa: 7.3.3.1 A separação litigiosa fundada no princípio da culpa – 7.3.3.2 A separação baseada no princípio da ruptura: 7.3.3.2.1 A cláusula de dureza – 7.3.4 Efeitos da separação: 7.3.4.1 Efeitos pessoais da separação: 7.3.4.1.1 A guarda dos filhos – 7.3.4.1.2 Nome do outro cônjuge – 7.3.4.1.3 A pensão alimentícia devida ao ex-cônjuge – 7.3.4.1.4 Permanência do dever dos pais de sustento dos filhos – 7.3.4.2 Efeitos patrimoniais da separação: 7.3.4.2.1 A partilha de bens – 7.3.5 Caráter pessoal da ação de separação judicial – 7.3.6 O restabelecimento da sociedade conjugal. 7.4 Divórcio: 7.4.1 Espécies: 7.4.1.1 Divórcio direto – 7.4.1.2 Conversão da separação judicial em divórcio – 7.4.2 Efeitos do divórcio – 7.4.3 A nova redação dada ao art. 226, § 6º, da CF.

7.1 Considerações gerais

A morte de um dos cônjuges, a nulidade ou anulação do casamento, a separação judicial e o divórcio podem terminar com a sociedade conjugal criada pelo matrimônio (CC, art. 1.571), enquanto a morte ou o divórcio podem também dissolver o vínculo originado do matrimônio válido (CC, art. 1.571, § 1º).

A dissolução do vínculo é mais ampla que a dissolução da sociedade conjugal, porque permite novo matrimônio, enquanto a dissolução da sociedade conjugal apenas põe fim à sociedade conjugal e aos deveres inerentes a ela.

Interessam-nos os institutos da separação judicial e do divórcio, ligados diretamente à crise do matrimônio, que, se não for superada, certamente irá resolver-se com a separação ou com o divórcio.

A Emenda Constitucional 66, de 13.7.2010, modificou o § 6º do art. 226 da CF e permitiu o uso do divórcio de forma ampla, de modo que o ordenamento jurídico reconhece, agora, como solução para a crise do matrimônio, o divórcio, que põe fim à sociedade conjugal e dissolve o vínculo do matrimônio.

7.2 Causas de separação e divórcio

As causas da separação e do divórcio variam de legislação a legislação, de modo que é possível classificá-las a partir da sua finalidade e da sua natureza, que, assim, podem revestir o caráter de sanção ou remédio.

7.2.1 Sanção

As causas sancionadoras permitem considerar o divórcio ou a separação uma sanção, um castigo aplicável ao cônjuge ofensor, de modo que entre os cônjuges configura-se uma situação de ofensor e ofendido, na qual o ofendido imputa ao ofensor graves violações aos deveres do matrimônio.[1]

Nesse sentido, a causa de pedir do divórcio ou da separação é a grave violação dos deveres do matrimônio, como o adultério, a agressão, os maus-tratos, o atentado contra a vida do outro cônjuge ou dos filhos ou o alcoolismo crônico, a toxicomania.

A separação ou divórcio-sanção deve ser requerida pelo cônjuge ofendido; a sentença de procedência da ação concluirá pela culpa do cônjuge ofensor e lhe atribuirá a responsabilidade pela separação ou divórcio.

7.2.2 Remédio

A separação ou divórcio-remédio fundamenta-se em motivos objetivos ou pessoais que perturbam ou dificultam a manutenção da socie-

---

1. Sílvio Luís Ferreira da Rocha, *Introdução ao Direito de Família*, São Paulo, Ed. RT, 2004, p. 122.

dade conjugal, como doença mental incurável, causas pessoais, como incompatibilidade de gênios, mútuo consentimento, declaração de morte presumida, sem configurar comportamento culposo imputável a qualquer um dos cônjuges.[2]

7.3 Da separação judicial

7.3.1 Considerações gerais

O Código Civil brasileiro de 1916, à época em que vigorava entre nós o princípio da indissolubilidade do vínculo matrimonial, oferecia o desquite (atualmente denominado *separação judicial*) em duas modalidades – o amigável ou o litigioso – como a única alternativa aos casais cuja vida em comum se tornara insuportável. Este último – o litigioso – demandava a prova da existência de uma das causas que o autorizavam, enumeradas no art. 317 do CC de 1916: (a) tentativa de morte; (b) sevícia; (c) injúria grave; (d) abandono voluntário do lar conjugal durante dois anos contínuos. A injúria grave era causa genérica que tinha a função de alargar as hipóteses descritas no sistema, de modo a abranger as violações de deveres não enquadráveis em nenhuma das causas expressamente descritas.[3]

Com a retirada do princípio da indissolubilidade do vínculo matrimonial – o que ocorreu com a aprovação da Emenda Constitucional 9/1977, que admitiu o divórcio –, a separação judicial foi mantida no ordenamento jurídico pelo art. 3º da Lei 6.515/1977. De acordo com o sistema da Emenda Constitucional 9/1977 e da Lei do Divórcio, a separação judicial representava o prelúdio necessário do divórcio, na medida em que se adotou como regra o divórcio-conversão, reservado o divórcio direto apenas àqueles que se encontrassem separados de fato há mais de cinco anos, e desde que a separação tivesse tido início anteriormente a 28.6.1977.[4]

Pelo sistema inaugurado pela Lei 6.515/1977 conviviam três modalidades de separação judicial: a por mútuo consentimento ou a denominada separação consensual (art. 4º) e duas modalidades de

---

2. Sílvio Luís Ferreira da Rocha, *Introdução ao Direito de Família*, cit., p. 122.
3. Idem, p. 123.
4. Yussef Said Cahali, *Divórcio e Separação*, São Paulo, Ed. RT, p. 79.

litigiosas, informadas pelo princípio da culpa (art. 5º, *caput*) ou pelo princípio da ruptura.[5]

A Constituição Federal de 1988 e a Lei 7.841/1989 introduziram um sistema mais flexível, a critério dos interessados: ou a separação judicial dos cônjuges para sua conversão em divórcio após um ano ou o divórcio direto após dois anos de separação de fato, iniciada a qualquer tempo.[6]

Esse sistema foi preservado pelo Código Civil de 2002, que manteve a separação judicial e a possibilidade de divórcio direto no caso de comprovada separação de fato por mais de dois anos (CC, art. 1.580, § 2º).

7.3.2 Separação por mútuo consentimento

Na separação por mútuo consentimento marido e mulher manifestam em conjunto a vontade de colocar fim à sociedade conjugal e estabelecem regras que disciplinam, entre outros assuntos, prestação de alimentos, guarda dos filhos, partilha dos bens, por intermédio de petição assinada na presença do juiz ou com firma reconhecida (CC, art. 1.574).[7]

A separação por mútuo consentimento pressupõe que os cônjuges estejam casados há mais de um ano (CC, art.1.574), pois antes desse prazo permite-se tão somente a separação litigiosa, sob o fundamento de que o pouco tempo de casados desaconselharia a concessão de separação por mútuo consentimento.[8]

A separação por mútuo consentimento dispensa a indicação de qualquer causa ou discussão sobre a culpa do outro cônjuge.

O acordo, peça fundamental da separação por mútuo consentimento, deve tratar da guarda dos filhos menores, do valor da contribuição para criação e educação dos filhos; do valor da pensão alimentícia devida a um dos cônjuges; do regime de visitas e partilha dos bens – muito embora a partilha de bens possa ser relegada para momento posterior, até mesmo depois do divórcio (CC, art. 1.581).[9]

---

5. Sílvio Luís Ferreira da Rocha, *Introdução ao Direito de Família*, cit., p. 124.
6. Idem, ibidem.
7. Sílvio Luís Ferreira da Rocha, *Introdução ao Direito de Família*, cit., p. 124.
8. Idem, p. 125.
9. Sílvio Luís Ferreira da Rocha, *Introdução ao Direito de Família*, cit., p. 125.

É lícito aos cônjuges, dotados de recursos ou rendimentos próprios, dispensar reciprocamente a cooperação financeira entre eles, sem o efeito de renúncia definitiva; mas não se permite que os genitores deixem de contribuir para as despesas dos filhos, na proporção de seus ganhos.[10]

O magistrado deverá ouvir cada cônjuge em separado, para se certificar do propósito deles em separar-se e a respeito da possibilidade de conciliação. Escutada as partes, o juiz ratificará o acordo e o homologará, por sentença, após manifestação do Ministério Público.

O juiz pode examinar o conteúdo do acordo e recusar-se a homologá-lo se verificar que o acordo contraria a ordem pública ou os bons costumes, não respeita o direito de personalidade do cônjuge ou dos filhos ou contraria os interesses dos filhos menores[11] (CC, art. 1.574, parágrafo único). O juiz pode recusar a homologação, mas não alterar as cláusulas pactuadas pelas partes, que, inconformadas com a recusa da homologação, podem recorrer.[12]

7.3.2.1 O procedimento administrativo mediante escritura pública para a separação e o divórcio consensuais

A Lei 11.441, de 4.1.2007, mediante a inserção no Código de Processo Civil do art. 1.124-A, facultou a realização de separações, divórcios e partilhas consensuais por meio de escritura pública lavrada em cartório de notas quando os interessados forem capazes, não tiverem filhos menores ou incapazes e estiverem de acordo com o ajuste – afastado, com isso, o recurso ao Poder Judiciário.[13]

O recurso ao tabelião é facultativo. Fica a critério das partes, desde que: não existam filhos menores ou incapazes do casal; as partes estejam de pleno acordo acerca de todas as questões possíveis da separação ou divórcio; haja decorrido pelo menos o prazo de um ano da celebração do casamento, para a separação, ou o prazo de dois anos de separação

---

10. Caio Mário da Silva Pereira, *Instituições de Direito Civil – Direito de Família*, 14ª ed., vol. V, Rio de Janeiro, Forense, 2004, p. 270.
11. José Lamartine Corrêa de Oliveira e Francisco José Ferreira Muniz, *Curso de Direito de Família*, 3ª ed., Curitiba, Juruá, 2000, p. 465.
12. Maria Helena Diniz, *Curso de Direito Civil Brasileiro – Direito de Família*, 24ª ed., vol. 5, São Paulo, Saraiva, 2009, p. 256.
13. A Resolução 35 do Conselho Nacional de Justiça tratou também do assunto.

de fato, para o divórcio direto; o acordo seja lavrado perante tabelião de notas e conte com a assistência de advogado.

Assim, o procedimento administrativo poderá ser adotado se não houver filhos menores ou incapazes do casal – o que revela, de início, que a existência de filhos menores ou incapazes impede a dissolução da sociedade conjugal ou do casamento pelo recurso à escritura pública.[14]

A escritura pública não é sigilosa. O tabelionato de notas deverá ter, no entanto, uma sala reservada, para proporcionar maior privacidade às partes.[15]

Como ocorre na separação judicial e no divórcio judicial consensual, a escritura pública deve obrigatoriamente retratar a decisão livre do casal de dissolver a sociedade conjugal ou o casamento e expressar as regras que irão disciplinar a ruptura da sociedade conjugal, como a partilha dos bens comuns; o valor dos alimentos que um dos cônjuges pagará ao outro, ou sua dispensa; o uso, ou não, do nome de solteiro.

Qualquer discordância impede o tabelião de lavrar a escritura, não obstante as partes possam postergar a decisão acerca da partilha dos bens ou a resolução dos alimentos. Segundo Carlos Roberto Gonçalves, não há empeço, efetivamente, a que os cônjuges releguem a discussão sobre a partilha para o futuro, realizando-a de forma amigável ou judicial, pelas vias ordinárias, porquanto o art. 1.581 do CC e a Súmula 197 do STJ autorizam a dissolução do casamento sem partilha do patrimônio comum e, malgrado se refiram ao divórcio consensual, não há motivo para que não se apliquem também à separação por mútuo consentimento.[16]

O casal que não tiver bens a partilhar deve declarar o fato. O casal que tiver bens mas nada tratar acerca da partilha terá o patrimônio em regime de condomínio a ser extinto oportunamente. O casal que na partilha transmitir bens ficará sujeito ao recolhimento do imposto de transmissão de bens *inter vivos*.[17]

---

14. Carlos Roberto Gonçalves, *Direito Civil Brasileiro – Direito de Família*, 7ª ed., vol. 6, São Paulo, Saraiva, 2010, p. 221.
15. Maria Helena Diniz, *Curso de Direito Civil Brasileiro – Direito de Família*, cit., 24ª ed., vol. 5, p. 330.
16. Carlos Roberto Gonçalves, *Direito Civil Brasileiro – Direito de Família*, cit., 7ª ed., vol. 6, p. 222.
17. Idem, ibidem. Nesse sentido Maria Helena Diniz (*Curso de Direito Civil Brasileiro – Direito de Família*, cit., 24ª ed., vol. 5, p. 331), para quem "na partilha

CRISE DO MATRIMÔNIO: CAUSAS DE DISSOLUÇÃO 113

Os alimentos combinados deverão constar da escritura. A omissão na prestação alimentar não impede a lavratura da escritura, nem que qualquer um dos consortes no futuro reclame alimentos. No silêncio do acordo, deve-se presumir ou que nenhum dos cônjuges necessita de alimentos ou que optaram por discutir a questão no Judiciário, para que possa ser utilizado o procedimento especial, que prevê a prisão do devedor no caso de ele descumprir a obrigação alimentar.[18]

O acordo deve tratar da alteração do sobrenome, com o retorno ao nome de solteiro. No silêncio do ajuste presume-se a opção por conservá-lo. A cláusula alusiva ao nome dos separados ou divorciados é passível de posterior modificação unilateral mediante declaração do interessado na volta ao uso do nome de solteiro, em nova escritura pública, mediante assistência de advogado.[19]

A escritura pública não depende de homologação judicial e constitui título hábil para o registro civil e o registro de imóveis, de modo que o acordo extintivo das núpcias ou da sociedade conjugal não comporta objeção ou interferência do Estado e produz efeitos imediatos na data da sua lavratura.[20] Pela Resolução 35/2007 do Conselho Nacional de Justiça/CNJ, art. 43, na escritura pública deve constar que as partes foram orientadas sobre a necessidade de apresentação de seu traslado no registro civil do assento de casamento para a averbação devida. O traslado da escritura pública de separação consensual será apresentado ao oficial de registro civil do respectivo assento de casamento, para a averbação necessária, independentemente de autorização judicial e de audiência do Ministério Público (Resolução CNJ-35/2007, art. 40).[21]

em que houver transmissão de propriedade do patrimônio individual de um cônjuge ao outro, ou a partilha desigual do patrimônio comum, deverá ser comprovado o recolhimento do tributo devido sobre a fração transferida (Resolução 35/2007 do CNJ, arts. 37 e 38)".
  18. Carlos Roberto Gonçalves, *Direito Civil Brasileiro – Direito de Família*, cit., 7ª ed., vol. 6, p. 222.
  19. Maria Helena Diniz, *Curso de Direito Civil Brasileiro – Direito de Família*, cit., 24ª ed., vol. 5, p. 332; Carlos Roberto Gonçalves, *Direito Civil Brasileiro – Direito de Família*, cit., 7ª ed., vol. 6, p. 223.
  20. Maria Helena Diniz, *Curso de Direito Civil Brasileiro – Direito de Família*, cit., 24ª ed., vol. 5, p. 332; Carlos Roberto Gonçalves, *Direito Civil Brasileiro – Direito de Família*, cit., 7ª ed., vol. 6, p. 223.
  21. Maria Helena Diniz, *Curso de Direito Civil Brasileiro – Direito de Família*, cit., 24ª ed., vol. 5, p. 333.

O acordo, lavrada a escritura, é irretratável; apenas erros materiais podem ser corrigidos.[22]

A escolha do tabelião de notas é livre; não se aplica na escolha do tabelião nenhuma regra de competência.[23]

Os cônjuges podem ser representados por procurador com poderes específicos, outorgados por instrumento público. Maria Helena Diniz entende ser necessário o comparecimento pessoal dos cônjuges ao cartório, que não podem ser representados por mandatário, mesmo munido de poderes especiais, dada a gravidade dos efeitos do ato que provocará a extinção da sociedade conjugal.[24]

Desnecessárias a participação do Ministério Público no ato de lavratura da escritura pública em cartório, por inexistir interesse público que a justifique, bem como a participação de testemunhas do ato.[25]

A prova do decurso de um ano da celebração do casamento para a separação consensual extrajudicial é feita pela apresentação da certidão de casamento, mas a prova de dois anos de separação de fato, para o divórcio direto, deve ser feita pela consignação na escritura, pelo tabelião, do depoimento de ao menos uma testemunha que conheça os fatos, na qualidade de terceiro interveniente, ou, em caráter excepcional, na falta de outra pessoa, pelo depoimento de parente das partes, plenamente capaz, ou até mesmo pela apresentação de declarações de testemunhas com firmas reconhecidas ou, ainda, outros meios de prova do lapso temporal de separação de fato, como ação de alimentos e ação cautelar de separação de corpos anteriormente ajuizadas.[26]

A conversão da separação judicial em divórcio, se consensual, pode ser feita também por escritura pública, mantidas as condições estipuladas na separação.[27]

22. Carlos Roberto Gonçalves, *Direito Civil Brasileiro – Direito de Família*, cit., 7ª ed., vol. 6, p. 224.
23. Maria Helena Diniz, *Curso de Direito Civil Brasileiro – Direito de Família*, cit., 24ª ed., vol. 5, p. 330; Carlos Roberto Gonçalves, *Direito Civil Brasileiro – Direito de Família*, cit., 7ª ed., vol. 6, p. 224.
24. Maria Helena Diniz, *Curso de Direito Civil Brasileiro – Direito de Família*, cit., 24ª ed., vol. 5, p. 333.
25. Carlos Roberto Gonçalves, *Direito Civil Brasileiro – Direito de Família*, cit., 7ª ed., vol. 6, p. 224.
26. Idem, p. 225.
27. Idem, p. 226.

O ato deverá contar obrigatoriamente com a assistência de advogado ou defensor público, que serão qualificados e assinarão o ato notarial. A assistência não é a simples presença formal, mas efetiva orientação do casal, que resulte no esclarecimento das dúvidas de caráter jurídico e na redação da minuta do acordo para a lavratura da escritura pública.[28] Dispensada a exibição de procuração quando as partes estão presentes; nesse caso as partes e os advogados comparecem ao ato e subscrevem a escritura, estes últimos omo assistentes das partes.[29]

7.3.3 Separação litigiosa

7.3.3.1 A separação litigiosa fundada no princípio da culpa

A culpa de um dos cônjuges pode constituir o motivo da separação na denominada *separação-sanção*, na medida em que a decretação da separação é vista como uma pena imposta ao cônjuge infrator.

O art. 1.572 do CC disciplina os motivos que permitem a *separação-sanção* por meio de uma cláusula geral que utiliza a expressão "ato que importe grave violação dos deveres do casamento e que torne insuportável a vida em comum", exemplificado no art. 1.573 do CC como o adultério, a sevícia ou injúria grave, a tentativa de morte e maus-tratos, o abandono voluntário do domicílio conjugal, a condenação por crime infamante, a conduta desonrosa.[30]

O adultério (CC, art. 1.573, I) é a prática voluntária de relações sexuais com pessoa pertencente ao sexo oposto diversa da pessoa do cônjuge. A situação de adultério é composta de um elemento objetivo,

---

28. Carlos Roberto Gonçalves, *Direito Civil Brasileiro – Direito de Família*, cit., 7ª ed., vol. 6, p. 226.
29. Idem, ibidem.
30. Para Sílvio de Salvo Venosa (*Direito Civil: Direito de Família*, 6ª ed., São Paulo, Atlas, 2006, p. 233), "todo o artigo mostra-se inútil, não só porque a matéria estava solidificada na doutrina e na jurisprudência dos últimos anos, como também porque o parágrafo permite que o juiz considere outros fatos que tornem evidente a impossibilidade da vida em comum. Volta-se, em síntese, ao *caput* do art. 1.572". No mesmo sentido Carlos Roberto Gonçalves (*Direito Civil Brasileiro – Direito de Família*, cit., 7ª ed., vol. 6, p. 243), para quem, "depois de elencar as hipóteses que podem caracterizar a insuportabilidade da vida em comum, o novo diploma outorga ao juiz a faculdade de considerar 'outros fatos que tornem evidente a insuportabilidade da vida em comum', demonstrando que o aludido rol é meramente exemplificativo".

que é a relação sexual com pessoa diversa do cônjuge, e um elemento subjetivo, que é a vontade de ter e manter tais relações. Portanto, não se incluem no conceito de adultério todas as formas de relação sexual não consentida ou desejada, decorrentes, por exemplo, de estupro ou atentado violento ao pudor.[31] Negava-se o desquite por adultério se o comércio sexual se realizava por erro comprovado, como no caso de supor a mulher que o praticava com o marido, ou com motivos para acreditá-lo morto; e o descaracterizava, igualmente, o estado de abulia ou falta de comando da consciência, como a hipnose, o sonambulismo, a embriaguez involuntária, a coação material ou moral e outros semelhantes.[32]

Outros comportamentos sexuais diversos do adultério, como a manutenção de relações sexuais com pessoa do mesmo sexo, o namoro, a decisão unilateral da mulher que se submete à inseminação heteróloga, configuram injúria grave.[33]

A tentativa de morte e os maus-tratos físicos (CC, art. 1.573, II) configuram também grave violação dos deveres matrimoniais e ensejam a *separação-sanção*. A tentativa deve ser dolosa. O cônjuge deve ter, de forma consciente e voluntária, atentado contra a vida do outro consorte.

A noção de injúria grave (CC, art. 1.573, III) não se resume a comportamentos sexuais. Ela corresponde a toda ofensa à honra, à respeitabilidade, à dignidade do cônjuge praticada por meio de atos ou palavras. É, segundo Caio Mário da Silva Pereira, todo ato que implique ofensa à integridade moral do cônjuge. Não coincide com a figura criminal, mas configuram-na também palavras e gestos ultrajantes; ofensas à respeitabilidade; a transmissão de doenças venéreas; a imputação caluniosa de adultério; as práticas homossexuais; a injusta recusa das relações sexuais; o ciúme infundado; toda sorte de atos que agravam a honra, a

---

31. Maria Helena Diniz, *Curso de Direito Civil Brasileiro – Direito de Família*, cit., 24ª ed., vol. 5, p. 259; Sílvio Luís Ferreira da Rocha, *Introdução ao Direito de Família*, cit., p. 127; Caio Mário da Silva Pereira, *Instituições de Direito Civil – Direito de Família*, cit., 14ª ed., vol. V, p. 259.
32. Caio Mário da Silva Pereira, *Instituições de Direito Civil – Direito de Família*, cit., 14ª ed., vol. V, p. 259.
33. José Lamartine Corrêa de Oliveira e Francisco José Ferreira Muniz, *Curso de Direito de Família*, cit., 3ª ed., p. 435; Sílvio Luís Ferreira da Rocha, *Introdução ao Direito de Família*, cit., p. 127; Caio Mário da Silva Pereira, *Instituições de Direito Civil – Direito de Família*, 14ª ed., vol. V, pp. 259-260.

boa fama, a dignidade do cônjuge ou lhe tragam situação vexatória ou humilhante no seu meio social ou familiar.[34] Não há necessidade de reiteração do comportamento injurioso para configurá-la. No procedimento injurioso deve ser considerado o caráter intolerável à sobrevivência da vida conjugal, motivo pelo qual o magistrado deverá apreciá-lo como circunstância de fato, que percute diversamente no ânimo do queixoso, segundo o meio social em que vive, a educação recebida, a maior ou menor sensibilidade moral em decorrência dos condicionamentos anteriores.[35]

O abandono do domicílio conjugal (CC, art. 1.573, IV) que dá ensejo à separação é o realizado de modo voluntário com a finalidade de acabar com a vida em comum. Exige o Código Civil que o abandono perdure por ao menos um ano ininterrupto. Desta forma, a retirada do lar por necessidade profissional, por tratamento de saúde, em razão de estudo ou por outra causa justificada não configura abandono do domicílio conjugal. Falta, nesses casos, o ânimo de romper a vida em comum, ou estão presentes motivos que justificam o rompimento da vida em comum, como na hipótese de o abandono se dar em função de maus-tratos cometidos pelo outro cônjuge.[36] Nota-se, portanto, que o abandono, para produzir a consequência jurídica de fundamentar o pedido de separação judicial litigiosa, deve ser voluntário, injusto e prolongado.

A condenação por crime infamante (CC, art. 1.573, V), outra causa que autoriza a separação-sanção, não foi explicada pelo Código Civil de 2002 e nem pelo Código Penal. Deve ser considerado infamante todo crime que causar repulsa generalizada, como o homicídio qualificado, o latrocínio, o tráfico de drogas, o sequestro e todos os crimes sexuais praticados com violência.[37]

A expressão "conduta desonrosa" é equívoca. Configuram conduta desonrosa (CC, art. 1.573, VI) os casos de violação do respeito do cônjuge por sua própria dignidade ou pela dignidade do outro, como a

---

34. Caio Mário da Silva Pereira, *Instituições de Direito Civil – Direito de Família*, 14ª ed., vol. V, p. 261.
35. Idem, ibidem.
36. José Lamartine Corrêa de Oliveira e Francisco José Ferreira Muniz, *Curso de Direito de Família*, cit., 3ª ed., p. 433; Sílvio Luís Ferreira da Rocha, *Introdução ao Direito de Família*, cit., p. 128.
37. Sílvio Luís Ferreira da Rocha, *Introdução ao Direito de Família*, cit., p. 129.

embriaguez habitual, o vício do jogo, a aversão ao trabalho, a vida criminosa de um dos cônjuges, a farmacodependência, o tráfico de drogas, a homossexualidade.[38]

A violação da própria dignidade, como na hipótese de embriaguez habitual, produz dano à dignidade do outro cônjuge, em face da unidade moral que envolve o casal.[39]

Estas causas, e outras a serem apreciadas pelo magistrado (CC, art. 1.573, parágrafo único), só permitem a *separação-sanção* se tornarem insuportável a vida em comum, o que deverá ser valorado a partir de critérios próprios do ofendido, como sua educação e as características de seu meio social.

A *separação-sanção* exige, portanto, a conjugação de dois fatores: a gravidade da infração e a insuportabilidade da vida em comum.

A renúncia, o perdão e a reconciliação impedem a separação-sanção. A renúncia representa a abdicação do cônjuge inocente em requerer a separação sem que isso signifique a vontade de restabelecer a vida conjugal. O perdão representa a abdicação do cônjuge inocente em requerer a separação com a intenção de restabelecer a vida conjugal. Há a superação e o esquecimento das faltas praticadas pelo cônjuge infrator. A reconciliação entre os cônjuges extingue o direito à separação. A reconciliação traduz-se em perdão às faltas cometidas, intenção de emenda do perdoado e intenção de ambos de retomar a vida conjugal.[40] Segundo Carlos Roberto Gonçalves, se o cônjuge inocente, ciente da falta

---

38. Caio Mário da Silva Pereira, *Instituições de Direito Civil – Direito de Família*, cit., 14ª ed., vol. V, p. 264. Luiz Edson Fachin (*Elementos Críticos do Direito de Família*, Rio de Janeiro, Renovar, p. 179) questiona a inserção no conceito de conduta desonrosa da embriaguez e da homossexualidade. Para ele, soa absurdo inserir no rol das condutas doenças como a embriaguez, cujo fato, em si, não deve ensejar a separação, que, nada obstante, pode derivar da insuportabilidade da vida em comum. Mostra-se estapafúrdio, ainda, incluir a homossexualidade nesse rol, um atentado ao direito da personalidade, com estribo constitucional, de construir a própria identidade sexual.
39. José Lamartine Corrêa de Oliveira e Francisco José Ferreira Muniz (*Curso de Direito de Família*, cit., 3ª ed., p. 437): "Aquele a quem se imputa a conduta desonrosa viola o dever de proteger o próprio cônjuge contra o desmerecimento no conceito público, o que é uma forma de violação de direito da personalidade do cônjuge".
40. José Lamartine Corrêa de Oliveira e Francisco José Ferreira Muniz, *Curso de Direito de Família*, cit., 3ª ed., p. 442; Sílvio Luís Ferreira da Rocha, *Introdução ao Direito de Família*, cit., p. 130.

CRISE DO MATRIMÔNIO: CAUSAS DE DISSOLUÇÃO 119

cometida pelo outro (adultério, injúria grave ou qualquer outra), prossegue coabitando com o infrator, sem que a falta provoque a repulsa ao casamento, deve-se entender que, para ele, tal infração não tornou insuportável a vida em comum, tendo-a perdoado; e, assim, inexiste causa para a decretação da separação judicial, mas cabe ao demandado alegar e provar a suportabilidade da vida em comum.[41]

7.3.3.2 A separação baseada no princípio da ruptura

Pelo princípio da ruptura, circunstâncias objetivas previamente determinadas em lei, sem se levar em conta o comportamento culposo do cônjuge, recomendam a separação, como a ruptura da vida em comum há mais de um ano consecutivo e a doença mental de um dos cônjuges.

A primeira das circunstâncias descrita no art. 1.572, § 1º, do CC consiste na "ruptura da vida em comum há mais de 1 (um) ano consecutivo e na impossibilidade de sua reconstituição".

A ruptura da vida em comum corresponde à separação de fato do casal por prazo igual ou superior a um ano. Requer-se, à evidência, efetiva interrupção da vida em comum. Não se exige, no caso, a vida em moradas diversas; é possível haver ruptura da vida em comum debaixo do mesmo teto. Não obstante permaneçam os cônjuges no mesmo imóvel, pode acontecer de não terem vida em comum, por não coabitarem o mesmo leito, não conviverem como marido e mulher – caso em que a possibilidade de fraude exige maior rigor probatório na caracterização da ruptura da vida em comum, uma vez que, em princípio, a permanência dos consortes no mesmo imóvel induz a presunção de coabitação, que não é elidida pela desarmonia dos cônjuges dentro do lar. Cuida-se, destarte, de matéria de prova, que requer exame cuidadoso das circunstâncias de cada caso.[42]

Não se exclui da contagem do prazo de um ano o período em que o casal retornou a conviver, na esperança de restabelecer a sociedade

---

41. Carlos Roberto Gonçalves, *Direito Civil Brasileiro – Direito de Família*, cit., 7ª ed., vol. 6, p. 243.
42. Carlos Roberto Gonçalves, *Direito Civil Brasileiro – Direito de Família*, cit., 7ª ed., vol. 6, p. 249; Caio Mário da Silva Pereira, *Instituições de Direito Civil – Direito de Família*, cit., 14ª ed., vol. V, p. 253.

conjugal, desde que a tentativa de reconciliação não tenha se estendido por muito tempo. Essa ruptura da vida em comum por prazo superior a um ano deve vir acompanhada da impossibilidade de reconstituição da vida em comum.[43]

A presença do elemento intencional – segundo Carlos Roberto Gonçalves e Caio Mário da Silva Pereira – é requisito exigido para a separação judicial porque às vezes a ausência prolongada de um dos cônjuges do lar decorre de causa alheia à vontade dos consortes ou de um deles, como enfermidade, necessidade profissional e até mesmo a segregação carcerária. Tais separações de fato temporárias, ditadas pelas circunstâncias, e não pelo propósito de romper a vida conjugal, não constituem fatores etiológicos da separação judicial.[44]

Requer, ainda, o § 1º do art. 1.572 do CC, para a separação judicial motivada na ruptura da vida em comum, a demonstração da impossibilidade de sua reconstituição. Basta que um dos consortes insista em separar-se definitivamente para que se considere preenchido o requisito.[45]

A segunda hipótese de separação-ruptura recai na separação amparada em grave doença mental de um dos cônjuges, cuja hipótese, prevista no art. 1.572, § 2º, do CC exige doença mental grave, duradoura, de cura improvável, manifestada após o casamento e que torne impossível a continuação da vida em comum.[46] Citada regra constava da Lei

43. José Lamartine Corrêa de Oliveira e Francisco José Ferreira Muniz, *Curso de Direito de Família*, cit., 3ª ed., p. 445. Portanto, a demonstração da improbabilidade da reconstituição da vida em comum deve ser feita através da prova de circunstâncias ou dados de fato dos quais o juiz possa tirar, pelas regras da experiência, a ilação de improbabilidade. Quer isso dizer que, ao alegar e demonstrar a existência de separação de fato há mais de um ano, o autor terá elementos de fato que serão livremente apreciados pelo juiz como indicadores da improbabilidade de reconstituição da vida em comum (Sílvio Luís Ferreira da Rocha, *Introdução ao Direito de Família*, cit., p. 131).
44. Carlos Roberto Gonçalves, *Direito Civil Brasileiro – Direito de Família*, cit., 7ª ed., vol. 6, p. 250; Caio Mário da Silva Pereira, *Instituições de Direito Civil – Direito de Família*, cit., 14ª ed., vol. V, p. 261.
45. Carlos Roberto Gonçalves, *Direito Civil Brasileiro – Direito de Família*, cit., 7ª ed., vol. 6, p. 250.
46. De acordo com Washington de Barros Monteiro (*Curso de Direito Civil – Direito de Família*, 19ª ed., São Paulo, Saraiva, p. 205), "descaridoso é esse dispositivo legal, indicando o egoísmo e hedonismo, esquecendo-se o legislador de que o casamento é para os bons e maus momentos". V. também Sílvio Luís Ferreira da Rocha, *Introdução ao Direito de Família*, cit., p. 131.

do Divórcio; o Código Civil reduziu o prazo de duração da grave doença mental de cinco para dois anos.

A gravidade é requisito objetivo avaliável pelo magistrado com base em laudo elaborado por perito nomeado, que deve considerar as circunstâncias do caso.[47] A gravidade da doença mental deve tornar insuportável a vida em comum, assim considerada sempre que não se mostrar razoável exigir do cônjuge sadio que continue a conviver como marido ou mulher do cônjuge enfermo.[48] A gravidade deve ser duradoura. O pedido somente pode ser formulado se a doença existir pelo menos há dois anos, completados à data da distribuição da ação.[49]

A doença mental deve ter reconhecido o diagnóstico de cura improvável, a ser demonstrado por perícia médica.[50] A constatação da provável incurabilidade da doença deve basear-se no parecer do perito e nas condições pessoais do enfermo.[51]

A doença mental deve ter-se manifestado depois do casamento. Com isso a lei impede que doença mental conhecida do cônjuge sadio antes do casamento sirva de fundamento para a separação.[52] Não obstante, se a doença tiver se manifestado anteriormente, mas por forma que o outro cônjuge não a tivesse conhecido nem facilmente a pudesse conhecer, deve-se reconhecer-lhe a possibilidade de invocar a doença mental como motivo da separação, pois o propósito da lei é tão somente o de impedir que o consorte sadio se prevaleça de doença que já conhecia ou devia conhecer.[53]

---

47. Cf. Caio Mário da Silva Pereira (*Instituições de Direito Civil – Direito de Família*, cit., 14ª ed., vol. V, p. 255), para quem, "na falta de um critério legal, a decisão assenta na opinião de um técnico, que terá de dar palavra convincente neste sentido. E não basta a consideração se determinada moléstia é grave genericamente considerada; cabe indagar se *in concreto* ela pode ser assim considerada. A mesma enfermidade mental poderá ser grave para um e não ser para outro, em atenção às suas condições pessoais, à sua idade ou outro fator personalíssimo".
48. Sílvio Luís Ferreira da Rocha, *Introdução ao Direito de Família*, cit., p. 132.
49. Idem, ibidem.
50. Idem, ibidem.
51. Carlos Roberto Gonçalves, *Direito Civil Brasileiro – Direito de Família*, cit., 7ª ed., vol. 6, p. 253.
52. Sílvio Luís Ferreira da Rocha, *Introdução ao Direito de Família*, cit., p. 132.
53. Carlos Roberto Gonçalves, *Direito Civil Brasileiro – Direito de Família*, cit., 7ª ed., vol. 6, p. 252.

7.3.3.2.1 A cláusula de dureza

A cláusula de dureza, prevista no art. 6º da Lei 6.515, de 26.12.1977, que permitia ao magistrado negar a separação-ruptura quando entendesse que esta, se deferida, causaria o agravamento das condições pessoais do cônjuge ou determinaria consequências morais graves para os filhos menores, foi suprimida pelo Código Civil de 2002,[54] com a justificativa de que, malgrado o dever de assistência e socorro que incumbe a um cônjuge em relação ao outro, fundado na concepção moral de que os consortes são unidos também na adversidade, não se pode negar que os fins do casamento desaparecem quando um deles, por uma fatalidade, perde a razão e o pleno gozo das faculdades mentais, razão pela qual a dissolução da sociedade conjugal decorre da impossibilidade material e moral da consecução daqueles fins.[55]

Regra de inspiração francesa e alemã de preocupações humanitárias permitia ao magistrado, diante da crueldade de certas situações, negar o pedido de separação-ruptura em razão da comiseração de que se faziam merecedores o cônjuge réu ou os filhos do casal.[56]

A cláusula de dureza era aplicada no caso de estado depressivo ou de saúde precária do réu que pudesse vir a ser agravado pela separação e no caso de filhos de tenra idade que dependessem fundamentalmente dos dois genitores.[57]

O Código Civil de 2002 não autoriza o magistrado a recusar-se a decretar a separação-ruptura, embora interpretação extensiva do parágrafo único do art. 1.574 possa, em circunstâncias excepcionais, justificar a aplicação da cláusula de dureza.[58]

---

54. Sílvio Luís Ferreira da Rocha, *Introdução ao Direito de Família*, cit., p. 132; Carlos Roberto Gonçalves, *Direito Civil Brasileiro – Direito de Família*, cit., 7ª ed., vol. 6, p. 251.

55. Carlos Roberto Gonçalves, *Direito Civil Brasileiro – Direito de Família*, cit., 7ª ed., vol. 6, p. 251.

56. José Lamartine Corrêa de Oliveira e Francisco José Ferreira Muniz, *Curso de Direito de Família*, cit., 3ª ed., p. 447; Sílvio Luís Ferreira da Rocha, *Introdução ao Direito de Família*, cit., p. 132; Carlos Roberto Gonçalves, *Direito Civil Brasileiro – Direito de Família*, cit., 7ª ed., vol. 6, p. 251.

57. José Lamartine Corrêa de Oliveira e Francisco José Ferreira Muniz, *Curso de Direito de Família*, cit., 3ª ed., p. 447.

58. Sílvio Luís Ferreira da Rocha, *Introdução ao Direito de Família*, cit., p. 133.

O cônjuge mentalmente enfermo, que não requereu a separação judicial, será beneficiado com a reversão, em seu favor, do remanescente dos bens que levou para o casamento e a meação dos adquiridos na constância da sociedade conjugal – CC, art. 1.572, § 3º. A redação do citado parágrafo, embora se apresente ampla, na realidade aplica-se somente ao regime da comunhão universal de bens, de modo que, formulado o pedido de separação judicial, se o regime for o da comunhão universal o cônjuge demandado terá direito ao remanescente dos bens que levou para o casamento, que serão subtraídos do patrimônio comum, que, então, será dividido ao meio entre os cônjuges.[59]

Registre-se, por último, que o divórcio direto tornou ineficaz por inoperância o pedido de separação judicial com fundamento na grave doença mental em face da sanção de perda da meação dos bens remanescentes do cônjuge enfermo se o regime adotado foi a comunhão universal, pois ninguém irá pleitear a separação por motivo de doença mental e se sujeitar a referida sanção se pode postular desde logo o divórcio direto.[60]

7.3.4 Efeitos da separação

7.3.4.1 Efeitos pessoais da separação

A dissolução da sociedade conjugal a partir da data do trânsito em julgado da sentença é o principal efeito da sentença que julga a ação de separação judicial ou homologa o acordo na separação consensual. Com a dissolução da sociedade conjugal põe-se fim aos deveres de coabitação e fidelidade recíproca e ao regime matrimonial de bens (CC, art. 1.576).

7.3.4.1.1 A guarda dos filhos

Se houver filhos, a guarda deles será: (a) disciplinada livremente pelos cônjuges que se separarem consensualmente; (b) atribuída àquele que revelar melhor condição para exercê-la (CC, art. 1.583, § 2º); (c)

---

59. Carlos Roberto Gonçalves, *Direito Civil Brasileiro – Direito de Família*, cit., 7ª ed., vol. 6, p. 253.
60. Idem, p. 254.

atribuída a ambos os cônjuges, também denominada *compartilhada* (CC, art. 1.583, § 1º).

Na hipótese "a" a guarda é disciplinada livremente pelos cônjuges que se separaram consensualmente, mas a regulamentação da guarda deve atender satisfatoriamente aos interesses dos filhos.

Na hipótese "b" a guarda é atribuída ao consorte que revelar melhor condição para exercê-la, o que obriga o magistrado a ponderar uma série de circunstâncias relacionadas à comodidade do lar, ao acompanhamento pessoal, à disponibilidade de tempo, ao ambiente social onde permanecerão os filhos, às companhias, à convivência com outros parentes, à presença mais constante do genitor, aos cuidados com alimentação, vestuário, recreação, à capacidade de educar dos genitores, equilíbrio, autocontrole, costumes, hábitos, companhias, capacidade de dedicação e de perscrutar os problemas e situações conflitantes dos filhos.[61]

Normalmente a guarda recai na pessoa da mãe, por razões de ordem natural. Apenas se houver motivos graves o juiz poderá atribuir a guarda ao pai – como conduta censurável, vida dissoluta, imaturidade, dependência química severa e incapacitante.

É permitida a concessão de guarda conjunta a ambos os pais se esta se mostrar adequada aos interesses do filho menor de idade, o que acarretará a submissão da vivência do menor à responsabilidade de ambos os genitores, embora em lares distintos.

Havendo, no entanto, razões justificadas, o magistrado poderá disciplinar de modo diverso a guarda dos filhos, atribuindo-a, se for o caso, a pessoa idônea da família (CC, art. 1.584, § 5º). O ideal, nesse caso, é que o magistrado defira a guarda a pessoa que mantenha laços afetivos com o menor, ainda que não seja o parente mais próximo da criança ou do adolescente.[62]

A conferência da guarda dos filhos a um dos cônjuges não retira do outro a titularidade do poder familiar, mas apenas modifica seu exercício, que passa ao cônjuge guardião. Ao que não teve a guarda do filho cabe o direito de fiscalizar o exercício da guarda pelo outro genitor e o

---

61. Arnaldo Rizzardo, *Direito de Família*, 4ª ed., Rio de Janeiro, Forense, 2006, p. 334.
62. Sílvio Luís Ferreira da Rocha, *Introdução ao Direito de Família*, cit., p. 134.

dever de visitar os filhos e ter contato com eles, o que inclui o direito à companhia deles em finais de semana, feriados e férias.[63]

A visita é um direito subjetivo do cônjuge não agraciado com a guarda, que lhe permite manter os laços afetivos com os filhos iniciados no núcleo familiar. Na lição de Arnaldo Rizzardo, "é a faculdade ou o direito garantido ao cônjuge, não contemplado com a guarda, de ver ou ter os filhos em sua companhia em determinados momentos".[64]

O direito de visita compreende o de companhia, o de ter durante algum tempo o filho junto ao progenitor, isto é, dar a ele um período de tempo mais extenso que o ordinariamente gasto nas visitas, de modo a que seja possível levar o filho a passeios, a viagens, compras.[65]

A visita deve ser regulamentada, de modo a atender aos interesses da criança e do adolescente e do respectivo genitor.[66] A regulamentação compreende a determinação do dia, hora e local para recebimento e entrega; divisão do período de férias escolares; o número de visitas semanais ou mensais; o pernoite.

Apenas por razões de extrema gravidade o genitor poderá ser impedido de visitar o filho. Situações delicadas podem inviabilizar o exercício pessoal do direito, sendo oportuno que uma pessoa de confiança acompanhe as visitas, o que poderá resolver o impasse.[67]

7.3.4.1.2 Nome do outro cônjuge

O uso do nome do outro cônjuge foi disciplinado pelo art. 1.578 do CC.

Na separação consensual o cônjuge decide sobre o uso do sobrenome do outro; e a omissão no acordo sobre esse ponto não pode ser interpretada como renúncia, pois tem ele o direito de continuar a usar o nome do ex-consorte.[68]

63. José Lamartine Corrêa de Oliveira e Francisco José Ferreira Muniz, *Curso de Direito de Família*, cit., 3ª ed., p. 454; Sílvio Luís Ferreira da Rocha, *Introdução ao Direito de Família*, cit., p. 133.
64. Arnaldo Rizzardo, *Direito de Família*, cit., 4ª ed., p. 339.
65. Idem, p. 341.
66. Sílvio Luís Ferreira da Rocha, *Introdução ao Direito de Família*, cit., p. 134.
67. Arnaldo Rizzardo, *Direito de Família*, cit., 4ª ed., p. 341.
68. Carlos Roberto Gonçalves, *Direito Civil Brasileiro – Direito de Família*, cit., 7ª ed., vol. 6, p. 261.

Perde o direito de usá-lo o cônjuge declarado culpado na ação de separação judicial, desde que expressamente requerido pelo outro e desde que essa alteração não prejudique sua identificação pessoal, sua identificação parental ou não lhe cause grave dano.[69] Destarte, o consorte culpado continuará a usar o sobrenome que adotou ao casar se com isso concordar o outro ou, mesmo com sua discordância, se presentes as situações descritas no art. 1.578 do CC. O inciso I diz respeito a pessoas que se tornaram reconhecidas e famosas nos meios artístico, cultural e literário com o uso do sobrenome do outro cônjuge. O inciso II concerne aos casos em que os filhos foram registrados apenas com o apelido familiar do outro, de modo que a retirada do sobrenome impedirá identificá-lo como genitor ou genitora dos filhos. O inciso III destina-se a situações em que o cônjuge demonstrar que sofrerá grave dano com a perda do sobrenome do outro.[70]

O cônjuge inocente, ou mesmo o culpado, se quiser, pode renunciar, a qualquer tempo, o direito de usar o nome de família do outro. Basta simples pedido, com caráter de jurisdição voluntária, dispensada a oitiva do outro, para que o magistrado expeça ordem ao registro civil para averbação da alteração.[71]

Motivos graves e devidamente comprovados que comprometam a honorabilidade do nome de família podem fundamentar posterior pretensão de perda do direito ao uso do sobrenome do outro.[72]

No divórcio direto ou por conversão o cônjuge poderá manter o sobrenome de casado, salvo se, no caso de conversão, houver determinação em sentido contrário na sentença de separação judicial.[73]

A viúva tem o direito de usar o nome de casada; a extinção do vínculo matrimonial pela morte não afeta alguns direitos, entre eles o de continuar a usar o nome de casada, meio de preservar a memória do

---

69. Sílvio Luís Ferreira da Rocha, *Introdução ao Direito de Família*, cit., p. 135.
70. Carlos Roberto Gonçalves, *Direito Civil Brasileiro – Direito de Família*, cit., 7ª ed., vol. 6, p. 261; Arnaldo Rizzardo, *Direito de Família*, cit., 4ª ed., p. 347.
71. Carlos Roberto Gonçalves, *Direito Civil Brasileiro – Direito de Família*, cit., 7ª ed., vol. 6, p. 261.
72. Carlos Roberto Gonçalves, *Direito Civil Brasileiro – Direito de Família*, cit., 7ª ed., vol. 6, p. 261; Arnaldo Rizzardo, *Direito de Família*, cit., 4ª ed., p. 348.
73. Carlos Roberto Gonçalves, *Direito Civil Brasileiro – Direito de Família*, cit., 7ª ed., vol. 6, p. 263.

marido; mas se contrair novo casamento não pode manter o nome do primeiro marido.[74]

7.3.4.1.3 A pensão alimentícia devida ao ex-cônjuge

Os alimentos são devidos ao ex-cônjuge e aos filhos. Em relação ao ex-cônjuge os alimentos configuram mero prolongamento do dever de assistência imputável àquele que deu causa à separação judicial, de modo que na separação-sanção (CC, art. 1.572) o responsável pela pensão alimentícia será o declarado culpado (CC, art. 1.702) e na separação-ruptura (CC, art. 1.702) a obrigação de prestar alimentos recai sobre o cônjuge que puder prestá-los.[75]

A lei não fornece critérios seguros que permitam arbitrar com precisão a pensão devida ao ex-cônjuge, pois os paradigmas da necessidade do alimentando e da possibilidade do alimentante não auxiliam muito, porque o entendimento corrente é no sentido de que o alimentado teria o direito a não ter seu padrão de vida reduzido, de modo que a pensão deveria proporcionar-lhe o mesmo padrão de vida que tinha antes de ocorrer a separação, conforme determina o art. 1.694 do CC, que emprega a expressão "os alimentos de que necessitem para viver de modo compatível com a sua condição social".[76]

Pelo princípio da solidariedade – que não existia no Código Civil de 1916 –, o cônjuge declarado responsável pela separação pode vir a receber alimentos do cônjuge inocente, desde que necessite dos alimentos, esteja inapto para o trabalho e não tenha parentes em condições de prestá-los (CC, art. 1.704, parágrafo único). Mas a verba alimentar compreende apenas o indispensável à sobrevivência do alimentando, e em hipótese alguma servirá para lhe assegurar modo de vida compatível com sua condição social.[77]

A obrigação alimentar extingue-se quando o credor contrai novo casamento ou constitui união estável, porque nesses casos seu sustento estará assegurado.

---

74. Idem, p. 262.
75. Sílvio Luís Ferreira da Rocha, *Introdução ao Direito de Família*, cit., p. 135.
76. Idem, ibidem.
77. Sílvio Luís Ferreira da Rocha, *Introdução ao Direito de Família*, cit., p. 136.

A obrigação alimentar transmite-se por morte do cônjuge devedor aos seus herdeiros. Essa norma, que se encontrava no art. 23 da Lei 6.515/1977 e representava revogação parcial do art. 402 do CC de 1916, que previa a não transmissibilidade do débito alimentar aos herdeiros do devedor, foi definitivamente incorporada ao ordenamento jurídico pelo art. 1.700 do CC de 2002. A transmissão se dá nos limites do patrimônio deixado pelo devedor falecido, de modo que nenhum herdeiro está obrigado a prestar alimentos se o devedor falecido não lhe tiver transmitido patrimônio suficiente.[78]

7.3.4.1.4 Permanência do dever dos pais de sustento dos filhos

A separação do casal não suprime a obrigação de sustento dos filhos, que incumbe aos pais. Esse dever de sustento é proporcional aos recursos dos pais, e o guardião contribui com a prestação específica de cuidados, enquanto o cônjuge que não detenha a guarda contribui com o pagamento de pensão arbitrada de comum acordo pelas partes ou pelo juiz.[79]

7.3.4.2 Efeitos patrimoniais da separação

7.3.4.2.1 A partilha de bens

A sentença que decretar a separação do casal põe fim ao regime patrimonial inaugurado com o casamento e, com isso, extingue o regime de bens estabelecido entre os cônjuges, o que os obriga a liquidar e partilhar os bens que integram o denominado patrimônio comum.[80]

A liquidação e a partilha devem observar as regras do regime de bens escolhido pelos cônjuges, exceto se a separação tiver por fundamento a existência de doença mental grave e incurável do outro cônjuge, espécie de separação-ruptura, pois, nesse caso, o cônjuge que não houver pedido a separação poderá ficar com os remanescentes dos bens que levou para o casamento mais a meação dos adquiridos na constân-

---

78. Idem, ibidem.
79. Sílvio Luís Ferreira da Rocha, *Introdução ao Direito de Família*, cit., p. 136.
80. Idem, p. 137.

cia da sociedade conjugal, se o regime de bens o permitir (CC, art. 1.572, § 3º).[81]

A divisão obedece aos mesmos princípios da partilha levada a termo em razão da morte de uma pessoa. Deve haver a descrição, a individualização e a atribuição de valores aos bens que integram a cota-parte de cada cônjuge. A partilha deve satisfazer os interesses de ambos os cônjuges. O magistrado pode recusar-se a homologar a partilha amigável se ela se revelar prejudicial aos interesses de uma das partes.[82]

7.3.5 Caráter pessoal da ação de separação judicial

A ação de separação judicial é personalíssima; pode ser proposta exclusivamente pelo cônjuge, conforme determina o art. 1.576, parágrafo único, do CC, salvo no caso de o cônjuge tornar-se incapaz – hipótese em que ele será representado pelo curador, ascendente ou irmão.[83]

O caráter personalíssimo da ação afasta a intervenção de terceiros, mesmo que eles tenham interesses legítimos, como no caso do credor prejudicado pela partilha dos bens realizada pelos cônjuges.[84]

A ação extingue-se com a morte de um dos cônjuges, na medida em que seu caráter personalíssimo impede a transmissão da posição subjetiva, que impede até mesmo o exercício da ação rescisória da sentença após a morte de qualquer dos ex-cônjuges, em razão de ser inviável a colocação dos filhos do casal no polo passivo da pretensão rescindenda e ser impossível a restauração da sociedade conjugal pela rescisão do julgado.[85]

7.3.6 O restabelecimento da sociedade conjugal

Dispõe o art. 1.577 do CC que, seja qual for a causa da separação judicial e o modo como esta se faça, é lícito aos cônjuges restabelecer, a todo tempo, a sociedade conjugal por ato regular em juízo. A reconciliação em nada prejudicará o direito de terceiros, adquirido antes e durante o estado de separado, seja qual for o regime de bens.

---

81. Sílvio Luís Ferreira da Rocha, *Introdução ao Direito de Família*, cit., p. 137.
82. Idem, ibidem.
83. Sílvio Luís Ferreira da Rocha, *Introdução ao Direito de Família*, cit., p. 137.
84. Idem, p. 138.
85. Yussef Said Cahali, *Divórcio e Separação*, cit., p. 88.

Constata-se, destarte, o caráter da reversibilidade da dissolução da sociedade conjugal, de modo que as partes podem apresentar requerimento ao juiz competente de restabelecimento da sociedade conjugal, para que ele o homologue por sentença, ouvido o Ministério Público. O regime de bens será o mesmo adotado no casamento. Mas, se houver pedido motivado dos cônjuges, o juiz poderá autorizar, com fundamento no art. 1.639, § 2º, do CC, a alteração do regime de bens.[86]

A sentença que homologou o pedido de restabelecimento da sociedade conjugal deverá ser averbada no registro civil, conforme estabelece o art. 101 da Lei 6.015, de 31.12.1973.

7.4 Divórcio

O divórcio extingue o vínculo matrimonial e possibilita a celebração de novo matrimônio. Cuida-se, destarte, de causa extintiva do vínculo matrimonial apta a permitir novo matrimônio. Define-o Maria Helena Diniz como "a dissolução de um casamento válido, ou seja, extinção do vínculo matrimonial, que se opera mediante sentença judicial, habilitando as pessoas a convolar a novas núpcias".[87]

7.4.1 Espécies

7.4.1.1 Divórcio direto

O divórcio pode ser direto, modalidade de divórcio-ruptura que pressupõe a separação de fato entre os cônjuges por dois anos consecutivos (CC, art. 1.580, § 2º).

A figura do divórcio direto tem em suas causas (a) a separação de fato entre os cônjuges e (b) duração de dois anos consecutivos. Define-o Maria Helena Diniz, como o "divórcio que resulta de um estado de fato, autorizando a conversão direta da separação de fato por mais de dois anos, desde que comprovada, em divórcio, sem que haja prévia separação judicial".[88]

---

86. Carlos Roberto Gonçalves, *Direito Civil Brasileiro – Direito de Família*, cit., 7ª ed., vol. 6, p. 264.
87. Maria Helena Diniz, *Curso de Direito Civil Brasileiro – Direito de Família*, cit., 24ª ed., vol. 5, p. 195.
88. Idem, p. 198.

CRISE DO MATRIMÔNIO: CAUSAS DE DISSOLUÇÃO

Não importa a causa da separação de fato. No divórcio direto não se discute quem foi o culpado pela separação. Lembra, no entanto, Carlos Roberto Gonçalves que os juízes, por economia processual, têm admitido a discussão sobre culpa nessas ações, mas para os efeitos mencionados, e não para a decretação do divórcio, que ocorrerá comprovada a separação de fato por mais de dois anos, provada ou não a culpa imputada ao réu.[89]

O divórcio direito pode ser consensual, e nesse caso o procedimento adotado será o previsto nos arts. 1.120 a 1.124 do CPC.

É necessária a tentativa de conciliação. Se a conciliação não for obtida, convencido o juiz do propósito firme das partes de obter o divórcio, segue-se a audiência de ratificação do pedido de divórcio, por exigência do art. 40, § 2º, III, da Lei do Divórcio, ainda que não haja prova oral a ser produzida — embora tal assunto seja controvertido na doutrina, que entende que a audiência de ratificação somente será obrigatória se houver prova testemunhal a ser produzida, e não quando existir prova documental da separação de fato por dois anos consecutivos.[90]

A sentença que homologa o divórcio consensual ou recusa a homologação do acordo é definitiva; dela cabe apelação.

O divórcio direto consensual entre cônjuges maiores e capazes pode ser efetuado administrativamente por escritura pública, como permite o art. 1.124-A do CPC, acrescentado pela Lei 11.441/2007.

O divórcio direto requerido por um dos consortes observará o procedimento ordinário, segundo determina o art. 40, § 3º, da Lei do Divórcio.

Desnecessária a tentativa de conciliação; não se aplica a regra do art. 447 do CPC; a revelia do réu não dispensa o autor da prova da separação de fato por mais de dois anos; produzida documentalmente essa prova, admite-se o julgamento antecipado da lide.[91]

Não se admite a reconvenção no divórcio direto, porque ele ampara-se na prolongada separação de fato por mais de dois anos, excluída qualquer indagação acerca do responsável pela separação — não obstan-

---

89. Carlos Roberto Gonçalves, *Direito Civil Brasileiro – Direito de Família*, cit., 7ª ed., vol. 6, p. 267.
90. Idem, p. 277.
91. Idem, p. 278.

te os juízes, por economia processual, a admitam, mas para os efeitos pertinentes, e não para a decretação do divórcio.[92]

7.4.1.2 Conversão da separação judicial em divórcio

Um ano após a sentença que concedeu a separação judicial ou a decisão que decretou a separação cautelar, a separação judicial pode ser convertida em divórcio (CC, art. 1.580).

O pedido de conversão pode ser feito pelos cônjuges ou por qualquer deles. Há duas modalidades de divórcio-conversão: o formulado por ambos, que pode ser designado de *consensual*, e o formulado por um só dos cônjuges, que reflete certa litigiosidade – caso em que o outro será citado e sua contestação se restringirá ao não decurso do lapso temporal necessário para que ocorra a conversão.

O pedido pode ser feito perante o juízo do domicílio de qualquer dos ex-cônjuges, ainda que diverso do juízo por onde tramitou a ação de separação judicial. O que não se admite é a propositura da ação em comarca na qual não reside nenhum dos interessados.[93]

Nada impede que os autores modifiquem as cláusulas acordadas ou determinadas na separação.

Dispensa-se a fase de conciliação no processo de conversão consensual.

O Ministério Público será ouvido, pois a conversão constitui ação de estado (CPC, art. 82, II).

Na conversão litigiosa o juiz apreciará diretamente o pedido quando não houver contestação ou necessidade de produzir prova em audiência, e o julgará. Não se admite reconvenção e da sentença não constará referência à causa que a determinou (CC, art. 1.580, § 1º).[94]

O pedido de conversão pode ser julgado improcedente apenas pela falta do decurso do prazo de um ano da separação judicial, contado ou do trânsito em julgado da sentença que houver decretado a separação judicial ou da decisão concessiva da medida cautelar de separação de

---

92. Idem, p. 279.
93. Carlos Roberto Gonçalves, *Direito Civil Brasileiro – Direito de Família*, cit., 7ª ed., vol. 6, p. 269.
94. Idem, p. 271.

corpos – o que não impede que o interessado o renove, satisfeita essa condição.

Podem ser arguidas, ainda, as defesas previstas no art. 301 do CPC, mas o descumprimento das obrigações assumidas pelo requerente na separação não mais constitui motivo para se impedir a conversão, porquanto o art. 226, § 3º, da CF não exige outra coisa para o divórcio a não ser a separação judicial por mais de um ano – o que, de certa forma, foi corroborado pelo art. 1.581 do CC, que tratou o assunto de forma contrária ao que dispunha a Lei do Divórcio.[95]

7.4.2 Efeitos do divórcio

O divórcio dissolve o vínculo matrimonial e põe fim aos deveres recíprocos dos cônjuges e ao regime matrimonial de bens, caso não tenha sido precedido de separação judicial.

O divórcio não mais requer a prévia partilha de bens (CC, art. 1.581).

O divórcio permite novo casamento aos que se divorciam.

Permanecem inalterados os direitos e deveres que os pais têm em relação aos filhos, entre eles o de sustento, bem como o dever de assistência ao cônjuge, estabelecido na separação.

7.4.3 A nova redação dada ao art. 226, § 6º, da CF

A Emenda Constitucional 66, de 13.7.2010, deu nova redação ao § 6º do art. 226 da CF, de modo a possibilitar a dissolução do casamento civil pelo divórcio. Nesse aspecto, agora, qualquer um dos cônjuges, independentemente do preenchimento de outro requisito, pode solicitar o divórcio, sendo que a causa de pedir do divórcio será a vontade do autor em não mais continuar com a sociedade conjugal e o vínculo matrimonial.

Esta nova configuração do divórcio retira o interesse de agir do cônjuge em propor as outras ações previstas no Código Civil, em especial a ação de separação judicial, de modo que a partir da vigência da Emenda Constitucional 66, de 13.7.2010, as ações de separação judicial

---

95. Idem, p. 272.

fundadas nas causas previstas no Código Civil podem ser extintas, por falta de interesse de agir superveniente.

Na ação de divórcio direto todas as questões conexas podem e devem ser dirimidas pelo magistrado, como a guarda dos filhos, os alimentos e a partilha dos bens, porque todos esses temas não dependem da prova ou demonstração da culpa de um dos cônjuges pela impossibilidade da vida em comum.

Nosso entendimento é no sentido de que após a publicação da Emenda Constitucional 66, de 13.7.2010, as ações de separação judicial e de conversão de divórcio previstas no Código Civil não foram recepcionadas no ordenamento, e cabe, agora, tão somente a ação de divórcio direto fundada na vontade de um dos cônjuges em não mais continuar casado.

Capítulo 8
INVALIDADE MATRIMONIAL

8.1 Introdução. 8.2 Matrimônio nulo: 8.2.1 Regime – 8.2.2 Efeitos – 8.2.3 Legitimados para a propositura da ação de nulidade – 8.2.4 Prazo de ajuizamento da ação. 8.3 Anulabilidade do matrimônio (CC, arts. 1.550 a 1.564): 8.3.1 Efeitos – 8.3.2 Legitimados para a propositura da ação – 8.3.3 Prazo de ajuizamento. 8.4 Casamento putativo: 8.4.1 Conceito – 8.4.2 Pressupostos – 8.4.3 Efeitos: 8.4.3.1 Efeitos em relação a terceiros.

8.1 Introdução

À primeira vista o regime de invalidade matrimonial obedeceria ao regime da invalidade dos negócios jurídicos previstos na Parte Geral do Código Civil, e, por isso, haveria casos de nulidade e casos de anulabilidade do matrimônio como vícios genéticos do negócio jurídico matrimonial.

Não obstante, a doutrina ressalta, com certa frequência, a circunstância de ter o direito de família construído uma teoria especial de nulidades no direito matrimonial, que apresenta algumas peculiaridades quando comparada com a teoria das nulidades desenvolvida na Parte Geral para os negócios jurídicos – como a inexistência de nulidades virtuais no direito matrimonial, consagrada pela expressão oriunda do Direito Francês, para o qual *en matière de mariage, pas de nullité sans texte* ("em matéria de matrimônio não há nulidade sem texto");[1] ou, ainda, a teoria da inexistência jurídica do matrimônio; ou, por último, a

1. Orlando Gomes, *Direito de Família*, 7ª ed., Rio de Janeiro, Forense, 1988, p. 106.

existência de regras próprias disciplinadoras dos efeitos do casamento inválido. Segundo Carlos Roberto Gonçalves, a teoria das nulidades apresenta algumas exceções em matéria de casamento, de modo que, embora os atos nulos em geral não produzam efeitos, há uma espécie de casamento, o putativo, que produz todos os efeitos de um casamento válido para o cônjuge de boa-fé, e, malgrado o juiz deva pronunciar de ofício a nulidade dos atos jurídicos em geral, a nulidade do casamento somente poderá ser declarada em ação ordinária (CC, arts. 1.549 e 1.563), não podendo, pois, ser proclamada de ofício. De modo que, enquanto não declarado nulo por decisão transitada em julgado, o matrimônio existe e produz efeitos, incidindo todas as regras sobre efeitos do casamento.[2]

8.2 Matrimônio nulo

Levam à nulidade do matrimônio a falta de discernimento do nubente em razão de enfermidade mental (CC, art. 1.548, I), o desrespeito aos impedimentos previstos no art. 1.521 do CC, a incompetência da autoridade que celebrou o casamento.

Na primeira hipótese a causa de nulidade do casamento é a privação de discernimento do nubente em razão de enfermidade mental, pela impossibilidade de manifestação de vontade clara e livre. Esta hipótese compreende todos os casos de insanidade mental permanente e duradoura, caracterizada por graves alterações das faculdades psíquicas, que acarretam a incapacidade absoluta do agente (CC, art. 3º, II) e, por consequência, a nulidade do casamento.[3]

Na segunda hipótese a causa de nulidade é a celebração de matrimônio com violação aos impedimentos que resultam do parentesco, da existência de vínculo e de crime. Constatado que os nubentes desrespeitaram qualquer dos impedimentos, nulo é o casamento, e não importa a falta de impugnação na fase do processo preliminar ou, mesmo, sua rejeição, porque os impedimentos condizem com a ordem pública e são incompatíveis com a permanência do casamento.[4]

2. Carlos Roberto Gonçalves, *Direito Civil Brasileiro – Direito de Família*, 7ª ed., vol. 6, São Paulo, Saraiva, 2010, p. 148.
3. Idem, p. 152.
4. Carlos Roberto Gonçalves, *Direito Civil Brasileiro – Direito de Família*, cit., 7ª ed., vol. 6, p. 152.

Na terceira hipótese a causa de nulidade recai na incompetência absoluta do celebrante, pois lhe falta a atribuição legal de realizar casamentos. Nula é a cerimônia presidida por quem não é juiz de paz ou por quem não detém a atribuição legal de realizar casamentos, pois não foi regularmente investido nessa função pelo Estado. É a hipótese do casamento celebrado, por exemplo, perante delegado de polícia.

Há também a denominada incompetência relativa, na qual o celebrante tem a atribuição legal de realizar casamentos mas, seja porque ele está fora da sua circunscrição territorial, seja porque os noivos residem em localidade diversa da sua área de atribuições, ele não tem competência, poderes, para celebrar o casamento.

Na primeira hipótese temos a denominada incompetência relativa *ratione loci* ou em razão do local, na qual a autoridade, ao celebrar o casamento, agiria fora do seu território; e na segunda temos a chamada incompetência relativa *ratione personarum* ou em razão da pessoa, na qual o casamento é celebrado perante autoridade no exercício de sua competência e dentro do seu território mas em relação a noivos que não residem em sua área de atuação.

O CC de 1916, pelo teor do seu art. 208, fez tábua rasa dessas diferenciações e considerou nulo o casamento celebrado em qualquer uma dessas situações. Mas o Código Civil de 2002, ao cuidar da celebração do casamento por autoridade incompetente, preferiu distinguir as situações entre autoridade absolutamente incompetente, autoridade absolutamente incompetente mas com aparência de competente e autoridade relativamente incompetente (em razão do lugar e da pessoa).[5]

O casamento celebrado por autoridade absolutamente incompetente é nulo.

O casamento celebrado por autoridade absolutamente incompetente mas com aparência de competente é válido; o matrimônio subsiste, nos termos do art. 1.554 do CC, *verbis*: "Subsiste o casamento celebrado por aquele que, sem possuir a competência exigida na lei, exercer publicamente as funções de juiz de casamentos e, nessa qualidade, tiver registrado o ato no registro civil".

5. Sílvio Luís Ferreira da Rocha, *Introdução ao Direito de Família*, São Paulo, Ed. RT, 2004, p. 82.

O casamento celebrado por autoridade relativamente incompetente (em razão do lugar e da pessoa) é anulável; o casamento está sujeito à propositura da ação de anulação no prazo decadencial de dois anos (CC, art. 1.550, VI, c/c o art. 1.560, II).

8.2.1 Regime

O regime da nulidade exige pronunciamento judicial por intermédio de ação ordinária a ser proposta por qualquer interessado. A nulidade não pode ser declarada de ofício pelo magistrado, nem reconhecida de modo incidental no curso do processo; e enquanto não a nulidade não for reconhecida o casamento continuará a produzir efeitos, como se fosse válido.

8.2.2 Efeitos

A declaração de nulidade do casamento tem efeitos retroativos, conforme determina a primeira parte do art. 1.653 do CC, de modo que os bens que se haviam comunicado pelo casamento retornam ao antigo dono e não se cumpre o pacto antenupcial.[6]

Mas mesmo com a nulidade alguns efeitos do casamento são preservados, como a aquisição de direitos a título oneroso por terceiros de boa-fé e a resultante de sentença judicial transitada em julgado. Além disso, o casamento nulo beneficia os filhos ainda que ambos os cônjuges estejam de má-fé, de acordo com o que estabelece o § 2º do art. 1.561 do CC.[7]

De acordo com Maria Helena Diniz, a sentença de nulidade do casamento tem caráter declaratório, pois reconhece apenas o fato que o invalida e produz efeitos *ex tunc* (CC, art.1.563), sem, contudo, torná-lo inteiramente ineficaz, pois admitem-se a paternidade e a maternidade dos filhos havidos na constância do matrimônio nulo, independentemente da boa ou má-fé dos consortes; protege-se o cônjuge de boa-fé; proíbe-se, ainda, para evitar confusão de sangue, que a mulher contraia

6. Carlos Roberto Gonçalves, *Direito Civil Brasileiro – Direito de Família*, cit., 7ª ed., vol. 6, p. 152.
7. Idem, p. 153.

novas núpcias até 10 meses após a sentença, salvo se antes disso tiver dado à luz ou provar a inexistência do estado de gravidez.[8]

8.2.3 Legitimados para a propositura da ação de nulidade

A ação de nulidade pode ser proposta por qualquer interessado ou pelo Ministério Público, conforme permite o CC no art. 1.549.

"Qualquer interessado" abrange os cônjuges, o primeiro cônjuge do bígamo, os ascendentes dos cônjuges. Como regra, é preciso que a pessoa demonstre ter legítimo interesse, econômico ou moral.

Outro legitimado a propor a ação é o Ministério Público, que pode fazê-lo com amparo nos motivos que autorizam o pedido de nulidade do matrimônio, mesmo ocorrido o falecimento de algum dos cônjuges, porque o Código Civil de 2002 não repetiu o disposto no parágrafo único, II, do art. 208 do CC de 1.916.

A pré-dissolução do vínculo matrimonial operada pela morte ou pelo divórcio não exclui a ocorrência de legítimo interesse a justificar a propositura da ação de nulidade matrimonial, porque o efeito obtido com a pré-dissolução do vínculo matrimonial com a morte ou com o divórcio é irretroativo, ao passo que o efeito obtido com o reconhecimento da nulidade do matrimônio retroage à data da celebração, para eliminar algumas consequências jurídicas do casamento.[9]

8.2.4 Prazo de ajuizamento da ação

A ação declaratória de nulidade é imprescritível, seja qual for o motivo da nulidade: enfermidade mental do nubente, violação de impedimento ou matrimônio celebrado por autoridade absolutamente incompetente. Não há prazo para o ajuizamento da ação de nulidade.

8.3 Anulabilidade do matrimônio (CC, arts. 1.550 a 1.564)

Constituem hipóteses de anulabilidade do matrimônio: (a) a falta de idade núbil (CC, art. 1.550, I); (b) a falta de autorização para casar

---

8. Maria Helena Diniz, *Curso de Direito Civil Brasileiro – Direito de Família*, 24ª ed., vol. 5, São Paulo, Saraiva, 2009, p. 263.
9. Sílvio Luís Ferreira da Rocha, *Introdução ao Direito de Família*, cit., p. 84.

(CC, art. 1.550, II); (c) o vício da vontade por erro ou coação (CC, art. 1.550, III); (d) a incapacidade de consentir ou manifestar, de modo inequívoco, o consentimento (CC, art. 1.550, IV); (e) a realização do casamento por ex-mandatário (CC, art. 1.550, V); (f) a incompetência relativa da autoridade celebrante (CC, art. 1.550, VI);.

A anulabilidade também precisa ser reconhecida por decisão judicial. O casamento anulável produz todos os seus efeitos enquanto não anulado por decisão judicial transitada em julgado.

8.3.1 Efeitos

A sentença que anula o casamento tem efeitos retroativos, pois os cônjuges são considerados como se jamais tivessem contraído o vínculo matrimonial; o matrimônio não produz o efeito da antecipação da maioridade, salvo caso de boa-fé; a resolução do pacto antenupcial faz desaparecer retroativamente o regime de bens. De acordo com Carlos Roberto Gonçalves, a sentença que anula o casamento tem efeitos retro-operantes, pois faz com que os cônjuges retornem à condição anterior, como se jamais tivessem contraído matrimônio; e, desta forma, produz efeitos iguais aos da decretação de nulidade quando desfaz a sociedade conjugal como se nunca houvesse existido, salvo caso de putatividade.[10]

Por outro lado, alguns efeitos são preservados. A sentença que anula o casamento não gera o direito à repetição das somas gastas no passado com o cumprimento do dever matrimonial de sustento e não altera a situação dos filhos.[11]

8.3.2 Legitimados para a propositura da ação

A legitimidade para propor a ação de anulação do matrimônio varia de acordo com a hipótese que fundamenta o pedido. A justificativa repousa no fato de a anulação proteger direta e principalmente o interesse individual sem que reste caracterizada uma afronta aos interesses da sociedade.[12]

10. Carlos Roberto Gonçalves, *Direito Civil Brasileiro – Direito de Família*, cit., 7ª ed., vol. 6, p. 158.
11. Sílvio Luís Ferreira da Rocha, *Introdução ao Direito de Família*, cit., p. 86.
12. Carlos Roberto Gonçalves, *Direito Civil Brasileiro – Direito de Família*, cit., 7ª ed., vol. 6, p. 158.

No caso de casamento daquele que não tem idade núbil a ação pode ser proposta pelo próprio cônjuge menor, por seus representantes legais ou por seus ascendentes (CC, art. 1.552, I, II e III).

Na hipótese de casamento do coacto está legitimado a propor a ação apenas o coacto (CC, art. 1.559). A coabitação entre os cônjuges, entretanto, convalida o matrimônio.

No casamento contraído com falta de concordância do pai, do tutor ou do curador, o incapaz, ao deixar de sê-lo, seus representantes legais ou seus herdeiros necessários podem propor a ação anulatória (CC, art. 1.555).

No casamento fundado em erro apenas o cônjuge enganado está legitimado a propor a ação. A coabitação, havendo ciência do vício, convalida o matrimônio.

8.3.3 Prazo de ajuizamento

A ação de anulação está sujeita a breves prazos decadenciais, previstos no art. 1.560 do CC.

A ação anulatória do casamento do incapaz de consentir ou manifestar o consentimento deve ser proposta no prazo de 180 dias a contar da data da celebração.

A ação anulatória do casamento do menor de 16 anos deve ser proposta no prazo de 180 dias contados do dia em que o menor atingiu essa idade ou da data do casamento para seus representantes legais ou ascendentes.

A ação anulatória do casamento celebrado por autoridade incompetente deve ser proposta no prazo de dois anos a contar do casamento.

A ação anulatória do casamento daquele que incorreu em erro deve ser proposta no prazo de três anos a contar da ciência da situação.

A ação anulatória do casamento daquele que foi coagido deve ser proposta no prazo de quatro anos a contar da data em que cessou a coação.

Além da hipótese de saneamento desses vícios pelo decurso do prazo de decadência, é possível que manifestação de vontade do interessado, denominada *confirmação*, venha a convalidar matrimônio anulável.

8.4 Casamento putativo

8.4.1 Conceito

O casamento putativo tem origens medievais e surge como uma resposta do direito canônico às questões que se apresentavam pela retroatividade da sentença que decretava a nulidade ou anulabilidade de um casamento, reputada inexistente parte dos efeitos produzidos pelo matrimônio. Como visto, a sentença que reconhecia a nulidade ou a anulabilidade de um matrimônio retirava-lhe, desde a data da celebração – e, portanto, retroativamente –, os efeitos produzidos. O regime de bens era tido por inexistente; os filhos não eram considerados legítimos.[13]

O denominado casamento putativo surge, então, como uma tentativa de minorar as consequências perversas que a retroatividade do reconhecimento da nulidade ou anulabilidade do casamento podia causar na esfera jurídica dos cônjuges e dos filhos. Atribuíram-se, então, em reconhecimento à boa-fé dos cônjuges ou de apenas um deles, efeitos de casamento válido ao matrimônio nulo ou anulado.[14]

Diz-se, então, putativo o casamento contraído de boa-fé por um ou ambos os cônjuges, apesar de ser nulo ou anulável – motivo pelo qual a lei não reconhece efeitos retroativos à sentença que o declara nulo ou anulado, mas tão somente efeitos futuros, equiparando o reconhecimento da nulidade ou da anulabilidade à sentença de dissolução por divórcio, conforme determina o art. 1.561, *caput*, do CC brasileiro.

O casamento putativo não é um casamento válido, mas um casamento inválido cuja sentença judicial de nulidade ou de anulação tem efeitos irretroativos, *ex nunc*.[15]

8.4.2 Pressupostos

O casamento putativo pressupõe a existência do matrimônio, sua invalidade e sua putatividade, isto é, a aparência de casamento, que exige a boa-fé de ambos os cônjuges ou pelo menos de um deles.

---

13. Sílvio Luís Ferreira da Rocha, *Introdução ao Direito de Família*, cit., p. 88.
14. Idem, ibidem.
15. José Lamartine Corrêa de Oliveira e Francisco José Ferreira Muniz, *Curso de Direito de Família*, 3ª ed., Curitiba, Juruá, 2000, p. 267.

Enquanto condição para a putatividade, a boa-fé é a denominada boa-fé subjetiva e corresponde ao estado de ignorância do vício que macula o casamento no momento em que ele foi contraído; pouco importa que posteriormente os cônjuges tomem conhecimento do vício que macula o casamento. No dizer de José Lamartine Corrêa de Oliveira e Francisco José Ferreira Muniz, "o momento em que se apura a existência de boa-fé é o momento da celebração do casamento. Eventual conhecimento da causa de invalidade, posterior à celebração, embora anterior à sentença de nulidade ou anulação, é irrelevante, não destruindo as consequências jurídicas da boa-fé inicial. Isso é expresso tradicionalmente pela fórmula *mala fides superveniens non nocet*".[16]

No mesmo sentido Maria Helena Diniz, para quem a boa-fé deve existir no instante do ato nupcial; logo, se o conhecimento da causa invalidante se der após a celebração do casamento não o prejudicará, visto que a má-fé foi superveniente às núpcias.[17]

A boa-fé, de acordo com a doutrina, é presumida, que pode ser retirada do princípio de recíproca confiança, de respeito à dignidade humana.[18]

A exigência de que a parte desconheça o vício que macula seu matrimônio para que possa ser reputada de boa-fé, se aplicada literalmente criaria, muitas vezes, de fato, verdadeira situação injusta, como na hipótese do cônjuge que foi coagido a contrair o casamento e que nunca poderia alegar desconhecimento do vício que o maculou. O Direito Brasileiro não disciplinou o assunto, mas repugna à consciência jurídica considerar o cônjuge coagido como cônjuge de má-fé, de modo que o coacto se equipara ao cônjuge de boa-fé.[19]

As legislações estrangeiras que se preocuparam com a suposta boa-fé do cônjuge coagido solucionaram a questão ora colocando como

16. Idem, p. 273.
17. Maria Helena Diniz, *Curso de Direito Civil Brasileiro – Direito de Família*, cit., 24ª ed., vol. 5, p. 281.
18. José Lamartine Corrêa de Oliveira e Francisco José Ferreira Muniz, *Curso de Direito de Família*, cit., 3ª ed., p. 274.
19. Idem, p. 276. De acordo com os referidos autores: "Não se trata, evidentemente, de dizer que ele esteja de boa-fé, o que é inadmissível, partindo-se da noção de boa-fé como ignorância. Trata-se, porém, de equipará-lo, no plano dos efeitos, ao cônjuge de boa-fé".

pressupostos alternativos da putatividade a boa-fé ou a coação sofrida (art. 128, alínea 1, do CC italiano), ora fazendo com que a noção de boa-fé abarque também a hipótese de coação (art. 1.648º, 1, do CC português).

8.4.3 Efeitos

O casamento putativo assemelha-se à dissolução do casamento pelo divórcio, na medida em que se busca, por ele, não a convalidação do casamento nulo ou anulável, mas a conservação dos efeitos produzidos até a sentença que decreta sua nulidade ou anulabilidade. Por essa regra, os efeitos do casamento putativo terminam com a sentença que reconhece a nulidade ou a anulabilidade do casamento, mas os efeitos ocorridos da data do casamento até a data da sentença persistem.[20] De acordo com José Lamartine Corrêa de Oliveira e Francisco José Ferreira Muniz, "os efeitos do casamento cessam para o futuro, sendo considerados produzidos todos os efeitos do casamento que se tenham verificado até a data do trânsito em julgado da sentença que declarou o casamento nulo ou o anulou".[21] Igualmente, para Maria Helena Diniz, "declarado putativo o casamento, os efeitos civis, pessoais ou patrimoniais ocorridos da data de sua celebração até o dia da sentença anulatória, em relação aos cônjuges e à prole, permanecerão tendo, então, eficácia *ex nunc* (CC, art. 1.561), apesar de a sentença que declarar nulo o casamento retroagir *ex tunc* (desde o dia das núpcias) (CC, art. 1.563, primeira parte), preservando, contudo, direitos de terceiros de boa-fé".[22]

Quanto aos cônjuges, o Código distingue boa-fé de ambos de boa-fé de apenas um dos cônjuges.

Quando ambos os cônjuges estão de boa-fé cessam os deveres matrimoniais de fidelidade recíproca, vida em comum e mútua assistência na data do trânsito em julgado da sentença. Não cessam os efeitos que geram estados inalteráveis, como a maioridade por antecipação do ca-

---

20. Sílvio Luís Ferreira da Rocha, *Introdução ao Direito de Família*, cit., p. 91.
21. José Lamartine Corrêa de Oliveira e Francisco José Ferreira Muniz, *Curso de Direito de Família*, cit., 3ª ed., p. 276.
22. Maria Helena Diniz, *Curso de Direito Civil Brasileiro – Direito de Família*, cit., 24ª ed., vol. 5, p. 282.

sado putativamente.²³ Segundo Maria Helena Diniz, "prevalece a emancipação se os cônjuges de boa-fé convolaram núpcias ainda menores. O cônjuge de boa-fé não retornará à condição de incapaz; o mesmo não se poderia dizer do que estiver de má-fé".²⁴

Os efeitos patrimoniais também duram e perduram até a data do trânsito em julgado da sentença. A dissolução da comunhão de bens, se existente, disciplina-se pelas mesmas regras previstas para a separação judicial, de modo a configurar situação oposta àquela que decorre de nulidade ou anulação sem a putatividade, em que não ocorre a comunhão.²⁵

O fato de o casamento ser considerado putativo significa que seus efeitos pessoais e patrimoniais são considerados válidos até a data do trânsito em julgado da sentença ou acórdão que reconheceu a nulidade ou a anulação.

Se apenas um dos cônjuges estiver de boa-fé teremos situação distinta para cada um dos cônjuges. O casamento produzirá efeitos para o cônjuge de boa-fé e não produzirá efeitos para o cônjuge de má-fé. É a regra do parágrafo único do art. 1.561 do CC. Assim, por exemplo, se o casamento foi contraído com a adoção pelos nubentes do regime da comunhão universal de bens, se for reconhecida a boa-fé de apenas um dos cônjuges ele terá direito à metade dos bens levados à comunhão pelo cônjuge de má-fé, enquanto este não terá direito à metade dos bens levados à comunhão pelo cônjuge de boa-fé. Esse direito – explicam-nos José Lamartine Corrêa de Oliveira e Francisco José Ferreira Muniz – "é negado ao cônjuge de má-fé pois que, em relação a ele, o efeito retro-operante da sentença de nulidade ou anulação incide: em favor dele não surgiu o regime".²⁶

A putatividade não produz efeitos futuros, de modo que o cônjuge não terá direito a receber alimentos. Para Maria Helena Diniz, "o culpado terá de fornecer alimentos à família e ao inocente se este carecer deles,

---

23. José Lamartine Corrêa de Oliveira e Francisco José Ferreira Muniz, *Curso de Direito de Família*, cit., 3ª ed., p. 277.
24. Maria Helena Diniz, *Curso de Direito Civil Brasileiro – Direito de Família*, cit., 24ª ed., vol. 5, p. 282.
25. Sílvio Luís Ferreira da Rocha, *Introdução ao Direito de Família*, cit., p. 92.
26. José Lamartine Corrêa de Oliveira e Francisco José Ferreira Muniz, *Curso de Direito de Família*, cit., 3ª ed., p. 281.

cessando essa obrigação alimentar, em relação ao consorte de boa-fé, com a sentença anulatória, pois a partir daí não mais existe a condição de cônjuge".[27]

A eficácia não retroativa da sentença de nulidade ou de anulação em razão da boa-fé resguarda eventual direito sucessório do cônjuge sobrevivente de boa-fé no caso da morte do outro cônjuge ocorrida antes da sentença. Se o casal não tiver filhos nem ascendentes vivos e um dos cônjuges falecer antes da sentença, o supérstite, se de boa-fé, herdará e poderá ser nomeado até inventariante. Mas se o óbito se der após a decisão não terá direito sucessório, visto que deixará de ser cônjuge.[28]

O pacto antenupcial deve ser executado em benefício do consorte de boa-fé, de modo que o culpado deverá cumprir todas as promessas feitas ao inocente no contrato antenupcial.[29]

8.4.3.1 Efeitos em relação a terceiros

Os terceiros devem respeitar os efeitos reputados válidos do casamento nulo ou anulável em relação ao cônjuge de boa-fé. Desta forma, o cônjuge de boa-fé pode pedir anulação de negócio que dependia de sua outorga uxória ou marital e que foi realizado sem ela, não obstante posteriormente o casamento venha a ser reconhecido nulo ou anulável; ou o cônjuge de boa-fé pode pretender excluir sua meação da execução de dívida não contraída em benefício do casal.[30]

O casamento putativo constitui, ainda, impedimento em relação a qualquer tentativa de casamento de um dos cônjuges com terceiro.

---

27. Maria Helena Diniz, *Curso de Direito Civil Brasileiro – Direito de Família*, cit., 24ª ed., vol. 5, p. 282.
28. Idem, p. 284.
29. Maria Helena Diniz, *Curso de Direito Civil Brasileiro – Direito de Família*, cit., 24ª ed., vol. 5, p. 284.
30. Sílvio Luís Ferreira da Rocha, *Introdução ao Direito de Família*, cit., p. 93.

Capítulo 9
DA UNIÃO ESTÁVEL

9.1 Conceito. 9.2 Requisitos. 9.3 Direitos e deveres dos conviventes. 9.4 Efeitos patrimoniais. 9.5 Conversão da união estável. 9.6 Extinção da união estável.

9.1 Conceito

União estável é a convivência duradoura, pública e contínua de um homem e de uma mulher estabelecida com o objetivo de constituir uma família (CC, art. 1.723).[1] Define-a Maria Helena Diniz como "a união

1. Sílvio Luís Ferreira da Rocha, *Introdução ao Direito de Família*, São Paulo, Ed. RT, 2004, p. 141. Antes do advento do Código Civil de 2002 num breve espaço sucederam-se duas leis com conteúdo diverso a respeito do tema, a saber: a Lei 8.971/1994 e a Lei 9.278/1996. A divergência de tratamento residia nas disposições que versavam sobre o tempo mínimo de convivência duradoura a ser considerado para caracterizar a união estável; na estipulação obrigatória do regime de bens; na extensão dos direitos sucessórios reconhecidos ao convivente sobrevivente, presentes na Lei 8.971/1994 e modificados ou suprimidos na Lei 9.278/1996.
Guilherme Calmon Nogueira da Gama em sua obra *O Companheirismo – Uma Espécie de Família* (São Paulo, Ed. RT, 2001, p. 498-499), sustentou o ponto de vista que não houve ab-rogação (revogação total) da Lei 8.971/1994 pela Lei 9.278/1996. De acordo com ele, "malgrado a Lei 9.278/1996 tenha sido aprovada com o objetivo de regular o preceito constitucional contido no art. 226 § 3º, conforme consta de sua ementa, as disposições constantes do texto legal nem de longe abrangeram todos os pontos já tratados em leis anteriores, e especialmente na Lei 8.971/1994". Para o referido autor a compatibilização dos dois textos passa pela compreensão de que: (a) houve atenuação do rigor quanto ao lapso temporal de convivência (que era de cinco anos) e supressão quanto à alternativa da condição " existência de prole" em relação aos requisitos necessários à produção dos efeitos jurídicos decorrentes da Lei 9.278/1996; (b) o companheiro sobrevivente passou a ter direito sucessório de propriedade e usufruto, regulado no art. 2º da Lei 8.971/1994; (c) há perfeita compatibi-

livre e estável de pessoas livres de sexos diferentes, que não estão ligadas entre si por casamento civil".[2]

9.2 Requisitos

A união estável requer a diversidade de sexos, a inexistência de impedimento matrimonial, a vida em comum sob o mesmo teto, período transcorrido na convivência, notoriedade e fidelidade e a convivência *more uxorio* e *affectio maritalis*.

A união estável requer a diversidade de sexos porque o CC, no art. 1.723, na linha de pensamento da Lei 9.278, de 10.5.1996, considera entidade familiar a convivência de um homem e uma mulher. Para Carlos Roberto Gonçalves, "por se tratar de modo de constituição de famí-

---

lidade entre as diversas espécies de direito reconhecidas em favor do supérstite quando da dissolução do vínculo por força da morte do companheiro. O direito de habitação do imóvel destinado à residência da família não é incompatível com o direito sucessório de propriedade (sucessão legítima, como herdeiro facultativo) ou com o direito sucessório de usufruto (legado *ex lege*), inexistindo incompatibilidade, e muito menos absoluta; (d) houve, com relação aos alimentos, derrogação da Lei 8.971/1994, porquanto a Lei 9.278/1996 cuidou da mesma matéria.

Pareceu-nos ter havido ab-rogação (derrogação total) da Lei 8.971, de 29.12.1994, pela Lei 9.278, de 10.5.1996, já que esta procurou disciplinar o tema da união estável, regulando inteiramente a matéria de que tratava a lei anterior. Não se podia sustentar, ainda, o direito amplo à sucessão do companheiro sobrevivente, na medida em que a Lei 9.278, de 10.5.1996, ao dispor sobre a dissolução da união estável por morte de um dos conviventes, assegurou-lhe o direito real de habitação, enquanto viver ou não constituir nova união ou casamento, relativamente ao imóvel destinado à residência da família, excluindo-o, portanto, do rol de herdeiros. Essa forma de disciplinar os efeitos decorrentes da dissolução da união estável por morte de um dos conviventes não prejudicou o outro companheiro sobrevivente. Pela Lei 8.971, de 29.12.1994, ele se qualificava como herdeiro tão somente na falta de descendentes e de ascendentes e, com isso, tinha preferência sobre o cônjuge e os irmãos, mas na falta de herdeiros necessários (ascendentes e descendentes) nada impedia que o companheiro sobrevivente fosse designado herdeiro testamentário de toda – e não somente de parte – a herança. Assim, a única alteração ocorrida foi a retirada do companheiro sobrevivente do rol dos herdeiros legítimos, sem se impedir sua designação como herdeiro testamentário; não mais existindo, portanto, a proibição para a companheira ou companheiro prevista no art. 1.719, III, do CC de 1916, de receber bens em doação.

Regia, portanto, a união estável tão somente a Lei 9.278, de 10.5.1996. A Lei 8.971, de 29.12.1994, foi revogada.

2. Maria Helena Diniz, *Curso de Direito Civil Brasileiro – Direito de Família*, 24ª ed., vol. 5, São Paulo, Saraiva, 2009, p. 373.

lia que se assemelha ao casamento, apenas com a diferença de não exigir a formalidade da celebração, a união estável só pode decorrer de relacionamento entre pessoas de sexo diferente. A doutrina considera da essência do casamento a heterossexualidade e classifica na categoria de ato inexistente a união entre pessoas do mesmo sexo".[3] A convivência de homossexuais ou as relações homoafetivas foram excluídas do conceito de união estável. Mas nada impede, no entanto, a aplicação das regras da união estável a essas relações homossexuais – ideia defendida por Maria Berenice Dias, que as considera sociedades de afeto, e não de fato.[4]

A jurisprudência, no entanto, salvo raras exceções, está um passo atrás, porquanto, como regra, tem reconhecido tão somente a existência da sociedade de fato, entre sócios, a indicar direitos de participação no patrimônio formado pelo esforço comum de ambos, e não união livre como entidade familiar.[5]

A união estável requer a ausência de impedimentos à realização do matrimônio. Só configuraria a união estável o relacionamento entre homem e mulher solteiros, viúvos ou divorciados ou o relacionamento entre pessoas separadas de fato ou judicialmente (CC, art. 1.723, § 2º),

3. Carlos Roberto Gonçalves, *Direito Civil Brasileiro – Direito de Família*, 7ª ed., vol. 6, São Paulo, Saraiva, 2010, p. 592.
4. Maria Berenice Dias, *União Homossexual: o Preconceito & a Justiça*, Porto Alegre, Livraria do Advogado, 2000, p. 88. Para a citada autora, "comprovada a existência de um relacionamento em que haja vida em comum, a coabitação e os laços afetivos, está-se à frente de uma entidade familiar, forma de convívio que goza da proteção constitucional. Nada justifica que se desqualifique o reconhecimento de sua existência. O só fato de os conviventes serem do mesmo sexo não permite que lhes sejam negados os direitos assegurados aos heterossexuais". V. também Sílvio Luís Ferreira da Rocha, *Introdução ao Direito de Família*, cit., p. 142.
A união entre homossexuais, de acordo com Maria Helena Diniz (*Curso de Direito Civil Brasileiro – Direito de Família*, cit., 24ª ed., vol. 5, p. 324), está regularizada na França pela Lei 99.944/1999, ao prescrever o pacto civil de solidariedade (art. 515-1); na Holanda, que admite casamento entre homossexuais, concedendo-lhes os mesmos direitos decorrentes do casamento entre heterossexuais; na Dinamarca, com a Lei 372/1989, que consagra a parceria homossexual registrada, com efeitos idênticos aos do casamento, exceto algumas restrições, como a proibição de adotar criança; na Alemanha, com a Lei de União Estável Homossexual (*Lebenspartnerschaftsgesetz*) de 2001; na Finlândia, com a Lei de 11.3.2002.
5. Carlos Roberto Gonçalves, *Direito Civil Brasileiro – Direito de Família*, cit., 7ª ed., vol. 6, p. 592.

e nunca o relacionamento entre pessoas casadas. "A convivência simultânea com a esposa e outra mulher não caracteriza a união estável, mas o concubinato impuro ou adulterino" (*RT* 750/249).[6]

A união estável requer, ainda, convivência duradoura. "Conviver" significa viver juntos, mas não necessariamente debaixo do mesmo teto. É possível existir convivência duradoura não obstante os conviventes residam em lares separados.[7] Maria Helena Diniz não defende este ponto de vista extremado, mas adverte que, "ante a circunstância de que no próprio casamento pode haver uma separação material dos consortes por motivo de doença, de viagem ou de profissão, a união estável pode existir mesmo que os companheiros não residam sob o mesmo teto, desde que notório que sua vida se equipara à dos casados civilmente".[8]

Exige o art. 1.723 do CC que a convivência seja duradoura, mas não estabelece o prazo mínimo de duração dessa convivência – o que de certo modo serviu para afastar a possibilidade de comportamentos voltados a impedir a configuração da união estável, como a interrupção forçada da convivência às vésperas da consumação do lapso temporal

---

6. Para Francisco José Cahali (*União Estável e Alimentos Entre Companheiros*, São Paulo, Saraiva, 1996, pp. 60-61): "Pode-se afirmar com segurança, acompanhando a orientação doutrinária e jurisprudencial a respeito, a reprovação das relações concubinárias adulterinas na caracterização da união estável; e, como consequência, toda a construção jurídica de proteção e efeitos da entidade familiar passa ao lado desta ligação desqualificada, sem abraçá-la. Da mesma forma, as relações adulterinas são reprovadas não só pelo ordenamento jurídico como também pelos valores morais da sociedade, sendo inafastável, pois, o impedimento à caracterização da união estável se um ou ambos os conviventes mantêm vida conjugal. Para reforçar este entendimento, verifica-se que o caminho traçado pela Constituição induz à proteção apenas da ligação não adulterina nem incestuosa, pois caso contrário impedida estaria a possibilidade de conversão ao casamento". V. também Sílvio Luís Ferreira da Rocha, *Introdução ao Direito de Família*, cit., p. 143.
7. Guilherme Calmon Nogueira da Gama (*O Companheirismo – Uma Espécie de Família*, cit., p. 190) pensa em sentido contrário. Para ele, "a convivência dos companheiros sob o mesmo teto também é considerada requisito para a configuração do companheirismo, conforme reconhece a doutrina, incluindo o chamado débito conjugal, ou seja, o efetivo exercício da prática de relações sexuais entre os companheiros, à semelhança do que ocorre com o casamento". V. também Sílvio Luís Ferreira da Rocha, *Introdução ao Direito de Família*, cit., p. 143.
8. Maria Helena Diniz, *Curso de Direito Civil Brasileiro – Direito de Família*, cit., 24ª ed., vol. 5, p. 389.

para o recebimento da união estável.⁹ Embora o Código civil não tenha estabelecido prazo algum para a caracterização da união estável, há um prazo implícito a ser verificado diante de cada situação, pois não há como um relacionamento afetivo ser público, contínuo e duradouro se não for prolongado, se não tiver algum prazo que seja razoável para indicar que foi constituída uma entidade familiar.¹⁰

A convivência deve ser pública; ela, portanto, não pode ser escondida. A convivência deve ser vista e percebida pela comunidade. Relacionamentos escondidos, sigilosos, encobertos, dissimulados, não configurariam convivência para fins de reconhecimento de entidade familiar. A notoriedade pode, porém, ser discreta, como no caso em que a divulgação da união ocorre num círculo mais restrito, de amigos, de pessoas de íntima relação de ambos, de vizinhos.¹¹

"Continuidade" significa sem interrupções. O prazo da convivência deve ser ininterrupto. Separação por período curto de tempo não serve, no entanto, para excluir a continuidade.

A convivência deve ser estabelecida com a finalidade de constituir uma família. Está excluída do conceito de união estável a convivência que caracterize mera aventura, que não vise à constituição de uma relação de afeto com vistas a estabelecer a mais íntima comunhão entre um homem e uma mulher.¹² Para Maria Helena Diniz um dos pressupostos da união estável é a honorabilidade, isto é, deve haver uma união respeitável entre homem e mulher, pautada na *affectio* e no *animus* de constituir uma família.¹³

---

9. Idem, p. 325. Guilherme Calmon Nogueira da Gama (*O Companheirismo – Uma Espécie de Família*, cit., p. 199) sustenta que a situação envolvendo os companheiros é de posse qualificada de estado de casados, para efeito de configuração de família, e não uma posse simples, transitória, suscetível de rompimento por motivo de somenos importância. Para ele, o prazo razoável, como índice de estabilidade da relação, seria o de dois anos (hoje reduzido para um ano). V. também Sílvio Luís Ferreira da Rocha, *Introdução ao Direito de Família*, cit., p. 144.
10. Carlos Roberto Gonçalves, *Direito Civil Brasileiro – Direito de Família*, cit., 7ª ed., vol. 6, p. 595.
11. Maria Helena Diniz, *Curso de Direito Civil Brasileiro – Direito de Família*, cit., 24ª ed., vol. 5, p. 385.
12. Sílvio Luís Ferreira da Rocha, *Introdução ao Direito de Família*, cit., p. 145.
13. Maria Helena Diniz, *Curso de Direito Civil Brasileiro – Direito de Família*, cit., 24ª ed., vol. 5, p. 386.

9.3 Direitos e deveres dos conviventes

A união estável gera efeitos pessoais e efeitos patrimoniais.

Os conviventes têm, igualmente, o dever e o direito de respeito e consideração mútuos; de prestar assistência moral e material recíproca; e de guarda, sustento e educação dos filhos comuns (CC, art. 1.724).[14] O dever de respeito e consideração mútuos envolve a fidelidade dos conviventes, expressão da monogamia, e o tratamento cordial e respeitoso entre eles.[15] Segundo Carlos Roberto Gonçalves, o dever de fidelidade recíproca está implícito no de lealdade e respeito, pois, embora o Código Civil não fale em adultério entre companheiros, a lealdade é gênero de que a fidelidade é espécie, e o que o art. 1.724 exige é que os companheiros sejam leais.[16]

A assistência moral concretiza-se na colaboração para plena felicidade do outro convivente, envolvendo a obrigação de estar ao seu lado nos momentos difíceis da vida, como no caso de doença. A assistência material concretiza-se no dever de cada um colaborar para o sustento do outro, sendo que não há a exigência da realização desse dever em pecúnia. O dever de colaborar para o sustento pode ser cumprido com a prestação de serviços domésticos.[17] Para Carlos Roberto Gonçalves, "enquanto o dever de assistência imaterial implica a solidariedade que os companheiros devem ter em todos os momentos, bons ou maus, da convivência, a assistência material revela-se no âmbito do patrimônio, especialmente no tocante à obrigação alimentar".[18]

Aos conviventes é imposto o dever de ter consigo, educar e sustentar os filhos comuns. Cuida-se de obrigação imposta a eles e que irá beneficiar os filhos.

9.4 Efeitos patrimoniais

Os conviventes podem regulamentar as relações econômicas decorrentes da união estável pelo contrato de convivência, definido como o

14. Sílvio Luís Ferreira da Rocha, *Introdução ao Direito de Família*, cit., p. 146.
15. Idem, ibidem.
16. Carlos Roberto Gonçalves, *Direito Civil Brasileiro – Direito de Família*, cit., 7ª ed., vol. 6, p. 601.
17. Sílvio Luís Ferreira da Rocha, *Introdução ao Direito de Família*, cit., p. 146.
18. Carlos Roberto Gonçalves, *Direito Civil Brasileiro – Direito de Família*, cit., 7ª ed., vol. 6, p. 602.

instrumento pelo qual os sujeitos de uma união estável promovem regulamentações quanto aos reflexos da relação por eles constituída, que não requer forma preestabelecida para sua eficácia, salvo a escrita.[19] À união estável aplica-se o regime patrimonial da comunhão parcial de bens, salvo estipulação em contrário feita por escrito (CC, art. 1.725). Os bens móveis e imóveis adquiridos por um ou ambos os conviventes na constância da união estável pertencem a ambos. Trata-se, para alguns, de uma presunção de aquisição comum que cede diante da prova de que os bens foram adquiridos com recursos pertencentes a um dos conviventes obtidos antes do início da união estável. De acordo com Maria Helena Diniz, "pelo art. 1.725 do CC há, atualmente, presunção relativa de que os bens adquiridos por um ou por ambos os companheiros na constância da união estável a título oneroso pertencem em partes iguais a ambos, em condomínio, sendo desnecessária a prova do esforço comum".[20] Carlos Roberto Gonçalves, no entanto, discorda de que a presunção referida no art. 1.725 do CC seja relativa – e, portanto, admita prova em contrário –, pois, para ele, "o art. 1.725 do CC, embora guarde semelhança com o art. 5º da Lei 9.278/1996, não abre a possibilidade de se provar o contrário para afastar o pretendido direito à meação, pois a união estável, nesse particular, foi integralmente equiparada ao casamento realizado no regime da comunhão parcial de bens".[21]

Os bens adquiridos pelos companheiros durante sua vigência devem ser partilhados por igual, independentemente da prova de contribuição para sua aquisição. O fundamento da partilha de bens não é mais a contribuição à construção do patrimônio, mas a comunhão de interesses presente na união estável, de modo a afastar a incidência da Súmula 380 do STF.[22] Em resumo, os bens adquiridos a título oneroso na cons-

19. Francisco José Cahali, *Contrato de Convivência na União Estável*, cit. por Carlos Roberto Gonçalves, *Direito Civil Brasileiro – Direito de Família*, cit., 7ª ed., vol. 6, p. 613.
20. Maria Helena Diniz, *Curso de Direito Civil Brasileiro – Direito de Família*, cit., 24ª ed., vol. 5, p. 416.
21. Carlos Roberto Gonçalves, *Direito Civil Brasileiro – Direito de Família*, cit., 7ª ed., vol. 6, p. 605.
22. Súmula 380 do STF: "Comprovada a existência de sociedade de fato entre os concubinos, é cabível a sua dissolução judicial, com a partilha do patrimônio adquirido pelo esforço comum". V. Sílvio Luís Ferreira da Rocha, *Introdução ao Direito de Família*, cit., p. 147.

tância da união estável pertencem a ambos os companheiros e devem ser partilhados em caso de dissolução, com a observância das normas que regem o regime da comunhão parcial de bens.[23]

Desta forma, se não for celebrado pelos companheiros ou conviventes contrato escrito que estabeleça regra diversa, à união estável aplicar-se-á o regime da comunhão de bens, que abrange os bens adquiridos na constância da convivência, enquanto os bens de cada companheiro adquiridos antes da união estável,os sub-rogados em seu lugar e os adquiridos durante a convivência a título gratuito, por doação ou herança não se comunicam, e permanecem como bens próprios.

Aplicam-se as regras do regime da comunhão parcial de bens, no que couber. Desta forma, cada companheiro administrará livremente seus bens particulares e qualquer um deles poderá administrar o patrimônio comum, conforme prevê o art. 1.663 do CC.[24]

A doutrina controverte acerca da necessidade, ou não, da autorização do companheiro para a alienação de bem registrado exclusivamente em nome de um dos conviventes. Marco Túlio Murano Garcia, Euclides de Oliveira e Gustavo Tepedino entendem não se aplicar por analogia à união estável, por seu caráter restritivo e peculiar ao matrimônio, a exigência de autorização do companheiro para a alienação dos bens imóveis e outros atos gravosos ao patrimônio comum, sobretudo para dar maior proteção ao terceiro contratante investido de boa-fé. Enquanto Carlos Roberto Gonçalves, com apoio na lição de Zeno Veloso, sustenta ser necessária a outorga do companheiro à alienação ou à oneração imobiliária, não obstante concorde que mesmo na ausência de autorização, omitida a circunstância da união estável, o terceiro de boa-fé que adquiriu o bem não poderá ser prejudicado; de modo que a questão será resolvida entre os companheiros pela via indenizatória, cabendo ao prejudicado pleitear indenização por perdas e danos.[25]

Pode ser que o terceiro, ciente da união estável, negociou com um dos companheiros; nessa situação não se afasta a possibilidade de o

---

23. Carlos Roberto Gonçalves, *Direito Civil Brasileiro – Direito de Família*, cit., 7ª ed., vol. 6, p. 605.
24. Idem, p. 606.
25. Carlos Roberto Gonçalves, *Direito Civil Brasileiro – Direito de Família*, cit., 7ª ed., vol. 6, p. 608.

companheiro lesado com o negócio requerer a anulação, desde que apresente prova segura do conhecimento, por parte do terceiro adquirente, da união estável e da sua existência ao tempo da alienação.[26]

Caio Mário da Silva Pereira, Guilherme Calmon Nogueira da Gama e Zeno Veloso, todos citados por Carlos Roberto Gonçalves, entendem deva incidir na união estável de companheiros idosos, maiores de 70 anos, o regime da separação obrigatória de bens, imposto no caso de matrimônio, sob pena de se prestigiar a união estável em detrimento do casamento. Assim, às pessoas que não têm opção de escolha do regime de bens no casamento deve ser aplicado o regime da separação obrigatória, tal como ocorre com o casamento.[27]

Carlos Roberto Gonçalves, por sua vez, considera inconstitucionais tais dispositivos, por manifesta incompatibilidade com as cláusulas constitucionais da tutela da dignidade da pessoa humana, da igualdade jurídica e da intimidade, de modo que os conviventes maiores de 70 anos seriam livres para escolher o regime de bens ou se sujeitar ao regime da comunhão parcial de bens.[28]

9.5 Conversão da união estável

O CC, no art. 1.726, admite que os conviventes requeiram perante ao juiz, de comum acordo, a conversão da união estável em casamento mediante assento no registro civil, desde que comprovada a ausência de impedimento. A determinação para que a conversão seja judicial, e não administrativa, inviabiliza o procedimento, na medida em que se torna mais simples e mais célere contrair matrimônio.

9.6 Extinção da união estável

O Código Civil não trata da extinção da união estável.

A união estável extingue-se por acordo dos conviventes.

---

26. Idem, p. 609.
27. Carlos Roberto Gonçalves, *Direito Civil Brasileiro – Direito de Família*, cit., 7ª ed., vol. 6, p. 610.
28. Idem, ibidem.

A união estável extingue-se por culpa de um dos conviventes que desrespeita um dos deveres iguais de ambos, como o respeito e consideração mútuos ou a assistência moral e material. Era a hipótese de rescisão a que se referia o art. 7º da Lei 9.278/1996, que consistia na ruptura da sociedade por violação dos deveres entre os companheiros.[29]

A união estável dissolve-se também pela morte de um dos conviventes.

---

29. Sílvio Luís Ferreira da Rocha, *Introdução ao Direito de Família*, cit., p. 148.

Capítulo 10
DAS RELAÇÕES DE PARENTESCO
(ARTS. 1.591-1.629)

10.1 Disposições gerais. 10.2 Filiação, paternidade e maternidade: 10.2.1 Da filiação: 10.2.1.1 Filiação legítima, ilegítima, natural e espúria – 10.2.1.2 Presunção de paternidade – 10.2.1.3 Da prova da filiação – 10.2.1.4 Do reconhecimento de filhos (arts. 1.607-1617) – 10.2.1.5 Investigação de paternidade e de maternidade: 10.2.1.5.1 Investigação de paternidade – 10.2.1.5.2 Investigação de maternidade – 10.2.1.6 Consequências do reconhecimento de filho. 10.3 Parentesco por afinidade. 10.4 Parentesco por adoção: 10.4.1 Adoção (arts. 1.618-1.629). 10.5 Do poder familiar (arts. 1.630 a 1.638).

10.1 Disposições gerais

O parentesco é a mais importante e constante das relações humanas.

O parentesco é o vínculo que une duas pessoas em decorrência de vínculo genético ou consanguíneo, casamento, adoção, que lhes atribui direitos e deveres recíprocos.[1]

O ordenamento jurídico atribui efeitos relevantes ao parentesco ao estatuir proibições, direitos e obrigações recíprocos entre os parentes, de ordem pessoal e patrimonial, como impedimentos matrimoniais, direito à sucessão e alimentos. Merecem destaque o dever de assistir, criar e educar os filhos menores e o encargo dos filhos maiores de ajudar e amparar os pais na velhice, carência ou enfermidade, previstos no art. 229 da CF. O parentesco é ainda importante em situações reguladas por outros ramos do Direito, como o processual e o eleitoral. Com efeito, a

---

1. Sílvio Luís Ferreira da Rocha, *Introdução ao Direito de Família*, São Paulo, Ed. RT, 2004, p. 149.

existência de parentesco entre as partes e o juiz acarreta a suspeição deste (CPC, art.134, IV) e o parentesco entre o governante e o candidato pode provocar sua inelegibilidade.[2]

No parentesco consanguíneo há um vínculo genético comum às pessoas, que, com maior ou menor intensidade, têm um ancestral comum. As pessoas descendem umas das outras, ou de um mesmo tronco.

O parentesco consanguíneo divide-se em parentesco por linha reta ou por linha colateral e a contagem faz-se por graus. Grau é a distância em gerações. Cada grau representa uma geração. Geração é a relação entre o genitor e o gerado.

No parentesco por linha reta as pessoas descendem das outras, nominando-se ascendentes ou descendentes – como bisavô, avô, pai, filho, neto e bisneto (CC, art. 1.591). Na linha reta contam-se os graus subindo ou descendo, e tantos são os graus quantas são as gerações (CC, art. 1.594). Assim, temos um grau do pai para o filho e dois graus do avô para o neto.

A linha reta é ascendente quando se sobe de determinada pessoa para seus antepassados. Toda pessoa, na perspectiva de sua ascendência, tem duas linhas de parentesco, a paterna e a materna – distinção relevante no direito das sucessões, que adota a partilha em linhas para dividir a herança.[3]

A linha reta é descendente quando se desce dessa pessoa para seus descendentes – distinção também relevante no direito das sucessões quanto ao modo de partilhar a herança por estirpe, pois cada descendente passa a constituir uma estirpe relativamente aos seus pais.[4]

Na linha colateral as pessoas não descendem diretamente uma das outras, mas têm em comum um ancestral, como irmãos, tios, sobrinhos e primos. Cada grau representa uma geração, mas o grau de parentesco colateral entre duas pessoas é contado subindo de um dos parentes até o ascendente comum e descendo depois até encontrar o outro parente (CC, art. 1.594, segunda parte). Primos são parentes colaterais em quar-

---

2. Carlos Roberto Gonçalves, *Direito Civil Brasileiro – Direito de Família*, 7ª ed., vol. 6, São Paulo, Saraiva, 2010, p. 296.
3. Carlos Roberto Gonçalves, *Direito Civil Brasileiro – Direito de Família*, cit., 7ª ed., vol. 6, p. 298.
4. Idem, ibidem.

to grau; tios e sobrinhos são parentes colaterais em terceiro grau; e irmãos são parentes colaterais em segundo grau. Não existe parentesco colateral em primeiro grau, porque este tipo de parentesco pressupõe no mínimo três pessoas. O parentesco colateral é limitado até o quarto grau (CC, art. 1.592).[5]

A redução do parentesco colateral para o quarto grau promove a compatibilização da restrição com a linha sucessória no parentesco colateral, que vai até o quarto grau, como prevê o art. 1.839 do CC, que acolheu a tendência de limitar os vínculos familiares na sociedade moderna, de modo que ultrapassado esse limite presume-se a distância, o afastamento, das pessoas, de modo que o afeto e a solidariedade não constituem base confiável para servir de apoio às relações jurídicas.[6]

O parentesco colateral até o terceiro grau constitui impedimento para o casamento, nos termos do art. 1.521, IV, do CC; o parentesco colateral de segundo grau fundamenta a obrigação de prestar alimentos, conforme dispõe o art. 1.697 do CC; os colaterais até o quarto grau podem ser chamados a suceder.

A linha colateral pode ser igual, como nas situações de irmãos que estão à mesma distância (número de gerações) que os separa do ancestral comum; ou pode ser desigual, como no caso de tio e sobrinho, porque o tio se encontra uma geração distante do ancestral comum, e o sobrinho duas gerações. A linha colateral pode ser também dúplice ou duplicada, como no caso de dois irmãos que se casam com duas irmãs, cujos filhos nascidos de ambos os casais serão parentes colaterais em linha duplicada.[7]

10.2 Filiação, paternidade e maternidade

10.2.1 Da filiação

A relação de parentesco que se estabelece entre pais e filhos é a mais importante. Diz-se *filiação* o vínculo que liga o filho a seus pais; *paternidade* o vínculo que liga o pai ao filho; e *maternidade* o vínculo

---
5. Sílvio Luís Ferreira da Rocha, *Introdução ao Direito de Família*, cit., p. 149.
6. Carlos Roberto Gonçalves, *Direito Civil Brasileiro – Direito de Família*, cit., 7ª ed., vol. 6, p. 298.
7. Idem, p. 300.

que liga a mãe ao filho. A maternidade é certa; a paternidade incerta, até bem pouco tempo atrás – razão pela qual foi estabelecido um conjunto de presunções para determiná-la.[8] Portanto, em sentido estrito, *filiação* é a relação jurídica que liga o filho a seus pais, considerada *filiação propriamente dita* quando visualizada pelo lado do filho, mas encarado em sentido inverso, pelo lado dos genitores em relação ao filho, o vínculo denomina-se *paternidade* ou *maternidade*.[9]

10.2.1.1 Filiação legítima, ilegítima, natural e espúria

A Constituição Federal de 1988 proibiu qualquer designação discriminatória entre os filhos, o que foi incorporado no texto do CC de 2002, no art. 1.596.[10] Hoje todos são apenas filhos, uns havidos fora do casamento, outros em sua constância, mas com iguais direitos e qualificações.

Embora a Constituição proíba designações discriminatórias, a filiação matrimonial "se origina na constância do casamento dos pais, ainda que anulado ou nulo" (CC, arts. 1.561 e 1.617). Portanto, a filiação matrimonial pressupõe o casamento entre os genitores, o nascimento provindo da mulher e a concepção por obra do pai durante o matrimônio.[11]

10.2.1.2 Presunção de paternidade

A filiação matrimonial é espécie de filiação biológica, isto é, aquela em que houve o fornecimento de material biológico para a concepção a partir da cópula sexual, pois uma das finalidades do ca-

8. Sílvio Luís Ferreira da Rocha, *Introdução ao Direito de Família*, cit., p. 150.
9. Carlos Roberto Gonçalves, *Direito Civil Brasileiro – Direito de Família*, cit., 7ª ed., vol. 6, p. 304.
10. Antes, no entanto, o Código Civil de 1916 estabelecia uma diferença entre filhos nascidos na constância do casamento, chamados de *legítimos*, e filhos nascidos de relações extramatrimoniais, designados *ilegítimos*. A ilegitimidade subclassificava-se em *natural*, quando não existia obstáculo ao casamento dos pais, e *espúria*, quando existia obstáculo ao casamento dos pais, subdividindo-se em filiação *adulterina* ou *incestuosa*, de acordo com o tipo de impedimento violado: adultério ou incesto. A espuriedade significava a impossibilidade do reconhecimento da paternidade ou maternidade dos filhos.
11. Eliane Oliveira Barros, *Aspectos Jurídicos da Inseminação Artificial Heteróloga*, 2010, p. 33.

samento é a procriação dos filhos, embora esta não seja da essência do casamento.[12]

Até o desenvolvimento recente da Bioquímica e da Genética, que permitiu a descoberta de exames com absoluto grau de certeza acerca da paternidade – refiro-me ao exame de DNA –, a civilização ocidental teve que conviver com a incerteza do vínculo biológico que une o pai ao filho e, por isso, assentou a noção de filiação num jogo de probabilidades em torno da coabitação sexual, da monogamia e da fidelidade oriundas do matrimônio, de modo a estabelecer uma presunção. Destarte, em algumas situações o casamento gera a presunção de paternidade, designada pelo adágio *pater is est quem nupciam demonstratum*, abreviada na fórmula *pater is est* – entre elas, o nascimento do filho depois de 180 dias do estabelecimento da sociedade conjugal ou até 300 dias depois da dissolução da sociedade conjugal por morte, separação ou anulação (CC, art. 1.597, I e II). Destarte, se a mulher contrair novas núpcias antes dos 300 dias subsequentes à dissolução da sociedade conjugal e lhe nascer algum filho, a paternidade será do primeiro cônjuge; se lhe nascer algum filho após os 300 dias e já decorrido o prazo de 180 dias depois de estabelecida a convivência conjugal, a paternidade será do segundo cônjuge (CC, art. 1.598).[13]

Amparado no que ordinariamente acontece (*id quod plerumque accidit*), presume o legislador que o filho da mulher casada foi fecundado por seu marido, o que também serve para preservar a segurança e a tranquilidade familiar, a fim de evitar que se atribua prole adulterina à mulher casada e se introduza na vida familiar o receio da imputação de infidelidade, de modo que se a mãe for casada atribui-se a paternidade da criança ao marido.[14]

Além dessas hipóteses, que foram repetidas do Código Civil de 1916, o Código Civil de 2002 previu outras, que se tornaram viáveis graças ao desenvolvimento de técnicas de reprodução assistida, isto é, *conjunto de operações para unir, artificialmente, os gametas feminino e masculino*.[15] Entre elas, a "ectogênese ou fertilização *in vitro*, que se

---

12. Idem, ibidem.
13. Sílvio Luís Ferreira da Rocha, *Introdução ao Direito de Família*, cit., p. 151.
14. Carlos Roberto Gonçalves, *Direito Civil Brasileiro – Direito de Família*, cit., 7ª ed., vol. 6, p. 306.
15. Maria Helena Diniz, *O Estado Atual do Biodireito*, São Paulo, Saraiva, 3ª ed., 2006, p. 551.

concretiza pelo método ZIFT (*Zibot Intra Fallopian Transfer*), que consiste na retirada de óvulo da mulher para fecundá-lo na proveta, com sêmen do marido ou de outro homem, para depois introduzir o embrião no seu útero ou no de outra", ou a "inseminação artificial, que se processa mediante o método GIFT (*Gametha Intra Fallopian Transfer*), referindo-se à fecundação *in vivo*, ou seja, a inoculação do sêmen na mulher, sem que haja qualquer manipulação externa de óvulo ou de embrião".[16] O CC, no art. 1.597, III, IV e V, prevê hipóteses outras de presunção de paternidade relativas aos filhos nascidos por reprodução assistida, ou seja: "III – havidos por fecundação artificial homóloga, mesmo que falecido o marido; IV – havidos, a qualquer tempo, quando se tratar de embriões excedentários, decorrentes de concepção artificial homóloga; V – havidos por inseminação artificial heteróloga, desde que tenha prévia autorização do marido".[17]

A hipótese descrita no inciso III – "havidos por fecundação artificial homóloga, mesmo que falecido o marido" – foi prevista, segundo Maria Helena Diniz, para solucionar as questões jurídicas que esta modalidade de fecundação levantava na vigência do Código Civil de 1916, pois, segundo ela, "*de lege lata*, o inseminado *post mortem* seria filho extramatrimonial e somente da mãe". De acordo com o Enunciado 106 do Conselho da Justiça Federal, aprovado nas *Jornadas de Direito Civil* de 2002, "para que seja presumida a paternidade do marido falecido, será obrigatório que a mulher, ao se submeter a uma das técnicas de reprodução assistida com o material genético do falecido, esteja na condição de viúva, sendo obrigatório, ainda, que haja autorização escrita do marido para que se utilize seu material genético após sua morte".[18]

A paternidade presumida na hipótese descrita no inciso V do art. 1.597 não tem componente genético, isto é, não está fundada nem no dever de coabitação, nem no dever de fidelidade recíproca do casal, pois o marido anuiu na inseminação artificial da mulher com material genético de outrem. A paternidade deixa de ser medida pelo vínculo consanguíneo entre o nascido e os que lhe propiciaram a concepção, e

16. Idem, p. 552.
17. Eliane Oliveira Barros, *Aspectos Jurídicos da Inseminação Artificial Heteróloga*, cit., p. 32.
18. Maria Helena Diniz, *Curso de Direito Civil Brasileiro – Direito de Família*, 22ª ed., vol. 5, São Paulo, Saraiva, 2007, p. 428.

passa a assentar na declaração de vontade do marido, à qual o Código Civil atribuiu efeitos jurídicos. Assim, a presunção de paternidade que se estabelece radica-se na manifestação de vontade do marido que consentiu na inseminação, dita procriacional.[19]

A paternidade na inseminação artificial heteróloga decorre de um ato de vontade e se equipara a uma paternidade adquirida, como a que decorre da adoção. A diferença entre uma e outra está em que no processo de procriação assistida a criança concebida não chega a ter uma paternidade anterior que precisa ser desconstituída, como ocorre na adoção, cujo efeito atributivo da situação de filho desliga-a de qualquer vínculo com os pais e parentes consanguíneos, salvo quanto aos impedimentos para o casamento (CC, art. 1.626). Desta forma, o fato de o marido haver prestado o consentimento para a realização da fecundação artificial heteróloga torna-o responsável no plano social e afetivo sobre o destino daquele ser e o investe no estado paterno.[20]

No entanto, a presunção de paternidade decorrente do casamento em virtude de procriação natural ou procriação artificial assistida na modalidade homóloga é relativa, e não absoluta, porquanto admite prova em contrário. A pretensão de infirmar a presunção de paternidade e negá-la é atribuída com exclusividade ao marido (CC, art. 1.601), que poderá propor ação negatória de paternidade, exceto na paternidade decorrente de inseminação artificial heteróloga, porque ela, como explicado acima, decorre de um ato de vontade do marido, que consentiu na inseminação – a não ser que demonstre, na verdade, que a criança adveio da infidelidade de sua mulher (CC, arts. 1.600 e 1.602). Segundo a opinião de Maria Helena Diniz, "se o marido anuiu na inseminação artificial heteróloga, será o pai legal da criança assim concebida, não podendo voltar atrás, salvo se provar que, na verdade, aquele bebê adveio da infidelidade de sua mulher (CC, arts. 1.600 e 1.602)".[21]

A causa de pedir da ação negatória de paternidade – fundamentos de fato e de direito – é limitada ao adultério da mulher, à impossibilidade física do homem de coabitar com a mulher, à impotência para o

---

19. Eliane Oliveira Barros, *Aspectos Jurídicos da Inseminação Artificial Heteróloga*, cit., p. 79.
20. Idem, p. 80.
21. Maria Helena Diniz, *Curso de Direito Civil Brasileiro – Direito de Família*, cit., 22ª ed., vol. 5, p. 463.

ato sexual (*impotencia coeundi*), à impotência para procriar (*impotencia generandi*) ou ao uso doloso de material genético de outrem (CC, art. 1.599).

O Código Civil de 2002, na linha do Código anterior, com a finalidade de preservar o matrimônio, não aceitou nem a prova de adultério da mulher, nem a confissão da mulher como suficiente a ilidir a presunção de paternidade (CC, arts. 1.600 e 1602).

A ação negatória de paternidade passou a ser imprescritível (CC, art. 1.601). Trata-se de equívoco do legislador, que confundiu o direito à investigação de paternidade instituído em favor dos filhos – este, sim, imprescritível – com o direito do pai de negar a paternidade presumida. Melhor seria que o Código Civil de 2002 tivesse fixado um prazo decadencial, cujo termo inicial ocorresse a partir da data em que o marido dispusesse de elementos seguros para supor não ser o pai do filho de sua mulher.[22]

10.2.1.3 Da prova da filiação

Prova-se a filiação pela certidão do termo de nascimento registrado no registro civil. Do registro resulta a presunção de filiação, de modo que, salvo por erro ou falsidade, ninguém pode vindicar estado contrário ao que resulta do registro de nascimento (CC, art. 1.604).[23] O registro torna público o nascimento e estabelece presunção de veracidade das declarações efetuadas. Dele deve constar o nome do pai, se for casado, em decorrência da presunção *pater is est*; e, se não for casado, só constará seu nome se expressamente o autorizar ou comparecer para assinar o assento. A presunção emanada do registro não poderá ser impugnada sem antes se provar a ocorrência de erro ou falsidade do declarante.[24]

Se não existir registro ou se nele for constatado vício, a filiação poderá ser provada por qualquer modo admitido em Direito, se existirem presunções resultantes de fatos já certos ou quando houver começo

22. Sílvio Luís Ferreira da Rocha, *Introdução ao Direito de Família*, cit., p. 151.
23. Maria Helena Diniz, *Curso de Direito Civil Brasileiro – Direito de Família*, cit., 22ª ed., vol. 5, p. 474; Sílvio Luís Ferreira da Rocha, *Introdução ao Direito de Família*, cit., p. 152.
24. Carlos Roberto Gonçalves, *Direito Civil Brasileiro – Direito de Família*, cit., 7ª ed., vol. 6, p. 323.

de prova por escrito, proveniente dos pais (CC, art. 1.605).²⁵ Qualquer documento que revele a filiação – como cartas, autorizações para atos em benefício dos filhos, declaração de filiação para fins de imposto de renda ou de previdência social, anotações do nascimento do filho – pode ser considerado começo de prova escrita; também pode ser considerada presunção resultante de fatos a posse do estado de filho, caracterizada pelo tratamento público de filho, o indicativo de que a pessoa utiliza o nome de família dos pais e a reputação de filho no meio social em que vive e na família.²⁶

Carlos Roberto Gonçalves considera obsoleto e dissonante do princípio da verdade real o dispositivo supra, especialmente em decorrência do exame de DNA, de modo que defende que o reconhecimento da paternidade ou da maternidade independe do começo de prova por escrito ou das presunções mencionadas.²⁷

A ação para provar a filiação é privativa do filho, enquanto ele for vivo, mas transmite-se aos herdeiros se ele morrer menor ou incapaz (CC, art. 1.606). A morte do filho maior e capaz não transmite a legitimidade da ação aos herdeiros, exceto se a ação já tiver sido proposta.²⁸

10.2.1.4 Do reconhecimento de filhos (arts. 1.607-1617)

O direito civil, ao dar ênfase às relações entre os pais e os filhos concebidos na constância do casamento, colocou em plano destacado a filiação havida das relações de casamento, denominada também *filiação matrimonial*. Mas não pôde, todavia, ignorar a existência dos filhos nascidos de pais não unidos em matrimônio, que constituem uma realidade biológica. A distinção entre *filiação legítima* e *filiação natural* aflorou de forma intensa, posto que a primeira deu origem a uma rela-

---

25. Maria Helena Diniz, *Curso de Direito Civil Brasileiro – Direito de Família*, cit., 22ª ed., vol. 5, p. 475; Sílvio Luís Ferreira da Rocha, *Introdução ao Direito de Família*, cit., p. 152.
26. Carlos Roberto Gonçalves, *Direito Civil Brasileiro – Direito de Família*, cit., 7ª ed., vol. 6, p. 324.
27. Idem, ibidem.
28. Maria Helena Diniz, *Curso de Direito Civil Brasileiro – Direito de Família*, cit., 22ª ed., vol. 5, p. 475; Sílvio Luís Ferreira da Rocha, *Introdução ao Direito de Família*, cit., p. 153.

ção jurídica que institui o vínculo jurídico que liga o filho ao pai e à mãe e que deflui do casamento, enquanto a segunda deu origem a uma relação fática, muitas vezes duvidosa ante a impossibilidade de prova certa da paternidade, que para se tornar jurídica demanda outro fato que revele ou declare a paternidade ou a maternidade: o reconhecimento.[29]

A presunção legal de paternidade decorrente do matrimônio dispensa o reconhecimento dos filhos, mas os filhos advindos de relações não matrimoniais dependem do reconhecimento voluntário ou do reconhecimento forçado para adquirirem o vínculo jurídico de parentesco. Com efeito, se a mãe não casada comparece ao registro civil para lavrar o assento do nascimento do filho, não pode exigir o lançamento do nome do pai se ele não estiver presente e consentir, ou se ela não exibir procuração outorgada por ele com poderes específicos para realizar a declaração (art. 59 da Lei de Registros Públicos, Lei 6.015/1973).[30] No entanto, é proibido reconhecer o filho na ata do casamento, segundo o art. 3º da Lei 8.560, de 29.12.1992, com a finalidade de evitar referência à sua origem extramatrimonial.[31]

O reconhecimento vem a ser o ato que declara a filiação ocorrida fora do matrimônio e estabelece juridicamente o parentesco entre pai e mãe e seu filho. O reconhecimento não cria a paternidade ou a maternidade, porque apenas visa a declarar um fato do qual o ordenamento jurídico extrai consequências.[32]

O reconhecimento do filho pode ser voluntário, denominado também perfilhação; ou judicial, chamado coativo ou forçado, obtido por meio de ação de investigação de paternidade. Ambos produzem efeitos jurídicos idênticos.[33]

A Lei 8.560, de 29.12.1992, disciplinava o reconhecimento dos filhos nascidos de relações extraconjugais, mas com o advento do Código Civil de 2002 o assunto passou a ser disciplinado nos seus arts. 1.607 a 1.617.

---

29. Caio Mário da Silva Pereira, *Instituições de Direito Civil – Direito de Família*, 14ª ed., vol. V, Rio de Janeiro, Forense, 2004, p. 340.
30. Carlos Roberto Gonçalves, *Direito Civil Brasileiro – Direito de Família*, cit., 7ª ed., vol. 6, p. 327.
31. Idem, p. 332.
32. Maria Helena Diniz, *Curso de Direito Civil Brasileiro – Direito de Família*, cit., 22ª ed., vol. 5, p. 479.
33. Idem, p. 480.

O reconhecimento voluntário é o meio legal de o pai, a mãe ou ambos revelarem espontaneamente o vínculo que os liga ao filho, outorgando-lhe, por essa forma, o *status* correspondente.[34] O reconhecimento de filhos é ato pessoal do genitor, que não pode ser feito por avô, tutor, sucessores do pai ou herdeiros do filho, mas o pode ser por procurador com poderes expressos e especiais, que exige capacidade ao menos relativa e que pressupõe a inexistência de registro de nascimento que atribua a paternidade a outra pessoa.

O reconhecimento pode preceder ao nascimento do filho já concebido, como admite o parágrafo único do art. 1.609 do CC, com o fim de aplacar o temor do pai de falecer antes de ele nascer ou de se encontrar, por outro motivo, impedido de fazê-lo após o nascimento; mas o filho falecido só poderá ser reconhecido se deixou descendentes, pois do contrário poderia o reconhecimento pós-morte visar a recolher a herança deixada pelo falecido, que pelas regras seria deferida ao ascendente que o reconheceu.[35]

O reconhecimento pode ser feito de diversas formas: no registro de nascimento; por escritura pública ou por escrito particular a ser arquivado em cartório; por testamento; e por manifestação expressa e direta perante o juiz, ainda que o reconhecimento não haja sido o objeto único e principal do ato que o contém (CC, art. 1.609, I a IV).

O reconhecimento voluntário ou a perfilhação no registro do nascimento é feito no próprio termo, mediante declaração por um ou por ambos os pais. Se o pai for relativamente incapaz, o reconhecimento pode ser feito sem a assistência de seu representante legal.[36] Caso o filho esteja registrado em nome de um dos genitores – a mãe, por exemplo –, o pai poderá fazer o reconhecimento no próprio termo, mediante declaração tomada formalmente pelo oficial do registro, que complementará o termo de nascimento. Se houver razões para desconfiar da veracidade da declaração, pode o oficial do registro suscitar dúvida quanto à seriedade da declaração e submetê-la ao juiz competente, que decidirá.[37]

---

34. Idem, p. 484.
35. Carlos Roberto Gonçalves, *Direito Civil Brasileiro – Direito de Família*, cit., 7ª ed., vol. 6, p. 332; Maria Helena Diniz, *Curso de Direito Civil Brasileiro – Direito de Família*, cit., 22ª ed., vol. 5, p. 485.
36. Carlos Roberto Gonçalves, *Direito Civil Brasileiro – Direito de Família*, cit., 7ª ed., vol. 6, p. 328.
37. Idem, p. 330.

A perfilhação no registro do nascimento prova a filiação sem que haja necessidade de outra declaração ou providência. O reconhecimento, no entanto, pode ser impugnado.

Por outro lado, o reconhecimento voluntário de filho registrado por uma dupla de genitores não produz efeitos jurídicos, porquanto não se pode atribuir pai ou mãe a quem já os tem, caso em que o reconhecimento deve ser precedido de invalidação do registro existente com fundamento em erro ou falsidade.[38]

O reconhecimento poderá se feito por escritura pública, que será lavrada especificamente para o reconhecimento, ou incidentalmente, desde que seja expresso e inequívoco. A mãe do menor reconhecido não precisa anuir ao reconhecimento; e, como ele apenas beneficia o menor, não deve ser colocado obstáculo à averbação do reconhecimento em seu registro de nascimento, que produzirá efeitos até ser desconstituído por ação específica.[39]

A perfilhação pode ser feita por escrito particular sob a forma de declaração, carta ou mensagem eletrônica, que será averbada no registro de nascimento por determinação judicial e, após, permanecerá arquivada em cartório. O Código Civil de 1916 admitia o reconhecimento por escrito particular apenas como início de prova a fundamentar a ação de investigação de paternidade.[40]

O reconhecimento pode ser feito por testamento, que não precisará ser elaborado para o fim específico do reconhecimento. Destarte, pode ser que o testamento disponha sobre outros assuntos relacionados à sucessão e incidentalmente reconheça a paternidade ou a maternidade de determinada pessoa.[41] O reconhecimento feito por relativamente incapaz pela via testamentária dispensa a assistência, porquanto o testamento pode ser feito por menor incapaz sem a assistência de seu representante legal, conforme autoriza o art. 1.860 do CC.[42]

---

38. Idem, ibidem.
39. Maria Helena Diniz, *Curso de Direito Civil Brasileiro – Direito de Família*, cit., 22ª ed., vol. 5, p. 490; Carlos Roberto Gonçalves, *Direito Civil Brasileiro – Direito de Família*, cit., 7ª ed., vol. 6, p. 330.
40. Carlos Roberto Gonçalves, *Direito Civil Brasileiro – Direito de Família*, cit., 7ª ed., vol. 6, p. 331.
41. Idem, ibidem.
42. Carlos Roberto Gonçalves, *Direito Civil Brasileiro – Direito de Família*, cit., 7ª ed., vol. 6, p. 328.

Admite-se o reconhecimento, por último, por manifestação direta e expressa perante o juiz, ainda que o reconhecimento não haja sido o objeto único e principal do ato que o contém – como, por exemplo, o depoimento em juízo prestado pelo genitor tomado por termo, ainda que a finalidade do depoimento seja outra. O juiz, diante do reconhecimento manifestado, encaminhará certidão ao cartório de registro civil, para averbação no registro de nascimento da criança.[43]

Além desses modos de reconhecimento, há o reconhecimento voluntário, mas não espontâneo, previsto no art. 2º da Lei 8.560/1992, não reproduzido pelo Código Civil, no qual o oficial que procedeu ao registro de nascimento de menor apenas com a maternidade estabelecida remete ao juiz certidão integral do registro com a qualificação do suposto pai, com o propósito de averiguar oficiosamente a procedência da imputação, de modo que, admitida a paternidade, será lavrado termo de reconhecimento a ser averbado pelo oficial do registro civil junto ao assento de nascimento. Se o suposto pai, no entanto, não atender à notificação ou negar a paternidade, os autos serão remetidos ao Ministério Público, para que ele promova a ação de investigação de paternidade, a não ser que a criança seja encaminhada para adoção.[44] Trata-se de investigação oficiosa da paternidade, em que o Ministério Público agirá como substituto processual, criticada por parte da doutrina, por conferir legitimidade ao Ministério Público sem considerar os interesses do filho ou da mãe que se oponha ao reconhecimento paterno, além de violar os dispositivos constitucionais que institucionalizam a Advocacia e a Defensoria Pública.[45] A iniciativa conferida ao Ministério Público não impede a quem tenha legítimo interesse intentar investigação com vistas a obter o pretendido reconhecimento da paternidade, conforme redação dada ao § 6º do art. 2º da Lei 8.560/1992 pela Lei 12.010, de 3.8.2009.

---

43. Maria Helena Diniz, *Curso de Direito Civil Brasileiro – Direito de Família*, cit., 22ª ed., vol. 5, p. 490; Carlos Roberto Gonçalves, *Direito Civil Brasileiro – Direito de Família*, cit., 7ª ed., vol. 6, p. 331.

44. Carlos Roberto Gonçalves, *Direito Civil Brasileiro – Direito de Família*, cit., 7ª ed., vol. 6, p. 332. Redação dada ao § 5º do art. 2º da Lei 8.560/1992 pela Lei 12.010, de 3.8.2009, *verbis*: " § 5º. Nas hipóteses previstas no § 4º deste artigo, é dispensável o ajuizamento de ação de investigação de paternidade pelo Ministério Público se, após o não comparecimento ou a recusa do suposto pai em assumir a paternidade a ele atribuída, a criança for encaminhada para adoção".

45. Maria Helena Diniz, *Curso de Direito Civil Brasileiro – Direito de Família*, cit., 22ª ed., vol. 5, p. 489.

O reconhecimento é ato irrevogável, mesmo quando feito por intermédio de testamento (CC, art. 1.610).

O reconhecimento é incondicional. A lei reputa ineficaz a condição e o termo apostos ao ato de reconhecimento do filho (CC, art. 1.613).

O reconhecimento unilateral do filho por um dos pais gera o direito para aquele que o reconheceu de ficar com a guarda do filho reconhecido (CC, art. 1.612).

O reconhecimento ou a perfilhação produz efeitos pessoais e patrimoniais retro-operantes, isto é, produz consequências, não da data do ato, mas do dia do nascimento do filho, ou mesmo de sua concepção, se isto condisser com seus interesses, exceto nos casos em que houver situações jurídicas definitivamente constituídas.[46]

Ao filho reconhecido são atribuídos direitos, faculdades e deveres de ordem pessoal e patrimonial. Sujeita-se ao poder familiar dos genitores que o tiverem reconhecido, mas o filho havido fora do casamento reconhecido por um dos cônjuges não poderá residir no lar conjugal sem o consentimento do outro (CC, art. 1.611). Em decorrência do ato de perfilhação, o filho passa a usar o nome paterno e, verificada e comprovada a impossibilidade de prover o próprio sustento, impõe-se aos pais o dever de alimentá-lo.[47]

O filho maior só pode ser reconhecido com seu consentimento; é ineficaz o reconhecimento do filho maior sem sua anuência, que, no entanto, pode ser dada posteriormente. O consentimento do filho maior que não participa do reconhecimento, continua a ser ato unilateral do genitor, mas enquadra-se na classe de atos autorizadores, mais especificamente a aprovação.[48]

O consentimento do filho maior não deve cumprir nenhuma formalidade; pode ser manifestado por qualquer dos modos indicados no art. 1.609 do CC, com exceção do efetuado por testamento, mediante o comparecimento do filho maior ao ato de perfilhação.[49]

---

46. Caio Mário da Silva Pereira, *Instituições de Direito Civil*, cit., 14ª ed., vol. V, p. 353.
47. Idem, ibidem.
48. Carlos Roberto Gonçalves, *Direito Civil Brasileiro – Direito de Família*, cit., 7ª ed., vol. 6, p. 334.
49. Idem, ibidem.

O filho menor, após atingir a maioridade, terá o prazo de quatro anos para repudiar o reconhecimento (CC, art. 1.614) – ato que depende apenas de sua manifestação de vontade. O decurso desse prazo não acarreta a imodificabilidade da paternidade, na medida em que, se outra pessoa for o pai, o reconhecido terá a possibilidade de propor a ação de reconhecimento do estado de filiação contra o verdadeiro pai, porque o direito de investigação de paternidade é imprescritível (art. 27 da Lei 8.069, de 13.7.1990). Acerca desse prazo a doutrina e a jurisprudência entendem que ele se aplica apenas ao filho natural que visa a afastar a paternidade por mero ato de vontade, mediante a desconstituição do reconhecimento da filiação, sem buscar constituir nova relação; e não ao filho que pleiteia a investigação de paternidade e anulação do registro, com base na falsidade deste.[50]

O reconhecimento dos filhos nascidos fora do casamento por iniciativa materna pode ser feito pelos meios indicados no art. 1.609 do CC. Hipótese rara de acontecer, revela-se factível na medida em que o art. 52 da Lei de Registros Públicos autoriza outras pessoas, além da mãe, a declarar o nascimento no registro civil – como o pai, um parente, os administradores de hospitais, médicos e parteiras.[51]

10.2.1.5 Investigação de paternidade e de maternidade

O reconhecimento judicial da filiação resulta de sentença proferida em ação promovida pelo filho para esse fim a ser ajuizada contra o pai, contra mãe ou contra os dois, desde que observados os pressupostos legais de admissibilidade. A sentença terá eficácia contra todos ao declarar o vínculo de filiação, produzirá os mesmos efeitos pessoais, patrimoniais e sucessórios do reconhecimento e deverá ser averbada no registro civil competente.[52]

---

50. Carlos Roberto Gonçalves, *Direito Civil Brasileiro – Direito de Família*, cit., 7ª ed., vol. 6, p. 336.
51. Caio Mário da Silva Pereira, *Instituições de Direito Civil – Direito de Família*, cit., 14ª ed., vol. V, p. 357.
52. Maria Helena Diniz, *Curso de Direito Civil Brasileiro – Direito de Família*, cit., 22ª ed., vol. 5, p. 491.

10.2.1.5.1 Investigação de paternidade

Se não houver o reconhecimento voluntário da paternidade, o filho não reconhecido pode propor ação de investigação de paternidade, de natureza constitutiva, que, julgada procedente, acarretará a atribuição da paternidade ao réu.[53] Destarte, o reconhecimento judicial por meio de ação de investigação de paternidade permite ao filho biológico, mesmo não dissolvida a sociedade conjugal, obter a declaração do seu estado de filho.[54]

Cabe pessoalmente ao filho a iniciativa da ação investigatória, e se incapaz deverá ser assistido ou representado. A ação transmite-se aos herdeiros se o investigante morrer menor ou incapaz, e os herdeiros poderão também prosseguir na ação iniciada pelo filho, salvo se julgado extinto o processo. O nascituro tem, igualmente, legitimidade para a ação investigatória, representado pela mãe.[55] A mãe menor, relativa ou absolutamente incapaz, do investigante deve ser representada ou assistida por um dos seus genitores ou por curador especialmente nomeado para o ato.[56]

A ação deve ser proposta contra o suposto pai ou a suposta mãe. Se o investigado estiver morto, a ação deverá ser proposta contra seus herdeiros. O ex-cônjuge do investigado falecido somente deverá figurar no polo passivo da ação se for considerado também herdeiro e puder sofrer os efeitos jurídicos da procedência da ação.[57] Na verdade, o polo passivo da ação de investigação de paternidade *post mortem* deve ser composto por todos os herdeiros legítimos (necessários ou não) e testamentários. Por outro lado, a ação não deve ser promovida contra o espólio do investigado, que não passa de um acervo de bens destituído de personalidade jurídica.[58]

Se a dúvida quanto à paternidade recair sobre duas ou mais pessoas, o filho poderá promover a ação investigatória contra todos, por econo-

---

53. Sílvio Luís Ferreira da Rocha, *Introdução ao Direito de Família*, cit., p. 154.
54. Maria Helena Diniz, *Curso de Direito Civil Brasileiro – Direito de Família*, cit., 22ª ed., vol. 5, p. 492.
55. Caio Mário da Silva Pereira, *Instituições de Direito Civil – Direito de Família*, cit., 14ª ed., vol. V, p. 362.
56. Carlos Roberto Gonçalves, *Direito Civil Brasileiro – Direito de Família*, cit., 7ª ed., vol. 6, p. 339.
57. Idem, p. 342.
58. Idem, p. 344.

mia processual, por ser conveniente reunir a discussão num só processo, de modo a facilitar a produção de provas e a busca da verdade.[59]

Na vigência do Código Civil de 1916 a ação de investigação de paternidade tinha como causa de pedir a união estável da mãe com o pretenso pai, a ocorrência de relações sexuais da mãe com o pretenso pai ou a confissão escrita do pai. Neste último caso não se tratava de ato autêntico de reconhecimento, mas de escrito que não valia como ato de reconhecimento formal, muito embora traduzisse uma confissão de paternidade.[60] Hoje, no entanto, o Código Civil de 2002 não faz essas exigências, por se entender que, se houver dúvida quanto à filiação, o interessado poderá ingressar em juízo para investigar a paternidade biológica, por ter o direito de saber sua identidade genética. Prevalece o atendimento ao superior e legítimo interesse do filho em descobrir a verdade real biológica, de modo que não se pode deixar de admitir a produção de provas necessárias à descoberta da verdade real.[61] Não obstante, o pedido de reconhecimento da paternidade biológica deverá deduzir como causa de pedir remota a ocorrência de relações sexuais entre o réu e a mãe do autor, porque sem elas não há o mínimo de razoabilidade para se instaurar ação dessa natureza contra o réu.

O suposto pai, réu na ação, poderá, em sua defesa, negar a ocorrência do fato afirmado pelo autor na inicial (união estável ou relações sexuais) ou alegar a inautenticidade do escrito ou a exceção da pluralidade de relações sexuais da mãe com homens diversos (*exceptio plurium concubentium*) durante os primeiros 120 dias dos 300 que antecederam ao nascimento, de modo a colocar em dúvida a paternidade biológica que lhe é atribuída.

Poderão ser produzidas provas testemunhais, documentais ou periciais. Destacam-se entre as perícias os exames hematológicos e o exame de DNA. O exame hematológico apenas afasta com certeza a paternidade, enquanto o exame de DNA estabelece com absoluto grau de certeza a paternidade, pois a probabilidade de duas pessoas terem o mesmo padrão genético é de uma em 30 bilhões, enquanto na Terra existem, no

---

59. Idem, p. 345.
60. Sílvio Luís Ferreira da Rocha, *Introdução ao Direito de Família*, cit., p. 154.
61. Maria Helena Diniz, *Curso de Direito Civil Brasileiro – Direito de Família*, cit., 22ª ed., vol. 5, p. 500.

máximo, 6 bilhões de habitantes.[62] O conjunto de moléculas do ácido desoxirribonucleico/DNA compõe os cromossomos localizados nos núcleos das células e arranjados aos pares. A espécie humana possui 46 cromossomos, metade de origem materna e metade de origem paterna. Cada cromossomo é composto por moléculas de DNA colocadas em sequência única para cada indivíduo, de modo que, se houver nas moléculas da criança a mesma sequência encontrada no material genético do investigado, ele será o verdadeiro pai biológico.[63]

O réu pode impedir que seu material genético seja periciado. Não há como obrigá-lo a fornecer material genético para exame. O réu deve arcar, no entanto, com o ônus dessa atitude. Permite-se ao juiz julgar a ação procedente se as demais provas forem favoráveis ao autor (CC, arts. 231 e 232),[64] conforme dispõe a Súmula 301 do STJ: "Em ação investigatória, a recusa do suposto pai a submeter-se ao exame de DNA induz presunção *juris tantum* de paternidade". Há quem sustente, no entanto, que, no estágio atual dos recursos científicos disponíveis, o exame pode ser realizado num fio de cabelo ou pedaço de unha, o que torna abusiva a alegação de vulnerabilidade da integridade física para se recusar a fazê-lo.[65]

Além do exame de DNA, podem ser produzidas provas como: (a) a posse do estado de filho, que é a situação de fato existente entre o pretenso pai e o investigante capaz de revelar o parentesco, se o investigante usa o nome do investigado, recebe tratamento como filho e goza na sociedade do conceito de filho do suposto pai; (b) a testemunhal; (c) o exame de sangue adequado para excluir a paternidade se o investigante e o réu pertencerem a diverso grupo sanguíneo.[66]

A sentença de procedência atribui a paternidade do autor ao réu. A sentença deve também, se for o caso, estipular os alimentos devidos ao filho. A sentença produzirá os mesmos efeitos do reconhecimento, mas

---

62. Sílvio Luís Ferreira da Rocha, *Introdução ao Direito de Família*, cit., p. 154.
63. Maria Helena Diniz, *Curso de Direito Civil Brasileiro – Direito de Família*, cit., 22ª ed., vol. 5, p. 504.
64. Sílvio Luís Ferreira da Rocha, *Introdução ao Direito de Família*, cit., p. 154.
65. Caio Mário da Silva Pereira, *Instituições de Direito Civil – Direito de Família*, cit., 14ª ed., vol. V, p. 369.
66. Maria Helena Diniz, *Curso de Direito Civil Brasileiro – Direito de Família*, cit., 22ª ed., vol. 5, p. 502.

poderá ordenar que o filho se crie e eduque fora da companhia dos pais ou daquele que contestou essa qualidade (CC, art. 1.616).

A jurisprudência, com base nos princípios da verdade real e da dignidade da pessoa humana, admite a mitigação dos efeitos da coisa julgada, de modo a permitir nova investigação de paternidade, quando: (a) a primeira ação foi julgada improcedente sem o exame do mérito; (b) a primeira ação foi julgada improcedente por insuficiência de provas, com o exame do mérito, se não houve o exame de DNA.

Questão controvertida, ainda não solucionada, é a da legitimidade do filho concebido por inseminação artificial heteróloga consentida pelo marido para promover ação de investigação de paternidade contra o doador do material genético. Eliane Oliveira Barros, em valioso trabalho sobre o tema, concluiu ser possível a propositura da ação, com os seguintes argumentos:

"O nascido por inseminação artificial heteróloga tem o direito ao conhecimento de sua identidade genética, para salvaguardar a sua existência de doenças graves ou degenerativas. Nenhuma lei pode suprimir-lhe o direito de conhecer sua origem genética. No entanto, a possibilidade de pleitear o reconhecimento da paternidade biológica encontra óbices, pois o doador do material genético não pretendeu com a doação estabelecer vínculos de filiação, o que de certa forma estimula a lei a interditar certas pretensões, como a de constituir vínculo de filiação, o de perceber alimentos ou participar da sucessão hereditária. Esses óbices e essas proibições são, contudo, inconstitucionais se reconhecermos o direito à identidade genética como nova espécie de direito fundamental da qual decorre o direito de cada novo ser de conhecer e estabelecer a sua ascendência biológica direta.

"O anonimato não pode impedir o concebido por inseminação artificial de conhecer a identidade dos progenitores. O doador de material genético deve ter a consciência da importância do seu ato e, por mais que não queira assumir compromissos, deve saber que quem doa material genético doa substância capaz de gerar vida, o que por si já acarreta imensa responsabilidade."[67]

---

67. Eliane Oliveira Barros, *Aspectos Jurídicos da Inseminação Artificial Heteróloga*, cit., p. 123.

10.2.1.5.2 Investigação de maternidade

A investigação de maternidade promovida pelo filho biológico contra a suposta mãe ou seus herdeiros, se já tiver falecido, é hipótese rara de acontecer, especialmente porque as maternidades devem emitir o "Documento de Nascido Vivo", com as informações básicas sobre a criança e a mãe, e uma das vidas desse documento é utilizada, obrigatoriamente, para o assento do registro de nascimento em cartório[68] e, também porque outrora era vedada quando tinha por fim atribuir prole ilegítima a mulher casada ou conferir prole incestuosa a mulher solteira (CC de 1916, art. 364).[69]

Hoje já não há mais qualquer restrição à investigação de maternidade.

10.2.1.6 Consequências do reconhecimento de filho

O reconhecimento do filho estabelece o vínculo de parentesco entre ele e os seus pais, o que constará no registro civil. O filho terá direito à assistência e alimentos equivalentes à sua condição social. O filho ficará sujeito ao poder familiar do genitor que o reconheceu ou sob o poder de quem melhor atenda aos seus interesses. O filho terá direito à sucessão de seu genitor.

10.3 Parentesco por afinidade

O parentesco por afinidade é aquele que se estabelece em virtude do casamento entre um cônjuge e os parentes do outro. Assemelha-se ao parentesco consanguíneo e conta-se na linha reta e na linha colateral. Na linha colateral esse parentesco é limitado ao segundo grau.

A afinidade gera consequências tão somente na linha reta, pois cria impedimento ao matrimônio (CC, art. 1.521, II).

O parentesco por afinidade termina com a dissolução do matrimônio, exceto na linha reta, na qual persiste o impedimento matrimonial (CC, art. 1.595, § 2º).

---

68. Caio Mário da Silva Pereira, *Instituições de Direito Civil – Direito de Família*, cit., 14ª ed., vol. V, p. 349.
69. Maria Helena Diniz, *Curso de Direito Civil Brasileiro – Direito de Família*, cit., 22ª ed., vol. 5, p. 511.

10.4 Parentesco por adoção

O parentesco também se estabelece pela adoção.

A adoção define-se como ato jurídico solene pelo qual alguém, denominado adotante, estabelece, sem necessariamente ter qualquer parentesco consanguíneo ou afim, com outrem, denominado adotado, um vínculo fictício de filiação. Trata-se de forma ficta de filiação.[70] Trata-se de instituto reconhecidamente influenciado por nobres valores morais. Como regra, a adoção é meio de aprimorar a situação moral e material do adotado, mas serve também para suprir a ausência de filhos dos casais.[71]

O Código Civil admite apenas uma espécie de adoção, aquela denominada plena, já disciplinada nos arts. 39 a 52 da Lei 8.069/1990 e que atribui a situação de filho ao adotado e o desliga de qualquer vínculo com os pais e parentes consanguíneos, salvo quanto aos impedimentos para o casamento (CC, art. 1.626).

10.4.1 Adoção (arts. 1.618-1.629)

O instituto da adoção foi aperfeiçoado pela Lei 12.010, de 3.8.2009, que a considerou medida excepcional à qual se deve recorrer apenas quando esgotadas as tentativas de manutenção da criança ou adolescente na família natural ou extensa, isto é, aquela formada por parentes próximos com os quais a criança ou adolescente convive e mantém vínculos de afinidade e afetividade (art. 25 do Estatuto da Criança e do Adolescente); revogou os arts. 1.620 a 1.629 do CC e concentrou a adoção dos menores de 18 anos no Estatuto da Criança e do Adolescente.

Pela adoção o adotado é fictamente considerado, para todos os efeitos legais, sem exceção, filho dos adotantes. A adoção desliga o adotado de qualquer vínculo com os pais de sangue e parentes, exceto os impedimentos matrimoniais. É a definição do art. 41 da Lei 8.069/1990.[72]

---

70. Maria Helena Diniz, *Curso de Direito Civil Brasileiro – Direito de Família*, cit., 22ª ed., vol. 5, p. 520.
71. Idem, p. 521.
72. Sílvio Luís Ferreira da Rocha, *Introdução ao Direito de Família*, cit., p. 156.

A adoção deve ser promovida por alguém maior e capaz, independentemente do seu estado civil, ou por casal unido por matrimônio ou união estável, desde que um deles tenha completado 18 de idade e fique comprovada a estabilidade familiar (art. 42 do Estatuto da Criança e do Adolescente/ECA). Pouco importa a orientação sexual do adotante. A homossexualidade do adotante – preferência sexual garantida pela Constituição – não pode impedir a adoção de menor se ela se revelar conveniente e oportuna aos seus interesses.[73]

Ninguém poderá ser adotado por duas pessoas, salvo se forem marido e mulher ou se viverem em união estável, aqui incluído o casal formado por duas pessoas do mesmo sexo, porque estudos especializados não apontam inconvenientes em que crianças sejam adotadas por casais homossexuais. Os divorciados e os separados poderão adotar conjuntamente se o estágio de convivência com o adotado houver iniciado na constância da sociedade conjugal e eles estiverem de acordo sobre a guarda do menor e o regime de visitas e comprovada a existência de vínculos de afinidade e afetividade com aquele não detentor da guarda, que justifiquem a excepcionalidade da concessão (art. 42, §§ 2º e 3º, do ECA).

Entre o adotante e o adotado deve haver uma diferença de pelo menos 16 anos de idade. O adotante tem de ser pelo menos 16 anos mais velho que o adotado (art. 42, § 3º, do ECA) para que a diferença de idade lhe permita desempenhar com eficiência os deveres decorrentes do poder familiar.

A adoção é ato pessoal do adotante; a lei proíbe a adoção por procuração (art. 39, § 2º, ECA).

A adoção é irrevogável, mesmo que os adotantes venham a ter filhos.

A morte do adotante também não restabelece o poder familiar do pai natural (art. 49 do ECA).

A adoção depende do consentimento dos pais ou do representante legal do adotado e da concordância deste, se contar mais de 12 anos

---

[73]. Segundo Carlos Roberto Gonçalves (*Direito Civil Brasileiro – Direito de Família*, cit., 7ª ed., vol. 6, p. 372), "a adoção por homossexual, individualmente, tem sido admitida, mediante cuidadoso estudo psicossocial por equipe interdisciplinar que possa identificar na relação o melhor interesse do adotando".

(art. 45 do ECA). O consentimento dos pais biológicos será dispensado se eles forem desconhecidos ou tiverem sido destituídos do poder familiar (art. 45, § 1º, do ECA).[74]

A adoção se constitui mediante processo judicial de competência da Justiça da Infância e da Juventude se o adotado for menor de 18 anos e estiver em situação de abandono; ou de competência da Vara da Família se o adotado não estiver em situação irregular ou for maior de 18 anos, conforme determina o art. 1.619 do CC.

A adoção determina o rompimento do vínculo de parentesco com a família de origem, exceto para o fim de consideração dos impedimentos matrimoniais; cria laços de parentesco entre o adotado e a família do adotante; e estabelece entre eles recíproco direito sucessório (art. 41, *caput* e § 1º, do ECA).

10.5 Do poder familiar
(arts. 1.630 a 1.638)

Poder familiar é o conjunto de direitos e prioritariamente de obrigações a cargo dos pais no que toca à pessoa e bens dos filhos menores, tendo em vista a proteção deles. Cuida-se o poder familiar de instituto de caráter protetor que ultrapassa os limites do direito privado para ingressar no âmbito do direito público, pois ao Estado interessa proteger as futuras gerações, de modo que o "poder familiar" pode ser caracterizado como um encargo público imposto pelo legislador aos pais para que eles cuidem e zelem pelo futuro dos filhos.[75]

Da natureza do poder familiar decorrem certas características como a indelegabilidade e a irrenunciabilidade.

Somente os filhos menores estão sujeitos ao poder familiar (CC, art. 1.630), isto é, os filhos menores não emancipados, havidos ou não no casamento, desde que reconhecidos, bem com os adotivos. A menoridade cessa aos 18 anos completos (CC, art. 5º), quando o filho fica habilitado a realizar todos os atos da vida civil.

74. Sílvio Luís Ferreira da Rocha, *Introdução ao Direito de Família*, cit., p. 156.
75. Carlos Roberto Gonçalves, *Direito Civil Brasileiro – Direito de Família*, cit., 7ª ed., vol. 6, p. 397.

O exercício do poder familiar é realizado em conjunto por ambos os pais, que, no caso de divergência, deverão recorrer à autoridade judiciária para solucioná-la (CC, art. 1.631). A separação judicial, o divórcio e a dissolução da união estável não modificam o poder familiar, exceto a guarda exclusiva atribuída a um deles, enquanto o outro permanece com o direito de visita, o de fiscalizar a educação e a manutenção propiciada ao menor.[76]

Os deveres do poder familiar subdividem-se em duas ordens: pessoais e patrimoniais.

Os deveres com relação à pessoa do filho estão descritos no art. 1.634 do CC. São eles: dirigir-lhes a educação; tê-los em companhia e guarda; conceder-lhes ou negar-lhes consentimento para casarem; representá-los e assisti-los; reclamá-los de quem ilegalmente os detenha; nomear-lhes tutor por testamento ou documento autêntico, se o outro dos pais não lhe sobreviver, ou o sobrevivo não puder exercer o poder familiar.

O Código Penal pune o abandono material (art. 244) e o abandono intelectual (art. 246).

No Código Civil de 1916 a redação do art. 395, I, que utilizava o advérbio "imoderadamente", e o art. 136 do CP, que utiliza a expressão "meio de correção", confirmavam a permissão para a utilização de castigos corporais na educação e correção dos filhos – permissão, esta, que, no nosso entender, foi revogada pelo art. 17 da Lei 8.069/1990, ao estabelecer a inviolabilidade da integridade física, psíquica e moral da criança. O Código Civil de 2002 ressuscitou a discussão ao estabelecer a perda do poder familiar em relação àquele que castigar imoderadamente o filho, dando a entender que estão permitidos os castigos moderados. A nosso ver, esta norma atenta contra os princípios constitucionais da dignidade humana e da inviolabilidade da integridade física e psíquica da criança e do adolescente, sendo, portanto, inconstitucional a permissão para aplicar aos filhos os castigos moderados.

O Código Civil de 2002 atribui aos pais o usufruto legal e a administração dos bens dos filhos (art. 1.689). Os pais devem preservar o patrimônio dos filhos, que administram, e evitar diminuí-lo ou dilapidá-lo. No entanto, os poderes conferidos pelo Código Civil não ultra-

76. Idem, p. 400.

passam os limites da simples administração, de modo que os atos de alienação dependem de prévia autorização judicial (CC, art. 1.691), embora dispensada a hasta pública. Nula a venda de patrimônio do filho sem prévia autorização judicial, nulidade que deverá ser alegada pelo filho, seus herdeiros ou representante legal, conforme determina o parágrafo único do art. 1.691 do CC.

O conflito de interesses entre os pais e o filho no exercício do poder familiar deve resultar na designação de um curador especial que velará pelos interesses do filho, sem que haja necessidade de prova cabal e conclusiva de que os pais pretendem prejudicar o filho; basta que a situação os coloque em conflito de interesses.[77]

O usufruto conferido aos pais significa uma espécie de compensação pelos encargos decorrentes da criação e educação dos filhos; os pais estão dispensados da obrigação de prestar contas dos rendimentos recebidos.[78]

Nem todos os bens dos filhos são onerados com o usufruto em favor dos pais. Excluem-se os bens previstos no art. 1.693 do CC, entre eles os bens adquiridos pelo filho havido fora do casamento, antes do reconhecimento; os valores auferidos pelo filho maior de 16 anos no exercício de atividade profissional e os bens com tais recursos adquiridos; os bens deixados ou doados ao filho, sob a condição de não serem usufruídos, ou administrados, pelos pais; os bens que aos filhos couberem na herança, quando os pais forem excluídos da sucessão.[79]

Tornando-se os filhos maiores, os bens lhes serão entregues, com seus acréscimos.

Há hipóteses de suspensão, perda e extinção do poder familiar.

As hipóteses de extinção estão previstas no art. 1.635 do CC (morte, emancipação, maioridade, adoção e destituição).

As hipóteses de suspensão são a negligência dos deveres paternos, a ruína dos bens dos filhos ou a condenação criminal irrecorrível a pena superior a dois anos de prisão (CC, art. 1.637).

77. Carlos Roberto Gonçalves, *Direito Civil Brasileiro – Direito de Família*, cit., 7ª ed., vol. 6, p. 408.
78. Sílvio Luís Ferreira da Rocha, *Introdução ao Direito de Família*, cit., p. 158.
79. Idem, ibidem.

A suspensão do poder familiar é medida temporária instituída não tanto para punir os pais, mas para proteger o menor, que vigorará até quando se mostre necessária. A suspensão pode ser total, se envolver todos os poderes decorrentes do poder familiar; ou parcial, limitada, por exemplo, à administração dos bens ou a ter os filhos em companhia do genitor. A suspensão total priva o genitor de todos os direitos que constituem o poder familiar, inclusive o usufruto.[80]

As hipóteses de perda são o castigo imoderado do filho, o abandono do filho, a prática de atos contrários à moral e aos bons costumes e reincidir nas faltas que autorizam a suspensão do poder familiar.

A perda é causa de extinção permanente do poder familiar, mas não definitiva, pois, em tese, há a possibilidade de recuperá-lo em procedimento judicial, de caráter contencioso, desde que comprovada a cessação da causa que a determinara.[81]

A perda, como regra, abrange toda a prole, por representar o reconhecimento judicial de que o titular do poder familiar não está capacitado a exercê-lo; salvo situação que indique que a perda deve incidir no poder familiar exercido sobre um filho e não sobre o outro.[82]

A pobreza dos pais não constitui razão suficiente para a decretação da perda ou da suspensão do poder familiar em relação aos filhos (art. 23 da Lei 8.069/1990). Neste caso o menor será mantido em sua família, que será incluída em programa oficial de auxílio.

A perda ou suspensão do poder familiar serão decretadas judicialmente em procedimento contraditório (art. 24, combinado com os arts. 155 a 163, da Lei 8.069/1990).

---

80. Carlos Roberto Gonçalves, *Direito Civil Brasileiro – Direito de Família*, cit., 7ª ed., vol. 6, p. 416.
81. Idem, p. 418.
82. Idem, ibidem.

Capítulo 11
ALIMENTOS

11.1 Considerações gerais. 11.2 Sentido e alcance. 11.3 Espécies. 11.4 Modos de satisfazer a prestação alimentar. 11.5 Fontes da obrigação alimentar. 11.6 Sujeitos. 11.7 Pressupostos. 11.8 Características. 11.9 Extinção da obrigação alimentar. 11.10 Ação de alimentos.

11.1 Considerações gerais

O princípio da autorresponsabilidade torna a pessoa maior e capaz responsável pela própria subsistência. Ela deverá obter meios para prover seu sustento, com seu trabalho. Às vezes, por diversos fatores, isso não é possível; e, nesse caso, pelo princípio da segurança social, o Estado é chamado a agir, por intermédio de políticas públicas, de modo a assegurar o mínimo necessário à existência dos indivíduos. Se o Estado falhar, ou sua atuação mostrar-se insuficiente ou incabível, pelo não atendimento de certos pressupostos, o princípio da solidariedade impõe a outras pessoas, ligadas por um vínculo jurídico, o dever de ajudar o necessitado. Assim, os particulares, através da família, se encarregam, muitas vezes, de suprir as deficiências do Estado na área das prestações sociais, mediante a prestação de alimentos aos que deles necessitam, o que compreende o mínimo pertinente a habitação, saúde, educação, vestes e alimentos.[1]

O tema "alimentos" está presente em diversos institutos do direito civil, mas tem maior relevância nos institutos ligados ao direito de fa-

---

1. Luiz Edson Fachin, *Elementos Críticos do Direito de Família*, Rio de Janeiro, Renovar, p. 267; Sílvio Luís Ferreira da Rocha, *Introdução ao Direito de Família*, São Paulo, Ed. RT, 2004, p. 160.

mília, entre eles o parentesco e a dissolução da sociedade conjugal. A matéria foi tratada nos arts. 1.694 a 1.710 do CC.

11.2 Sentido e alcance

Os alimentos são prestações para a satisfação das necessidades de quem não pode provê-las por si. As prestações não se limitam ao vital para a sobrevivência, e abrangem outras parcelas, necessárias à realização social do indivíduo, como a educação, a moradia, a saúde. Daí falar-se em alimentos civis e alimentos naturais.[2] De acordo com Carlos Roberto Gonçalves, o vocábulo "alimentos" tem conotação mais ampla que na linguagem comum, e por isso não se limita ao necessário para o sustento de uma pessoa, mas compreende não só o indispensável ao sustento, como também o necessário à manutenção da condição social e moral do alimentando.[3]

11.3 Espécies

Os alimentos podem variar em relação à extensão da necessidade que eles devem abranger. Denominam-se *alimentos naturais* (*necessarium vitae*) os destinados a suprir necessidades vitais como alimentação, vestuário, habitação, saúde. Denominam-se *alimentos civis* (*necessarium personae*) os destinados a suprir necessidades intelectuais, morais e pessoais do alimentando. Eles englobam as despesas com educação, cultura, lazer. Como regra, os alimentos civis (*necessarium personae*) são devidos, pois manda o Código que se atenda à condição social do alimentando (CC, art. 1.694). Os alimentos naturais (*necessarium vitae*) são exceção; eles são devidos àqueles que culposamente deram causa à situação de necessidade que os levou a demandar os alimentos (CC, art. 1.694, § 2º).[4]

  2. Sílvio Luís Ferreira da Rocha, *Introdução ao Direito de Família*, cit., p. 161.
  3. Carlos Roberto Gonçalves, *Direito Civil Brasileiro – Direito de Família*, 7ª ed., vol. 6, São Paulo, Saraiva, 2010, p. 481. V. também Maria Helena Diniz, *Curso de Direito Civil Brasileiro – Direito de Família*, 24ª ed., vol. 5, São Paulo, Saraiva, 2009, p. 574.
  4. Maria Helena Diniz, *Curso de Direito Civil Brasileiro – Direito de Família*, cit., 24ª ed., vol. 5, p. 595; Sílvio Luís Ferreira da Rocha, *Introdução ao Direito de Família*, cit., p. 161; Carlos Roberto Gonçalves, *Direito Civil Brasileiro – Direito de Família*, cit., 7ª ed., vol. 6, p. 483.

Os alimentos podem ser *provisórios* ou *definitivos*. Temos entre os provisórios os alimentos fixados pelo magistrado por despacho judicial no início da ação ou no decorrer da ação, até o momento da prolação da sentença; e definitivos os alimentos fixados na sentença.[5] Dentre os alimentos provisórios temos uma subespécie denominada de *alimentos provisionais*, que são aqueles fixados em ação cautelar proposta pelo credor – normalmente a mulher – que antecede a ação de separação ou divórcio, com a finalidade de permitir ao credor sobreviver e arcar com as despesas do processo (CC, art. 1.706).[6]

A definitividade dos alimentos tem valor apenas semântico. A rigor, não há falar em definitividade dos alimentos, na medida em que sempre há a possibilidade de uma das partes reclamar a exoneração, redução ou agravação do encargo, conforme permite o art. 1.699 do CC.[7]

Os alimentos, quanto à causa jurídica podem, ser *voluntários*, se decorrem ou resultam de declaração de vontade do alimentante por ato *inter vivos* ou *causa mortis*; *ressarcitórios* ou *indenizatórios*, se destinados a indenizar vítima de ato ilícito; *legítimos* ou *legais*, se impostos por lei em virtude de existir entre as partes um vínculo familiar.[8]

Apenas os alimentos legais ou legítimos pertencem ao direito de família e, assim, fundamentam a prisão civil pelo inadimplemento. Constitui constrangimento ilegal a prisão civil do devedor de alimentos derivados de responsabilidade civil *ex delicto*.[9]

5. Maria Helena Diniz, *Curso de Direito Civil Brasileiro – Direito de Família*, cit., 24ª ed., vol. 5, p. 595; Sílvio Luís Ferreira da Rocha, *Introdução ao Direito de Família*, cit., p. 161; Carlos Roberto Gonçalves, *Direito Civil Brasileiro – Direito de Família*, cit., 7ª ed., vol. 6, p. 485.
6. Sílvio Luís Ferreira da Rocha, *Introdução ao Direito de Família*, cit., p. 161.
7. Luiz Edson Fachin, *Elementos Críticos do Direito de Família*, cit., p. 277. Para o referido autor: "No entanto, dose de definitividade há na sentença, e a razão se exibe muito simples: sendo a sentença suscetível de execução, não pode ficar pendente, de modo indefinido, em seu caráter provisório. Ainda mais: são definitivos enquanto não sobrevier decisão que altere o *quantum* ou decrete a exoneração". V. também Sílvio Luís Ferreira da Rocha, *Introdução ao Direito de Família*, cit., p. 162.
8. Maria Helena Diniz, *Curso de Direito Civil Brasileiro – Direito de Família*, cit., 24ª ed., vol. 5, p. 595.
9. Carlos Roberto Gonçalves, *Direito Civil Brasileiro – Direito de Família*, cit., 7ª ed., vol. 6, p. 485.

11.4 Modos de satisfazer a prestação alimentar

As prestações correspondem normalmente a um valor em dinheiro; o dinheiro, nesse caso, é mero instrumento de quantificação da própria prestação.

Essas prestações, mensais e sucessivas, prescrevem, mas o direito a alimentos não. Há, portanto, uma distinção relevante entre prescrição do direito em si e prescrição da prestação ou da pretensão à cobrança de certas prestações.[10]

O modo de satisfazer a prestação alimentar nem sempre se dá pela forma de pensionamento, isto é, a entrega de determinada quantia em dinheiro. A obrigação alimentar pode ser satisfeita, de modo excepcional, pela *prestação in natura*, mediante o fornecimento de hospedagem e sustento – CC, art. 1.701.[11] Citado dispositivo prescreve obrigação alternativa, e a escolha cabe ao devedor, que extingue a obrigação cumprindo uma ou outra prestação. A escolha não é irrevogável; não impede o devedor de satisfazer a prestação, durante um tempo, pela forma de pagamento de pensão e depois, se preferir, pela hospedagem e sustento ao alimentando.[12]

A prestação *in natura* está sujeita, no entanto, à possibilidade e conveniência. Em certos casos a prestação *in natura* é impossível, como aquela a ser dada pelo ex-marido em relação à ex-mulher, já que não seria possível exigir que a ex-mulher morasse novamente com o ex-marido. Em outros casos a prestação *in natura* é inconveniente, por comprometer a dignidade, o decoro, a paz de espírito de quem a recebe ou a paz doméstica de quem presta os alimentos.[13] Segundo Maria Helena Diniz, todavia, esse direito de escolha não é absoluto, visto que o juiz, pelo art. 1.701, parágrafo único, do CC, poderá fixar a maneira da prestação devida, se circunstâncias o exigirem.[14]

10. Luiz Edson Fachin, *Elementos Críticos do Direito de Família*, cit., p. 269.
11. Sílvio Luís Ferreira da Rocha, *Introdução ao Direito de Família*, cit., p. 162.
12. Maria Helena Diniz, *Curso de Direito Civil Brasileiro – Direito de Família*, cit., 24ª ed., vol. 5, p. 609.
13. Sílvio Luís Ferreira da Rocha, *Introdução ao Direito de Família*, cit., p. 162.
14. Maria Helena Diniz, *Curso de Direito Civil Brasileiro – Direito de Família*, cit., 24ª ed., vol. 5, p. 609.

11.5 Fontes da obrigação alimentar

A obrigação alimentar deriva da lei, de um ato de vontade em sentido amplo (contrato e testamento), da sentença condenatória como forma de pagamento pelo dano causado por um ato ilícito, do casamento e da união estável.[15]

Os alimentos legais decorrem do parentesco e estão previstos nos arts. 1.694 e ss. do CC.

A dissolução da sociedade conjugal ou do vínculo de casamento nem sempre vem acompanhada da ruptura total dos laços entre os cônjuges. Às vezes os laços perduram, pela constituição de obrigação alimentar entre os cônjuges. Um deles transforma-se de cônjuge companheiro a provedor à distância.[16] São as regras dos arts. 1.702 e 1.704 do CC.

Da união estável decorre também a obrigação de prestar alimentos (CC, art. 1.694).

Admite-se a instituição de obrigação alimentar por negócio jurídico unilateral, como o testamento, ou bilateral, como o contrato.

Por derradeiro, a obrigação de prestar alimentos pode resultar de sentença proferida em ação de reparação de danos produzidos por ato ilícito, como o homicídio.

11.6 Sujeitos

Pela lei, estão obrigados a prestar alimentos os parentes, quer em linha reta, em qualquer grau, como pais e filhos, e, na falta, os ascendentes na ordem de proximidade, os descendentes na ordem sucessória, quer na linha colateral, somente no segundo grau, isto é, os irmãos.[17] Há, destarte, uma ordem sucessiva ao chamamento à responsabilidade de prestar alimentos, que impede a escolha arbitrária pelo alimentando de quem deve prestar-lhe alimentos. De forma que quem necessitar de alimentos deverá pedi-los primeiro ao pai ou à mãe; na falta destes, por morte, invalidez ou falta de condição, o encargo passa aos avós paternos ou maternos.[18]

---

15. Sílvio Luís Ferreira da Rocha, *Introdução ao Direito de Família*, cit., p. 163.
16. Luiz Edson Fachin, *Elementos Críticos do Direito de Família*, cit., p. 278.
17. Luiz Edson Fachin, *Elementos Críticos do Direito de Família*, cit., p. 271.
18. Maria Helena Diniz, *Curso de Direito Civil Brasileiro – Direito de Família*, cit., 24ª ed., vol. 5, p. 598.

Admite-se a coparticipação de um ou mais parentes quando o parente imediatamente responsável não puder arcar integralmente com o suficiente para atender às necessidades do alimentando, como no caso do pai que não tem rendimentos suficientes para suprir as necessidades do filho, mas poderá fazê-lo no limite de suas possibilidades, auxiliado no restante por outro parente, o avô[19] (CC, art. 1.698). Não se trata, no caso, de obrigação solidária, nem de obrigação conjunta. Cada um participa de uma relação obrigacional autônoma. As dívidas são distintas; a prestação alimentar não se distribui em partes aritmeticamente iguais. Todos concorrem na proporção dos respectivos recursos (CC, art. 1.698).[20] De acordo com Maria Helena Diniz, "embora haja um parente mais chegado, o mais distante poderá ser compelido a prestar pensão alimentícia, se aquele não tiver condições de fornecê-la, ou, se não tiver meios para suportar totalmente o encargo alimentício, será possível pleitear *alimentos complementares* de parentes de grau imediato (CC, art. 1.698, primeira parte). O reclamante poderá, por exemplo, investir contra avô e pedir alimentos complementares. Demonstrada a necessidade de complementação e a possibilidade do avô, ele deverá suplementar o *quantum* imprescindível para a mantença do alimentando. Pode haver um rateio proporcional e sucessivo e não solidário entre os parentes. Não obsta, havendo pluralidade de obrigados do mesmo grau, a que se cumpra a obrigação alimentar por concurso entre parentes, contribuindo cada um com a quota proporcional aos seus haveres, mas se a ação de alimentos for intentada contra um deles os demais poderão ser chamados pelo demandado, na contestação, a integrar a lide (CC, art. 1.698) para contribuir com sua parte, na proporção de seus recursos, distribuindo-se a dívida entre todos".[21]

A obrigação alimentar dos pais em relação ao filho permanece não obstante a maioridade deste, já que a maioridade civil pode não coincidir com a maioridade econômico-financeira. Esta obrigação alimentar não se confunde com o dever de sustento dos filhos pelos pais, que cessa, a

---

19. Luiz Edson Fachin, *Elementos Críticos do Direito de Família*, cit., p. 272; Sílvio Luís Ferreira da Rocha, *Introdução ao Direito de Família*, cit., p. 164.
20. Sílvio Luís Ferreira da Rocha, *Introdução ao Direito de Família*, cit., p. 164. A obrigação alimentar será apenas solidária se o credor for idoso, por força do art. 12 da Lei 10.741/2003.
21. Maria Helena Diniz, *Curso de Direito Civil Brasileiro – Direito de Família*, cit., 24ª ed., vol. 5, p. 602.

rigor, com a maioridade. Orlando Gomes, com propriedade, aduz que a obrigação alimentar dos pais diz respeito aos filhos adultos, pois enquanto menores devem-lhes sustento. Portanto, não há confundir o dever de sustento, decorrente do poder familiar, com a obrigação de prestar alimentos, que decorre do laço de parentesco em linha reta e do art. 229 da CF.[22]

Luiz Edson Fachin faz a seguinte observação, em sua obra: "Enfim, a paternidade responsável, não sendo de todo relevante a idade do filho ou filha e sim a respectiva necessidade. A maioridade civil pode não coincidir com a 'maioridade' econômico-financeira". E transcreve, em nota de rodapé, a seguinte ementa: "Mesmo que, com a maioridade civil da filha, tenha cessado o pátrio poder, não pode o pai, de acordo com o art. 399 do CC, exonerar-se da pensão alimentícia, se a alimentanda encontra-se necessitada e possui o varão possibilidades de continuar prestando alimentos".[23]

O parentesco por afinidade – aquele que se estabelece entre um cônjuge e os parentes do outro – não cria obrigação alimentar.

A adoção cria o dever de prestar alimentos.

O cônjuge não se encontra na ordem sucessiva, porque deve alimentos por força de outro fundamento legal, uma vez que não é parente do outro consorte.[24] O marido e a mulher são também devedores recíprocos da obrigação alimentar ao término da sociedade conjugal, por efeito de prolongamento do dever de mútua assistência.[25]

Exceto se houver acordo entre as partes – o que gera uma obrigação alimentar convencional –, o dever de prestar alimentos recai sobre o cônjuge responsável pela ruptura da sociedade conjugal (CC, art. 1.702).[26] Se não foi declarada a culpa de nenhum dos cônjuges, a obri-

---

22. Orlando Gomes, *Direito de Família*, 7ª ed., Rio de Janeiro, Forense, 1988, p. 430.
23. Luiz Edson Fachin, *Elementos Críticos do Direito de Família*, cit., p. 280.
24. Maria Helena Diniz, *Curso de Direito Civil Brasileiro – Direito de Família*, cit., 24ª ed., vol. 5, p. 605.
25. Luiz Edson Fachin, *Elementos Críticos do Direito de Família*, cit., p. 273.
26. A obrigação de prestar alimentos tem por fundamento o dever de mútua assistência, constituindo um prolongamento dele. A solução legislativa que permite responsabilizar pela obrigação alimentar o cônjuge responsável pela separação está assentada na vetusta ideia de culpa. De acordo com o Luiz Edson Fachin (*Elementos Críticos do Direito de Família*, cit., p. 278), "a solução legislativa é criticável. O

gação de prestar alimentos recai sobre aquele que puder fazê-lo, enquanto o outro necessitar (CC, art. 1.704). Mesmo o responsável pela separação terá direito a receber alimentos se deles necessitar e outro cônjuge puder prestá-los. Os alimentos, nesse caso, são restritos àqueles indispensáveis à sobrevivência.[27] O culpado, nesse caso, terá direito ao valor arbitrado judicialmente, suficiente para atender apenas às necessidades de alimentação, moradia, medicamentos e vestuário (*necessarium vitae*), designados *alimentos humanitários*.[28]

Os conviventes são também devedores recíprocos da obrigação alimentar, nos mesmos termos daqueles alimentos devidos pelos cônjuges, por força do art. 1.694 do CC.

A Lei 11.804/2008 criou pensão alimentícia para a mulher grávida, devida da concepção ao parto, designada *alimentos gravídicos*, necessários para atender às suas necessidades, como alimentação especial, assistência médica e psicológica, exames, medicamentos, internações hospitalar, parto, que terão por base as possibilidades econômica do futuro pai, considerada a contribuição a ser dada pela gestante.[29]

A legitimidade para a propositura da ação de alimentos é da mulher gestante, independentemente de qualquer vínculo dela com o suposto pai. Basta a existência de indícios de paternidade para que o magistrado fixe os alimentos gravídicos, que perdurarão até o nascimento da criança, conforme determina o art. 6º da referida lei. A legitimidade passiva é do suposto pai, não a de parentes do nascituro.[30]

A petição inicial da ação de alimentos gravídicos deve ser instruída com a prova da gravidez e dos indícios da paternidade do réu. O magis-

---

termo ' responsável' pode conduzir a absurdos, estando assentado na vetusta ideia de culpa, e que, gradativamente, no sistema brasileiro vem sendo abandonada. Fixado numa perspectiva axiológica, à luz dos princípios, deverá prestar alimentos aquele que puder fazê-lo se (e enquanto) o outro parente necessitar. Esta pode ser razoável dicção dos alimentos conjugais. Sem razão alguma em nosso ver a afirmação segundo a qual 'o direito ao pensionamento pressupõe a inocência do cônjuge pela ruptura da união matrimonial'".

27. Sílvio Luís Ferreira da Rocha, *Introdução ao Direito de Família*, cit., p. 165.
28. Maria Helena Diniz, *Curso de Direito Civil Brasileiro – Direito de Família*, cit., 24ª ed., vol. 5, p. 607.
29. Idem, p. 608.
30. Carlos Roberto Gonçalves, *Direito Civil Brasileiro – Direito de Família*, cit., 7ª ed., vol. 6, p. 554.

trado não pode ordenar a realização de exame de DNA por meio da coleta de líquido amniótico em caso de negativa de paternidade, porque o exame pode colocar em risco o desenvolvimento do feto. Preceitua o parágrafo único do art. 6º da referida Lei 11.804/2008 que após o nascimento com vida os alimentos gravídicos serão convertidos em pensão alimentícia ao menor. Não obstante, parte da doutrina considera inconstitucional o referido dispositivo, por violar a garantia constitucional do contraditório, na medida em que nos alimentos gravídicos o suposto pai, que figura como réu nessa ação, é condenado a pagar alimentos com base em meros indícios de paternidade, enquanto para que os alimentos abranjam outras despesas e se projetem até a maioridade do alimentado torna-se essencial a propositura de outra ação, que permita ampla discussão da paternidade.[31] Uma alternativa seria a de, após o nascimento com vida, caber ao alimentante o ônus de promover ação de exoneração da obrigação alimentícia, na qual seria realizada o exame de DNA.[32]

11.7 Pressupostos

A obrigação alimentar pressupõe a existência de vínculo entre quem presta os alimentos e quem os recebe, que pode ser o vínculo de parentesco ou o negócio jurídico que a estabelece. Trata-se de pressuposto de configuração.

O alimentando deve estar em estado de necessidade, como determina o art. 1.694 do CC. Ele não deve ter bens e deve estar impossibilitado de prover, pelo seu trabalho, a própria mantença. O magistrado deve questionar as razões que levaram o alimentando a necessitar de alimentos quando ele for maior, capaz e apto para o trabalho. De acordo com a lição de Orlando Gomes, "não seria justo impor o encargo de suprimento de alimentos a um parente se o outro só se encontra em estado de miserabilidade porque não quer trabalhar ou se desinteressa na procura, por esforço próprio, dos meios de subsistência".[33] Nesse caso, os alimentos devidos serão apenas os indispensáveis à subsistência (CC, art. 1.694, § 2º).

---

31. Idem, p. 555.
32. Idem, p. 556.
33. Orlando Gomes, *Direito de Família*, 11ª ed., p. 430.

O alimentante deve ter possibilidade econômico-financeira de prestar alimentos. Há impossibilidade econômico-financeira de prestar alimentos quando o devedor não puder fornecê-los sem desfalque do necessário ao seu sustento. Esse critério, segundo Orlando Gomes, é muito rigoroso. Para ele, "o obrigado não deve ser compelido a desfazer-se dos seus bens ou a sacrificar-se, mesmo para o futuro, a fim de satisfazer a obrigação".[34]

11.8 Características

A obrigação alimentar é transmissível. É a regra do art. 1.700 do CC. A transmissão da obrigação alimentar deve respeitar, no entanto, o montante dos bens transmitidos, isto é, a força da herança.[35] Segundo Carlos Roberto Gonçalves, "o fato de o art. 1.700 não se referir a essa restrição, como o fazia o art. 23 da Lei do Divórcio, não afeta a regra, que tem verdadeiro sentido de cláusula geral no direito das sucessões, estampada no art. 1.792, no sentido de que o herdeiro não responde por encargos superiores às forças da herança".[36]

O direito a alimentos é imprescritível; as parcelas devidas, não. Estas estão sujeitas ao prazo prescricional de dois anos (CC, art. 206, § 2º). A prescrição da pretensão a essas parcelas ocorre mensalmente, mas se o alimentado for absolutamente incapaz contra ele não corre prescrição, conforme determinam os arts. 197, II, e 198, I, do CC.

O direito a alimentos não pode ser renunciado. A irrenunciabilidade atinge o direito, e não seu exercício. Assim, os alimentos devidos e não prestados podem ser renunciados (CC, art. 1.707).

Os alimentos são irrepetíveis. De acordo com Luiz Edson Fachin, "a irrepetibilidade dos provisórios é tema pacífico, já dos definitivos há controvérsia. A sua não restituição propicia, em determinados casos, ensanchas para arguição de enriquecimento sem causa, ao menos após o pedido de exoneração até a sentença que declare extinta a obrigação".[37]

---

34. Idem, p. 431. V. também Sílvio Luís Ferreira da Rocha, *Introdução ao Direito de Família*, cit., p. 166.
35. Sílvio Luís Ferreira da Rocha, *Introdução ao Direito de Família*, cit., p. 166.
36. Carlos Roberto Gonçalves, *Direito Civil Brasileiro – Direito de Família*, cit., 7ª ed., vol. 6, p. 492.
37. Luiz Edson Fachin, *Elementos Críticos do Direito de Família*, cit., p. 275.

Consequência direta e imediata da irrepetibilidade é a irretroatividade dos alimentos a período anterior à distribuição da ação. A regra é a da determinação do termo inicial a partir da citação.

O direito a alimentos é inalienável. Ele não pode se alienado ou transferido.

O direito a alimentos é também impenhorável e decorre do fundamento e da finalidade do instituto. Os alimentos são impenhoráveis no estado de crédito; a impenhorabilidade não recai sobre os bens em que forem convertidos.[38]

A obrigação de prestar alimentos apresentaria ainda as seguintes características: condicionalidade, variabilidade e reciprocidade.

A relação obrigacional surge e perdura só e enquanto se verifiquem e permaneçam concretamente aqueles determinados elementos de fato (necessidade e possibilidade) previstos na lei.

A obrigação alimentar pode sofrer alterações quantitativas ou qualitativas no seu objeto em função de modificações nos pressupostos: aumentada ou diminuída (CC, art. 1.699).

11.9 Extinção da obrigação alimentar

Duas situações levam à extinção da obrigação alimentar.

A primeira delas é a morte do alimentando. Se ele falecer, extingue-se a obrigação, não se transmitindo o direito de receber alimentos aos seus herdeiros – o que não impede que eles peçam alimentos com fundamento em direito próprio.[39]

A segunda delas é o desaparecimento de um de seus pressupostos. Pode haver a perda da necessidade do alimentando ou a perda da possibilidade de prestar do alimentante.[40]

A ingratidão do alimentado é causa para a extinção da obrigação de prestar alimentos. O alimentante não está obrigado a manter a quem, por exemplo, atentou contra sua vida. É a regra do parágrafo único do art. 1.708 do CC.[41]

---

38. Orlando Gomes, *Direito de Família*, cit., 11ª ed., p. 433.
39. Sílvio Luís Ferreira da Rocha, *Introdução ao Direito de Família*, cit., p. 168.
40. Idem, ibidem.
41. Idem, ibidem.

O casamento, a união estável ou o concubinato do credor de alimentos extinguem o dever de prestar alimentos (CC, art. 1.708).

11.10 Ação de alimentos

A ação de alimentos é o meio técnico de reclamá-los.[42]

A ação principal de alimentos, fundada em prova pré-constituída da relação de parentesco ou de vínculo justificador do dever de alimentar, segue o rito da Lei 5.478, de 25.7.1968. Apenas pode utilizar o rito especial o autor que dispuser de prova pré-constituída do parentesco, como a certidão de nascimento, ou do dever de prestar alimentos, como a certidão de casamento.

O objetivo do rito especial célere e simplificado para as ações de alimentos foi o de facilitar a posição do litigante que necessita de alimentos tanto no que diz respeito à propositura da ação, que pode ser feita por declaração tomada por termo em cartório, quanto no que diz respeito à demora na tramitação da ação, posto que inúmeras providências foram tomadas para acelerar a tramitação, como a citação postal do devedor, a realização de audiência de conciliação e julgamento independentemente do comparecimento dos representantes das partes.

Pelo rito da Lei 5.478, de 25.7.1968, os alimentos provisórios podem ser deferidos pelo magistrado desde o despacho da petição inicial (art. 4º), em geral na base de um terço dos rendimentos do devedor, se previamente comprovados, ou em quantia certa, corrigível monetariamente por índice oficial, se o devedor não tem remuneração fixa.

Recomenda-se prudência no arbitramento dos alimentos provisórios se a renda do alimentante não está comprovada cabalmente, pois com frequência o autor exagera os ganhos do alimentante. Os arts. 19 e 20 da Lei 5.478/1968 permitem a requisição de informações sobre os ganhos e a situação econômico-financeira do alimentante às empresas como aos órgãos públicos, com o propósito de fornecer subsídios à avaliação das possibilidades do alimentante.[43]

---

42. Caio Mário da Silva Pereira, *Instituições de Direito Civil – Direito de Família*, 14ª ed., vol. V, Rio de Janeiro, Forense, 2004, p. 521.
43. Carlos Roberto Gonçalves, *Direito Civil Brasileiro – Direito de Família*, cit., 7ª ed., vol. 6, p. 534.

O alimentante pode requerer a revisão dos alimentos provisórios arbitrados na inicial se houver modificação na situação financeira das partes (art. 13, § 1º, da Lei 5.478/1968), que será processada em apartado.

É possível, ainda, se o cônjuge credor de alimentos for casado no regime da comunhão universal de bens, que o réu seja obrigado a entregar ao credor, mensalmente, parte da renda líquida dos bens comuns, administrados pelo devedor, caso em que, se esses rendimentos líquidos forem suficientes para seu sustento, não terá direito a alimentos.

Na falta de prova pré-constituída de vínculo justificador, a ação segue o rito ordinário e pode ser cumulada com o pedido de investigação de paternidade (CC, art. 1.705). Nesse caso poderá ser formulado pedido cautelar, incidente ou antecedente, de alimentos provisionais, ou, ainda, o requerimento de tutela antecipada (CPC, arts. 852 e 273).[44]

O juiz fixará os alimentos na sentença segundo seu convencimento, de modo que não está limitado ao valor pleiteado na inicial, sem que isso configure julgamento além do pedido.[45]

A pensão deve ser arbitrada em percentual sobre os rendimentos ordinários do devedor, consideradas as verbas de caráter permanente, como o salário percebido por seu trabalho, o 13º salário, excluídas as verbas indenizatórias e certos benefícios, como as férias em pecúnia, horas extras, reembolso de despesas de viagem e o saldo do FGTS.[46]

Adotado um valor fixo, a pensão será corrigida segundo índice oficial regularmente estabelecido (CC, art. 1.710); arbitrada com fundamento nos rendimentos do alimentante, à medida que estes forem corrigidos a pensão também o será.

Os alimentos provisórios são devidos desde sua fixação, no despacho inicial, até a sentença, quando serão substituídos pelos definitivos, que retroagem à data da citação, de acordo com o art. 13, § 2º, da Lei de Alimentos. Se a ação for julgada improcedente os alimentos provisórios serão devidos até o julgamento do recurso especial ou extraordinário, *ex vi* do que dispõe o art. 13, § 2º, da Lei de Alimentos.

44. Idem, p. 533.
45. Idem, p. 535.
46. Idem, p. 536.

O disposto na Lei 5.478/1968 aplica-se também, no que couber, às ações ordinárias de separação judicial, nulidade e anulação de casamento.

Na hipótese de investigação de paternidade cumulada com ação de alimentos o juiz somente fixará os alimentos provisórios na sentença; mas, segundo a Súmula 277 do STJ, "julgada procedente a investigação de paternidade, os alimentos são devidos a partir da citação".

A sentença proferida na ação de alimentos não faz coisa julgada material, mas apenas formal, no sentido de que admite revisão, independentemente de esgotados todos os recursos, desde que sobrevenham alterações significativas na situação financeira de quem presta os alimentos ou de quem os recebe, de modo que o devedor pode intentar ação, pelo mesmo rito, no que couber, com o fim de exonerar-se da prestação ou reduzi-la, enquanto o credor pode promover ação com o fim de aumentar a prestação.

Os alimentos provisórios podem ser fixados em ação revisional de alimentos, sempre, porém, em decorrência de circunstâncias excepcionais.[47]

---

47. Idem, p. 541.

Capítulo 12

DIREITO ASSISTENCIAL

12.1 Guarda. 12.2 Tutela: 12.2.1 Pressupostos da tutela – 12.2.2 Do tutor – 12.2.3 Espécies de tutela – 12.2.4 Cessação da tutela. 12.3 Curatela: 12.3.1 Definição – 12.3.2 Distinção entre a curatela e a tutela – 12.3.3 Procedimento da curatela de incapazes – 12.3.4 Interdição do pródigo.

12.1 Guarda

A guarda é encargo civil que obriga quem o aceita a prestar assistência material, moral e educacional à criança e ao adolescente, conferido ao seu detentor o direito de opor-se a terceiros, inclusive aos pais (art. 33 da Lei 8.069/1990).[1]

A guarda serve para regularizar a posse de fato de criança ou adolescente, podendo ser deferida, liminar ou incidentalmente, nos procedimentos de tutela e adoção, exceto no de adoção por estrangeiros, e excepcionalmente para alocá-los em família substituta, quando abandonados ou órfãos, conforme determinam os §§ 1º e 2º do art. 33 e o art. 34 da Lei 8.069/1990.

A guarda não confere ao guardião poderes de administração dos bens da criança e adolescente, embora lhe possa ser deferido o poder de representação para a prática de atos determinados.[2]

A concessão da guarda dispensa a prévia decretação da suspensão ou perda do poder familiar.[3]

1. Sílvio Luís Ferreira da Rocha, *Introdução ao Direito de Família*, São Paulo, Ed. RT, 2004, p. 167.
2. Idem, ibidem.
3. Idem, ibidem.

A guarda é revogável; ela pode ser retirada a qualquer tempo (art. 35 da Lei 8.069/1990).[4]

A guarda pode ser amigável ou litigiosa; isto é, os pais podem concordar com a entrega do filho a um terceiro ou se opor a isso.[5]

12.2 Tutela

A tutela é o encargo civil conferido a alguém para que administre os bens, proteja e dirija a pessoa do menor de idade (criança ou adolescente) que não se ache submetido à autoridade do pai ou da mãe.[6]

A tutela é organizada para a assistência e representação de menores que não estejam sob a autoridade dos pais, sob o poder familiar. A tutela é proteção subsidiária deferida a menor na ausência de quem deva exercer o poder familiar. O fim da tutela é substituir o poder familiar.[7]

Para Maria Helena Diniz, "a tutela é um instituto de caráter assistencial que tem por escopo substituir o poder familiar. Protege o menor não emancipado e seus bens, se seus pais faleceram, foram declarados ausentes, suspensos ou destituídos do poder familiar, dando-lhes assistência e representação na órbita jurídica, ao investir pessoa idônea nos poderes imprescindíveis para tanto. Ela é, destarte, um complexo de direitos e obrigações conferidos pela lei a um terceiro para que ele proteja a pessoa de um menor, que não se acha sob o poder familiar, e administre seus bens".[8]

12.2.1 Pressupostos da tutela

A tutela pressupõe o não exercício do pode familiar pelos pais em relação a filho menor de 18 anos de idade. O não exercício do poder familiar pode ocorrer porque os pais: (a) faleceram; (b) foram declarados ausentes; (c) decaíram do poder familiar (CC, art. 1.728).

---

4. Idem, ibidem.
5. Idem, ibidem.
6. Sílvio Luís Ferreira da Rocha, *Introdução ao Direito de Família*, cit., p. 168.
7. Idem, p. 70.
8. Maria Helena Diniz, *Curso de Direito Civil Brasileiro – Direito de Família*, 24ª ed., vol. 5, São Paulo, Saraiva, 2009, p. 625.

12.2.2 Do tutor

Tutor é a pessoa a quem é confiado o encargo da tutela; e pupilo ou tutelado é o menor que se encontra sob tutela.[9] O tutor exerce encargo público imposto pelo Estado. Sua nomeação deve recair sobre pessoa idônea, de conduta irrepreensível. A lei, por isso, proíbe que a nomeação recaia sobre pessoa incapacitada, isto é, a que incorra nas situações descritas no art. 1.735 do CC, entre elas: não esteja na livre administração de seus bens; tenha sido condenada por crime de furto, roubo, estelionato ou falsidade; considerada pessoa de mau procedimento.[10] A citada norma jurídica inclui todas as hipóteses como causas de incapacidade para o exercício da tutela, mas, na verdade, são impedimentos à assunção do cargo; de modo que as pessoas enumeradas no art. 1.735 do CC não estão legitimadas a exercer a tutela, e sobrevindo qualquer um dos impedimentos o tutor deverá ser exonerado do cargo, por serem causas proibitórias.[11]

O encargo da tutela é obrigatório; deve ser exercido pelo prazo mínimo de dois anos (CC, art. 1.765); o tutor não pode, como regra, recusá-lo, a não ser que se encontre entre aquelas pessoas autorizadas a pedir dispensa da tutela: (a) mulheres casadas; (b) maiores de 60 anos; (c) aqueles que tiverem sob sua autoridade mais de três filhos; (d) os enfermos; (e) os que habitam longe do lugar do exercício da tutela; (f) os que já exerceram tutela ou curatela; (g) os militares em serviço (CC, art. 1.736); ou (h) quem não for parente do menor e existir parente idôneo e em condições de exercê-la (CC, art. 1.737). A recusa motivada da tutela deve ser feita no prazo decadencial de 10 dias subsequentes à nomeação (CC, art. 1.738), embora o critério do Direito anterior, que contava o prazo para o pedido de dispensa da intimação da nomeação, fosse mais razoável.[12]

Não aceitas as razões da recusa, o nomeado poderá recorrer; mas, se não for concedido efeito suspensivo ao recurso interposto, o indicado

---

9. Sílvio Luís Ferreira da Rocha, *Introdução ao Direito de Família*, cit., p. 170.
10. Idem, p. 171.
11. Maria Helena Diniz, *Curso de Direito Civil Brasileiro – Direito de Família*, cit., 24ª ed., vol. 5, p. 632.
12. Maria Helena Diniz, *Curso de Direito Civil Brasileiro – Direito de Família*, cit., 24ª ed., vol. 5, p. 634; Sílvio Luís Ferreira da Rocha, *Introdução ao Direito de Família*, cit., p. 171.

terá de exercer o ofício tutelar enquanto não for dispensado, sob pena de responder pelas perdas e danos que o menor venha a sofrer por sua culpa (CC, art. 1.739).

Cabe ao tutor, no exercício da tutela, reger a pessoa do menor – o que significa que ele deve dirigir-lhe a educação e prestar-lhe alimentos; representá-lo ou assisti-lo em todos os atos da vida civil; administrar-lhe os bens (CC, art. 1.740).[13] O poder do tutor é uno, indivisível; uma síntese, e não uma mera soma de poderes de ordem pessoal ou patrimonial, de representação e administração.

O exercício da tutela é subordinado a supervisão judicial (CC, art. 1.741), que será exercida mediante prévia autorização para a prática de determinado ato (CC, art. 1.748) e prestação de contas (CC, arts. 1.755-1.762). O controle judicial será preventivo quando o tutor não puder realizar o ato sem a imprescindível autorização do magistrado; e será posterior quando o ato de controle judicial sucede à atividade do tutor, como a aprovação em que o magistrado verifica se o tutor administrou regularmente os bens do pupilo, mediante o exame e a aprovação das contas prestadas. A prestação de contas é feita em juízo com audiência do Ministério Público; as contas deverão ser organizadas em forma mercantil ou contábil, com a descrição dos ativos e com as justificativas do passivo.[14]

A lei veda ao tutor a prática de certos atos, descritos no art. 1.749, I a III, como a aquisição de bens móveis ou imóveis do pupilo, a doação de bens do menor ou, ainda, a aquisição de crédito ou direito contra o menor, ainda que com autorização judicial, por reputá-los reveladores de desonestidade.[15]

O magistrado poderá nomear um protutor para fiscalizar os atos do tutor.[16] O protutor é pessoa idônea, competente, complementar da tutela, nomeado pelo magistrado para fiscalizar os atos do tutor, mediante gratificação módica arbitrada pelo juiz. O protutor deve fiscalizar os atos do tutor com zelo e boa-fé e informar o magistrado da ocorrência

---

13. Sílvio Luís Ferreira da Rocha, *Introdução ao Direito de Família*, cit., p. 171.
14. Maria Helena Diniz, *Curso de Direito Civil Brasileiro – Direito de Família*, cit., 24ª ed., vol. 5, p. 642.
15. Idem, p. 639.
16. Sílvio Luís Ferreira da Rocha, *Introdução ao Direito de Família*, cit., p. 171.

de atos de má administração, descuido ou malversação dos bens do tutelado, sob pena de responder solidariamente pelos danos causados (CC, art. 1.752, § 2º).[17]

Os atos do tutor devem ser praticados pessoalmente; é vedado fazer-se substituir ou delegá-los a outro. A delegação é permitida nas hipóteses do art. 1.743 do CC, isto é, quando o ato exigir conhecimento técnico, for complexo ou realizado em lugar distante do domicílio do tutor.[18]

O tutor tem o direito de perceber remuneração proporcional à importância dos bens administrados. E, embora o Código Civil não mais estabeleça um percentual, cabe ao magistrado arbitrar um *quantum* da remuneração proporcional à renda líquida dos bens administrados.

O tutor será destituído da função quando se mostrar negligente, prevaricador ou incurso em incapacidade, conforme determina o art. 1.766 do CC.

12.2.3 Espécies de tutela

A tutela pode ser constituída por ato de vontade. Nesse caso há a prévia nomeação de tutor em testamento ou outro documento autêntico (CC, art. 1.729, parágrafo único). Podem exercer o direito de nomear tutor o pai e a mãe que se achem no exercício do poder familiar (CC, arts. 1.729 e 1.730).[19]

A tutela pode ser testamentária, e a nomeação do tutor é feita pelos pais por intermédio de ato de última vontade (testamento, codicilo ou escritura pública) (CC, art. 1.729, parágrafo único).

A tutela pode ser legítima, isto é, a que decorre da lei. Nessa hipótese não há designação de um tutor por ato de vontade dos pais, e o juiz irá nomear tutor um dos parentes previstos no art. 1.731 do CC:: ascendentes, colaterais até o terceiro grau.

A preferência da lei a que o encargo de tutor recaia sobre um parente decorre da concepção familiar do instituto e da ideia de que um pa-

---

17. Maria Helena Diniz, *Curso de Direito Civil Brasileiro – Direito de Família*, cit., 24ª ed., vol. 5, p. 636.
18. Sílvio Luís Ferreira da Rocha, *Introdução ao Direito de Família*, cit., p. 171.
19. Sílvio Luís Ferreira da Rocha, *Introdução ao Direito de Família*, cit., p. 170.

rente dispensa ao menor os cuidados paternos. O magistrado poderá desrespeitar a ordem prevista no art. 1.731 do CC se isto convier ao interesse do menor. Destarte, permite-se que a nomeação da tutela recai sobre parente mais remoto mas que guarde maior vínculo afetivo com a criança ou com o adolescente.[20]

A tutela pode ser dativa. Na falta de tutor testamentário ou legítimo, o tutor é nomeado pelo juiz (CC, art. 1.732).

Exige o Código Civil que o tutor dativo resida no domicílio do menor (CC, art. 1.732).

12.2.4 Cessação da tutela

A tutela termina automaticamente quando o pupilo atinge a maioridade ou quando ele reingressa no poder familiar, nos casos de reconhecimento ou adoção (CC, art. 1.763).

A tutela termina em relação ao tutor pela expiração do termo; se ele apresentar escusa legítima; se ele for removido.

12.3 Curatela

12.3.1 Definição

A curatela é o encargo civil atribuído a alguém, maior e capaz, para dirigir as pessoas e administrar bens de maiores incapazes. Maria Helena Diniz define a curatela como "o encargo público cometido, por lei, a alguém para reger e defender a pessoa e administrar os bens de maiores que, por si sós, não estão em condições de fazê-lo, em razão de enfermidade ou deficiência mental".[21]

A curatela têm cinco características relevantes: (a) seus fins são assistenciais; (b) tem caráter eminentemente publicista; (c) tem, também, caráter supletivo da capacidade; (d) é temporária, perdurando somente enquanto a causa da incapacidade se mantiver; (e) sua decretação requer certeza absoluta da incapacidade.[22]

---

20. Idem, p. 172.
21. Maria Helena Diniz, *Curso de Direito Civil Brasileiro – Direito de Família*, cit., 24ª ed., vol. 5, p. 647.
22. Carlos Roberto Gonçalves, *Direito Civil Brasileiro – Direito de Família*, 7ª ed., vol. 6, São Paulo, Saraiva, 2010, p. 660.

Estão sujeitas à curatela as pessoas descritas no art. 1.767 do CC, entre elas aqueles que, por enfermidade ou deficiência mental, não tiverem o necessário discernimento para os atos da vida civil; aqueles que, por outra causa duradoura, não puderem exprimir sua vontade; os deficientes mentais, os ébrios habituais e os viciados em tóxicos; os excepcionais sem completo desenvolvimento mental; os pródigos.

12.3.2 Distinção entre a curatela e a tutela

A curatela distingue-se da tutela por que: (a) como regra, é dada a maiores; (b) é sempre deferida pelo juiz, no sentido de existir somente curatela dativa; (c) pode consistir simplesmente no poder de administrar bens; (d) os poderes do curador são mais restritos que os poderes do tutor.

12.3.3 Procedimento da curatela de incapazes

A nomeação de curador pressupõe a interdição do curatelado. A interdição é processo judicial que objetiva apurar os fatos que justificam a nomeação do curador.

A interdição pode ser requerida pelos pais, pelo tutor, pelo cônjuge ou por algum parente próximo. O Ministério Público é parte legítima para promover a interdição quando se tratar de anomalia psíquica ou nas hipóteses de omissão, ausência ou incapacidade dos legitimados (CC, art. 1.769, combinado com art. 1.178 do CPC).

A inicial deve provar os fatos que revelam a anomalia e indicar a incapacidade do interditando para reger sua pessoa e administrar seus bens.

O juiz deve interrogar o interditando e examinar-lhe o estado. O objetivo do interrogatório é dar elementos ao juiz para melhor decidir (CC, art. 1.771).

Após o interrogatório o interditando poderá contestar o pedido. O juiz lhe dará um defensor, se ele não o tiver (CC, art. 1.770).

O interditando deverá ser examinado por perito nomeado pelo juiz. Apresentado o laudo, o juiz designará audiência de instrução e julgamento e decidirá.

Decretada a interdição, o juiz nomeará curador ao interdito e assinalará os limites da interdição (CC, art. 1.772).

A nomeação do curador deve observar a ordem prevista no art. 1.775 do CC: cônjuge ou companheiro não separado de fato ou judicialmente; o pai; a mãe e o descendente mais apto; alguém nomeado pelo magistrado. Pode o juiz desobedecer à ordem legal de nomeação de curador, tendo em vista o interesse do curatelado.

O regime legal da curatela observará o regime legal da tutela.

A curatela não engloba o dever de educação, exceto com relação ao surdo-mudo, pois sua educação poderá significar o término da curatela.

12.3.4 Interdição do pródigo

A interdição do pródigo ocorre somente para os atos de alienação. O pródigo, uma vez interditado, somente poderá emprestar, transigir, dar quitação, alienar, hipotecar, demandar ou ser demandado com a participação do curador.[23]

Não é mais reduzido o rol de pessoas autorizadas a pedir a interdição do pródigo. Qualquer das pessoas mencionadas no art. 1.768 do CC pode promover a interdição do pródigo, inclusive o Ministério Público. A interdição do pródigo não mais interessa apenas à família.

---

23. Sílvio Luís Ferreira da Rocha, *Introdução ao Direito de Família*, cit., p. 174.

BIBLIOGRAFIA

BARROS, Eliane Oliveira. *Aspectos Jurídicos da Inseminação Artificial Heteróloga*. Belo Horizonte, Fórum, 2010.

BARROS MONTEIRO, Washington de. *Curso de Direito Civil – Direito de Família*. vol. 2. 19ª ed. São Paulo, Saraiva.

BITTAR, Carlos Alberto, e outros. *O Direito de Família e a Constituição de 1988*. São Paulo, Saraiva, 1989.

BOSCARO, Márcio Antônio. *Direito de Filiação*. São Paulo, Ed. RT, 2002.

BRANDÃO, Débora Vanessa Caús. *Parcerias Homossexuais: Aspectos Jurídicos*. São Paulo, Ed. RT, 2002.

CAHALI, Francisco José. *União Estável e Alimentos Entre Companheiros*. São Paulo, Saraiva, 1996.

CAHALI, Yussef Said. *Divórcio e Separação*. São Paulo, Ed. RT.

_____. *Dos Alimentos*. 4ª ed. São Paulo, Ed. RT, 2002.

CAMILLO, Carlos Eduardo Nicoletti, e TALAVERA, Glauber Moreno (coords.). *Comentários ao Código Civil, Artigo por Artigo*. São Paulo, Ed. RT.

CHAVES, Antônio. *Tratado de Direito Civil – Direito de Família*. vol. 5, ts. 1 e 2. São Paulo, Ed. RT, 1991.

DIAS, Maria Berenice. *União Homossexual: o Preconceito & a Justiça*. Porto Alegre, Livraria do Advogado, 2000.

DINIZ, Maria Helena. *Curso de Direito Civil Brasileiro – Direito de Família*. 22ª ed. São Paulo, Saraiva, 2007; 24ª ed., atualizada de acordo com o Código Civil de 2002 (Lei 10.406, de 10.1.2002), vol. 5. São Paulo, Saraiva, 2009.

_____. *O Estado Atual do Biodireito*. 3ª ed. São Paulo, Saraiva, 2006.

DOGLIOTTTI, Massimo. *Digesto delle Discipline Privatistiche*. vol. 8. Sezione Civile, verbete "Famigilia di fatto". Turim, UTET

FACHIN, Luiz Edson. *Elementos Críticos do Direito de Família*. Rio de Janeiro, Renovar.

FERREIRA DA ROCHA, Sílvio Luís. *Introdução ao Direito de Família*. São Paulo, Ed. RT, 2004.

GAMA, Guilherme Calmon Nogueira. *O Companheirismo – Uma Espécie de Família*. São Paulo, Ed. RT, 2001.

GOMES, Orlando. *Direito de Família*. 7ª ed. Rio de Janeiro, Forense, 1988; 11ª ed. Rio de Janeiro, Forense.

GONÇALVES, Carlos Roberto. *Direito Civil Brasileiro – Direito de Família*. 7ª ed., vol. 6. São Paulo, Saraiva, 2010.

LOTUFO, Maria Alice Zaratin. *Curso Avançado de Direito Civil – Direito de Família*. vol. 5. São Paulo, Ed. RT, 2002.

MOREIRA ALVES, José Carlos. *Direito Romano*. 6ª ed., vol. II. Rio de Janeiro, Forense.

MUNIZ, Francisco José Ferreira, e OLIVEIRA, José Lamartine Corrêa de. *Curso de Direito de Família*. 3ª ed. Curitiba, Juruá, 2000.

OLIVEIRA, José Lamartine Corrêa de, e MUNIZ, Francisco José Ferreira. *Curso de Direito de Família*. 3ª ed. Curitiba, Juruá, 2000.

PEREIRA, Caio Mário da Silva. *Instituições de Direito Civil – Direito de Família*. 14ª ed., vol. V. Rio de Janeiro, Forense, 2004.

PEREIRA, Lafayette Rodrigues. *Direitos de Família*. 4ª ed. Rio de Janeiro, Livraria Editora Freitas Bastos, 1945.

PONTES DE MIRANDA, Francisco Cavalcanti. *Tratado de Direito Privado*. t. 7 (atualizado por Vilson Rodrigues Alves). São Paulo, Bookseller, 2002.

RIZZARDO, Arnaldo. *Direito de Família*. 4ª ed. Rio de Janeiro, Forense, 2006.

RODRIGUES, Sílvio. *Direito Civil – Direito de Família*. 27ª ed., atualizada por Francisco José Cahali, com anotações ao Código Civil de 2002, vol. 6. São Paulo, Saraiva, 2002.

SCHLÜTER, Wilfried. *Código Civil Alemão. Direito de Família*. Porto Alegre, Sérgio Antônio Fabris Editor, 2002.

TALAVERA, Glauber Moreno, e CAMILLO, Carlos Eduardo Nicoletti (coords.). *Comentários ao Código Civil, Artigo por Artigo*. São Paulo, Ed. RT.

VENOSA, Sílvio de Salvo. *Direito Civil: Direito de Família*. 6ª ed. São Paulo, Atlas, 2006.

WALD, Arnoldo. *O Novo Direito de Família*. 13ª ed., de acordo com a jurisprudência e com referências ao Projeto do Código Civil, com a colaboração do Des. Luiz Murillo Fábregas e da profa. Priscilla M. P. Corrêa da Fonseca. São Paulo, Saraiva, 2000.

* * *